全过程工程咨询
内容解读和项目实践

北京国金管理咨询有限公司　皮德江　著

中国建筑工业出版社

图书在版编目（CIP）数据

全过程工程咨询内容解读和项目实践/北京国金管理
咨询有限公司，皮德江著. —北京：中国建筑工业出
版社，2019.9（2024.2重印）
ISBN 978-7-112-24095-1

Ⅰ. ①全… Ⅱ. ①北… ②皮… Ⅲ. ①建筑工程-
咨询服务-中国 Ⅳ. ①F426.9

中国版本图书馆 CIP 数据核字（2019）第 180679 号

责任编辑：宋　凯　张智芊
责任校对：张惠雯　焦　乐

全过程工程咨询内容解读和项目实践

北京国金管理咨询有限公司　皮德江　著

*

中国建筑工业出版社出版、发行（北京海淀三里河路9号）

各地新华书店、建筑书店经销

霸州市顺浩图文科技发展有限公司制版

建工社（河北）印刷有限公司印刷

*

开本：787×1092毫米　1/16　印张：19¼　插页：1　字数：431千字
2019年10月第一版　2024年2月第六次印刷
定价：**49.00**元
ISBN 978-7-112-24095-1
（34582）

监理企业

奋发努力争当

全过程工程

咨询服务的

探路者和

主力军

王早生

己亥年秋

中国建设监理协会会长王早生为本书题字

北京国金管理咨询有限公司创办之初即为项目管理公司，而后根据业务发展需要增加了监理资质、招标代理资质和造价咨询资质，近年又增加了设计资质，成立了律师事务所，发展成为独立具备全过程工程咨询服务能力的综合性咨询服务企业。国金在项目管理、代建等方面的业绩和经验处于行业领先水平。皮德江先生作为国金公司负责工程管理板块的副总裁，出身于设计领域，工程管理经验丰富，一直亲自主持重大项目的管理工作。本书是皮德江先生工作经验的总结，也凝结了国金公司的研究和实践成果，尽管有些观点例如"咨询行业发展阶段划分"未必被学界普遍接受，但书中对于全过程咨询的理论探讨，尤其是工程实际案例，对于从事理论研究和工程实际工作的业内同行具有很重要的参考价值。这是一本值得细读并应该推荐的著作。

中国建设监理协会　副会长

北京市建设监理协会　会长　李伟

2019 年 10 月

2019 年 3 月 15 日，国家发展改革委、住房城乡建设部印发《关于推进全过程工程咨询服务发展的指导意见》（发改投资规〔2019〕515 号），对房屋建筑和市政基础设施领域推进全过程咨询服务有关工作提出明确要求。要求各地方政府、行业协会和相关单位及企业按照《指导意见》要求，结合实际认真贯彻落实，积极引导和鼓励工程决策和建设采用全过程工程咨询。这是继 2017 年 2 月《国务院办公厅关于促进建筑业持续健康发展的意见》（国办发〔2017〕19 号）、2017 年 5 月住房城乡建设部《关于开展全过程工程咨询试点工作的通知》（建市〔2017〕101 号）和 2017 年 11 月《工程咨询行业管理办法》（国家发展和改革委员会令 2017 年第 9 号）后，国家层面发布的具体推进全过程工程咨询的正式指导意见。

《指导意见》的正式颁布，是我国工程咨询行业，特别是全过程工程咨询领域的一件大事。对目前和下一步推广和开展全过程工程咨询服务具有重大和明确的指导意义和作用。全过程工程咨询是对组织模式的创新，不仅需要政府顶层设计的优化和行业协会的协助、推广，还有赖于建筑业其他参与单位的积极响应，特别是咨询企业有敢为天下先的气魄，大胆改革创新的精神，先试先行，为探索全过程工程咨询的发展道路，不断积累经验。

北京国金管理咨询有限公司作为住房城乡建设部全过程工程咨询 40 家试点企业之一，同时也是中国工程咨询协会会员单位和《中国工程咨询》杂志重点协办单位。公司在二十多年的工程项目管理实践过程中，积累了较为丰富的工程咨询和管理经验，完成了很多有影响力的大型公建项目。国家推行全过程工程咨询后，该公司在积极响应政府号召开展全过程工程咨询项目实践的同时，还成立了企业研究院，对全过程工程咨询落地实施过程中的相关问题进行研究，并取得了相关研究成果。本书作者近两年撰写多篇有一定影响力的论文发表于《中国工程咨询》杂志，直至今天将该公司近年来的研究成果和全过程工程咨询项目实践汇编成书，与广大读者见面。

《指导意见》的颁布，对于全过程工程咨询整体发展来说，只不过是万里长征走完了第一步，今后的路还很长，任重而道远。除了建立全过程咨询服务技术标准和合同体系外，破除制度性障碍、优化政策法规环境、破除行业壁垒、部门垄断和条块分割的机制体制，加强工程咨询行业供给侧结构性改革，培育具有综合能力和资质、具有组织、技术、管理、经济和法律技能、知识复合型人才的咨询企业等，任务十分紧迫和艰巨。我们应摒弃"等靠要"的思想，乘《指导意见》颁布的东风，大胆改革创新和实践，不断探索和总结经验教训，使全过程咨询沿着健康发展的道路不断前行。

《中国工程咨询》杂志有限责任公司
董事长、总经理、主编

刘长勤

2019 年 10 月

序二

2017年2月，《国务院办公厅关于促进建筑业持续健康发展的意见》（国办发〔2017〕19号）发布，首次明确提出"全过程工程咨询"概念，旨在完善工程建设组织模式，培育全过程工程咨询服务市场；鼓励投资咨询、勘察、设计、监理、招标代理、造价咨询等企业采取联合经营，并购重组等方式开展全过程工程咨询，培育一批具有国际水平的全过程工程咨询企业；提出政府投资工程应带头推行全过程工程咨询，鼓励非政府投资工程委托全过程工程咨询服务。同年5月，住房城乡建设部出台了《关于开展全过程工程咨询试点工作的通知》（建市〔2017〕101号），确定北京、上海等8省市和40家企业作为全过程工程咨询试点地区和试点企业，进行为期两年试点，研究和探索全过程工程咨询管理制度和模式，先试先行，落实一批有影响和示范作用的试点项目，为全面开展全过程工程咨询积累经验。

全过程工程咨询是工程咨询方综合运用多种学科知识、工程实践经验、现代科学技术和经济管理方法，采用多种服务方式组合，为委托方在工程项目策划决策、建设实施乃至运营维护阶段持续提供局部或整体解决方案的智力性服务活动。其核心是通过采用一系列工程技术、经济、管理方法和多阶段集成化服务，为委托方提供增值服务。

北京国金管理咨询有限公司，作为住房城乡建设部40家全过程工程咨询试点单位之一，成立二十多年来一直从事项目投资咨询、全过程项目管理、工程监理、全过程造价咨询和招标采购业务等实践，积累了不少经验包括教训。1998年公司成立伊始，就开始从事全过程项目管理业务；2003—2004年起，陆续承接管监合一（管监一体化）和政府投资代建项目；2009—2010年起，开始了"管监合一＋"的咨询业务组合实践（即：全过程项目管理＋工程监理＋可研报告编制＋造价咨询＋招标采购＋……）。2017年国家推行全过程工程咨询前，我公司已完成上百项大中型全过程项目管理和"管监一体化"项目以及几十项政府投资代建项目。

推行全过程工程咨询特别是成为试点企业后，公司深感责任重大，肩负着政府、咨询行业乃至全社会的重托和殷切期望。因此，公司对全过程工程咨询的开展十分重视。主要从两方面入手：一是从全过程工程咨询理论、管理制度和创新模式研究入手，并于2017年成立了国金管理研究院，主要以全过程工程咨询及相关课题为主要研究内容；二是抓全过程工程咨询项目的落地实施。目前，公司已有近二十个包括试点项目在内的大中型全过程工程咨询项目落地实施。

本书提出的"全过程工程咨询总包""一核心三主项"（全过程项目管理＋设计、监理、造价咨询）以及"1＋1＋N"模式，为国金管理研究院在过去一年多研究和项目实践过程中，总结、归纳的阶段性成果，不一定全面、准确和成熟，旨在抛砖引玉，先试先行，为政府下一步全面推行全过程工程咨询建言献策；为广大咨询行业同仁从事全过程工程咨询和相关服务提供参考。

我们相信，随着政府对全过程工程咨询推行力度的进一步加大，政策、法规、标准的进一步规范，项目实践经验的进一步积累，以及广大咨询行业同仁的共同努力，全过程工程咨询必将迎来更加美好的明天。

北京国金管理咨询有限公司　总裁
国 金 管 理 研 究 院　院长

2019 年 10 月

前　言
Foreword

改革开放四十年以来，我国工程咨询服务市场化快速发展，形成了项目管理、投资咨询、勘察设计、招标代理、工程监理和造价咨询等专业化的咨询服务业态，促进了我国工程咨询服务专业化水平提升。随着我国固定资产投资建设水平逐步提高，为更好地实现投资建设意图，投资者或建设单位在建设项目投资决策、工程建设、项目运营过程中，对综合性、跨阶段、一体化的咨询服务需求日益增强。这种需求与现行制度造成的服务供给模式之间的矛盾日益突出。

为深入贯彻习近平新时代中国特色社会主义思想和党的十九大精神，深化工程领域咨询服务供给侧结构性改革，破解工程咨询市场供需矛盾，并为"一带一路"服务和与国际工程咨询行业接轨，2017 年 2 月 21 日，国务院办公厅发布《关于促进建筑业持续健康发展的意见》（国办发〔2017〕19 号）。住房城乡建设部于 2017 年 5 月 2 日颁发《关于开展全过程工程咨询试点工作的通知》（建市〔2017〕101 号）。国务院和住房城乡建设部文件的发布正式拉开了全国范围内推行全过程工程咨询的大幕。

笔者多年来一直从事工程设计、工程项目管理和监理工作，近两年开始研究和从事全过程工程咨询服务。笔者所在公司为住房城乡建设部 40 家全过程工程咨询试点企业之一，笔者有幸参与和负责公司试点项目和其他全过程工程咨询项目。在此，愿将本人的研究和项目实践心得与读者共享，不妥和错误之处敬请指正。

感谢公司总裁沈柏先生，对我的支持和激励，使我能够在繁忙的日常工作之余坚持写作。

感谢中国建设监理协会王早生会长为本书题词，感谢中国建设监理协会副会长、北京建设监理协会会长李伟先生的致词。

感谢《中国工程咨询》杂志有限责任公司董事长、总经理、主编刘长勤先生为本书作序，感谢章玉明秘书长、李强董事长和唐炜才总裁的点评。

感谢国金公司招标事业部张阳，市场发展部周萍、阴洪和工程管理部赵蕊等同事在本书写作和成稿过程中提供的帮助。

此外，还要感谢中国建筑工业出版社为本书的出版所付出的努力和心血。

皮德江

2019 年 10 月

▌目　录
Contents

第一章　我国工程管理和工程咨询行业发展历程

为了使读者清晰、直观的了解我国工程管理和工程咨询行业发展的历史沿革，特用框图方式予以表示，如图 1-1 所示。

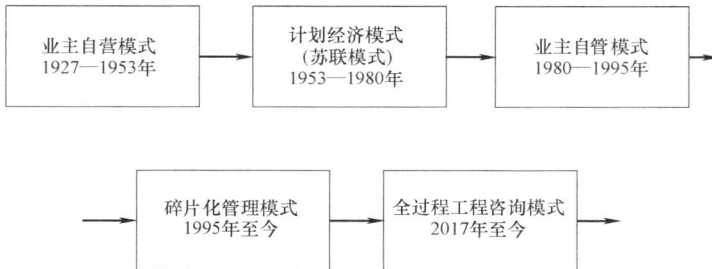

图 1-1　工程管理和工程咨询服务模式的演变

第一节　"业主自营"管理模式

中国古代建筑传统中的设计和建造，主要掌握在以木匠为主的传统工匠手中。到了近代半殖民化时期（19 世纪中叶以后），这些传统工匠在沿海租界城市中建造那些所谓"西方样式"房屋的过程中，又逐步转化为新式的营造业工人。中国近代建筑工人和建筑技术人员很快掌握了新的一整套施工工艺、施工机械、预制机械、预制构件和设备安装的技术，加之与中国古代传统建筑技法和工艺相融合，于是形成了一支庞大的、具有较高水平的施工队伍。

具有特殊意义的是，从西方引入的全新的建筑师职业，不仅获得了与业主直接交流的机会，也承担起首要的项目责任。这种分工模式意味着施工方（建造方）不仅失去了作为整个项目唯一责任者的地位（设计、施工一肩挑，如清代长达 200 多年的样式雷家族），而且还必须在建筑师的设计图纸指导下完成项目的建造任务。

我国现代意义的建筑工程设计、施工和工程管理源于 20 世纪初期。1927 年，中国建筑师协会在上海成立，吕彦直、杨廷宝、李锦沛等成为中国第一代建筑师的代表。民国时期南京四大营造厂——"陈明记""新金记""陶馥记""陆根记"（其中最著名的为"陈明记"），代表了中国早期的施工承包商群体，代表作有金陵大学、南京鼓楼医院、中山陵和国民大会堂、清华大学图书馆扩建（杨廷宝设计）等工程项目。当时，建筑师不但画图搞设计，同时也负责造价控制、材料选择及施工监造，还具有在业主、营造公司（厂）之间沟通协调的身份，即同时承担着今天工程设计、项目管理、造价咨询，甚至工程监理的工作。

实际上，尽管如此，这并不表明当时的理念比现在还先进，已经是标准的、与国际接轨的建筑师负责制。如这样理解，那么，既负责设计又负责采购、施工的样式雷家族岂不是成了工程总承包（EPC、DB）的鼻祖吗？主要原因还是当时的社会政治、经济和科技不够发达，社会分工不够细，且无项目管理概念所致。

中国古代和近代的社会经济和技术还处于较低水平，建设项目普遍体量小、建筑高度低、难度低，同时市场中没有设计、建造等专业分工。项目的设计、建造和管理基本上都由业主自己来运作，或仅仅雇佣工匠来完成，项目管理尚未作为一门专业被业主和社会所认识和认可。这一阶段可称为工程建设项目的"业主自营"之古代模式阶段，如图1-2所示。

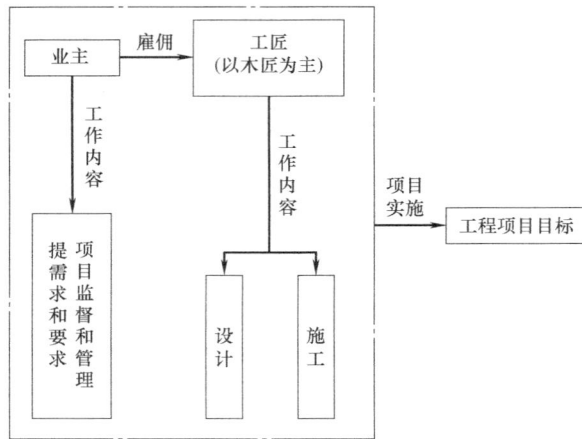

图1-2 "业主自营"之古代模式

随着近现代社会化生产的发展，劳动分工和协作越来越细，越来越复杂，建筑业的分工也开始出现。首先是业主从项目建设的具体任务中脱离出来，雇佣专业的人员负责设计和施工，业主只对项目进行管理和监督，一部分工匠则进化为专门进行工程设计并负责管理施工的营造师。

随着经济与技术的进步，建筑师又从营造师队伍中分离出来，专门进行工程设计；而营造师则主要负责施工工匠的管理，其项目管理职能逐渐独立出来。此时，施工也完成了社会化和专业化进程，专门从事施工活动的工程承包方开始出现，这一阶段可称之为"业主自营"之近代模式阶段，如图1-3所示。

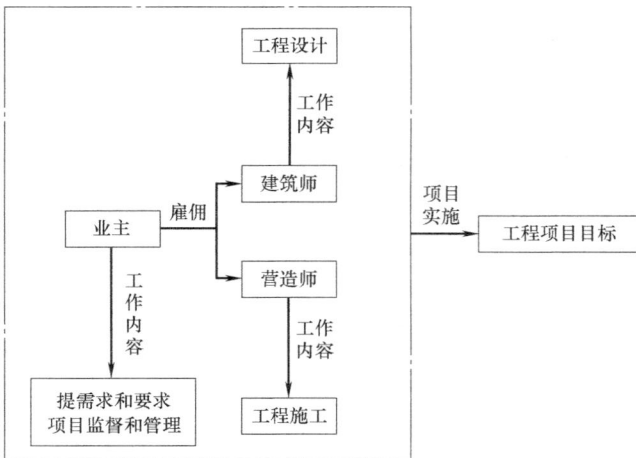

图1-3 "业主自营"之近代模式

第二节 计划经济模式和"业主自管"管理模式

中华人民共和国成立后，中国建筑师协会解散。建筑工程由原国家计划委员会立项，财政拨款，设计院设计，施工单位按国家定额"包工不包料"施工，建材公司或材料供应公司按国家定额供应材料，项目建成后由原计委代表国家验收，并作为固定资产移交给使用单位。

1980—1995年，"国家是业主"的投资建设体系发生了彻底的变化。设计单位实行收费制，施工单位改为实行"包工包料"的合同承包模式。受1982年首个世行援助项目鲁布革水电站项目的影响（业内称为"鲁布革冲击"），我国逐步开始推行与国际接轨的四项重要制度，即：建设项目法人责任制、建设项目招标投标制、建设工程监理制和建设项目合同管理制。项目法人对工程项目的投资、立项、设计、招标采购、造价、工期、施工管理、竣工验收等全过程负责，逐步建立了以业主为中心的项目管理模式，业内专家称之为"业主自管"模式，如图1-4所示。

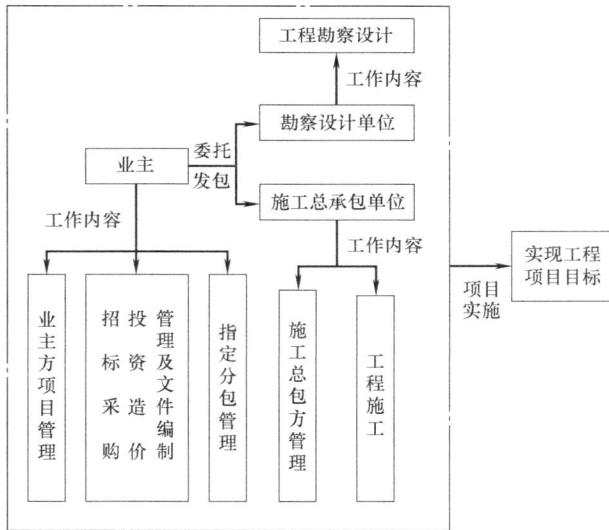

图1-4 计划经济时期项目"业主自管"管理模式

第三节 碎片化管理模式

一、"五龙治水"模式

1995年前后，参照工程咨询国际组织规则，我国工程建设行业改革力度加大。根据国际咨询工程师联合会（FIDIC）、国际建协（UIA）、美国注册建筑师协会（AIA）等国际工程咨询组织的定义，咨询工程师（Consulting Engineer）是以从事工程咨询业务为职业的工程技术人员和其他专业人员的统称；工程咨询公司提供技术、设计、管理以及监督和培训等方面的专业服务。

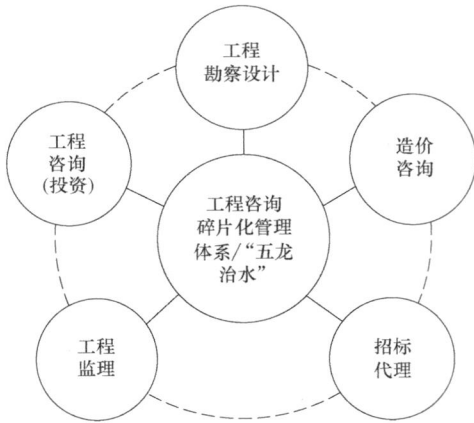

图 1-5　碎片化管理体系/"五龙治水"

1995 年前后的改革措施是，首先从"业主自管"模式中分立出工程咨询（投资）、造价咨询、工程监理和招标代理等专业咨询，与原有的工程勘察设计并驾齐驱，"五龙治水"式的工程咨询碎片化管理体系正式形成，并延续至今，如图 1-5 所示。值得注意的是，前四项新生的专业咨询，并非从工程设计中分立出来，而是从业主方职能中分设出来。此外，由于工程监理是从 1988 年开始试点实施，有人说工程咨询（投资）、造价咨询和招标代理是从工程监理中分立出来，这应是不准确的，因为强制监理制度是 1996 年才开始推行。

国家设立上述咨询业务资质具体时间为：1984 年设立工程勘察设计单位资质、建筑业企业资质；1992 年设立工程监理单位资质；1996 年设立工程造价咨询单位资质；1997年设立工程咨询单位资质；2000 年设立工程招标代理单位资质。

1995 年之后的发展轨迹显示，工程项目管理在国有投资和非国有投资工程中形成了两种完全不同的管理模式。国有投资的工程项目管理，新生的投资咨询、造价咨询、招标代理和工程监理，适者生存而又十分巧妙地迎合了业主方离散化管理的需求，碎片化与离散化相得益彰，互为支撑。实际上，并非业主方钟情于碎片化、离散化管理，而主要受制于当时我国建筑业和工程项目管理发展水平所限，尚没有咨询单位能够提供综合性、跨阶段和一体化咨询服务，加之全社会契约精神、合同意识、法律意识以及诚信体系建设等诸多因素的缺失和淡漠，使得业主方通过分别招标、委托，单独签订合同，以达到对各参建队伍直接管理和控制、分而治之、相互制衡的目的。当然，也不排除极少数业主通过分别招标签订合同，照顾和平衡各种关系或获取不正当利益的想法和做法。凡事有一利必有一弊。相互制衡、分而治之的同时就形成了碎片化管理和服务的结果。业主虽抱怨甚多，却也无奈，"甘蔗不能两头甜"，如图 1-6 所示。

二、"一条龙"式项目自管模式

非国有投资工程的项目管理，以房地产开发商为代表。由于没有人能提供"一条龙"式的全过程工程项目管理服务，从而使开发商被逼无奈，自发形成了"一条龙"式项目自管模式，即房地产开发商除完成项目投融资、拿地、销售等主营业务外，还自营完成业主方项目管理、策划、造价、招标、主材采购和合同管理等辅助业务。至于工程勘察、设计、工程监理，甚至工程施工，也本着"肥水不流外人田"的原则，通过参股、控股形式或虚假招标等手段，让"自家人"中标，不但"自管"，而且"自建"。故房地产开发商又被称为"超级业主"。

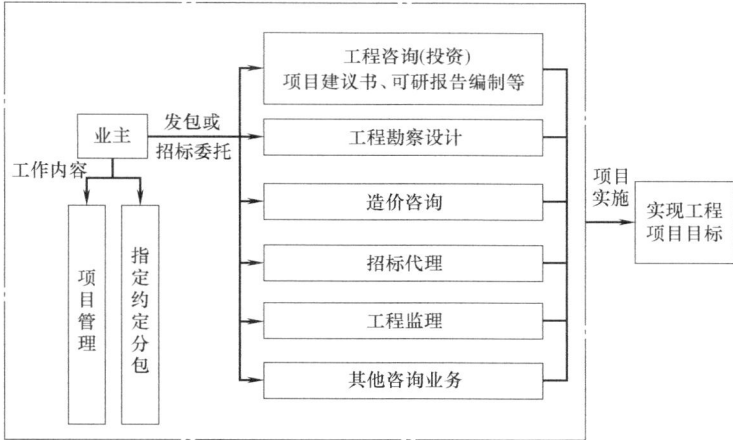

图 1-6　项目"业主自管"碎片化管理模式

三、工程项目管理（PM）模式

PM 模式指以工程项目为对象的系统管理方法，通过一个临时性的专门的柔性组织，对项目进行高效率的计划、组织、协调、指挥和控制，以实现项目全过程的动态管理和项目目标的综合协调和优化。

（一）PMA 模式（委托型或称代理型项目管理）

PMA 模式是项目管理（PM）的一种服务模式，PMA 服务商仅替业主提供项目咨询服务，这种 PM 模式风险低，但回报也低。PMA 的本质是提供服务，不承包最大概算，如图 1-7 所示。

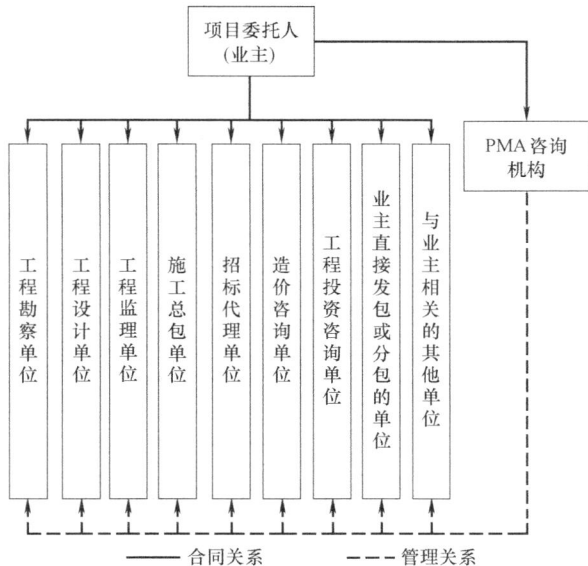

图 1-7　PMA 管理模式

（二）PMC 模式（承包型项目管理）

诞生于 20 世纪 80 年代初，其本质为业主委托一家有相当实力的工程项目管理公司对项目进行全面的管理承包，直接参与项目的设计、采购、施工和试运行等阶段的具体管理工作。PMC 的本质是承包项目的最大概算，超支赔偿，节约分成，如图 1-8 所示。

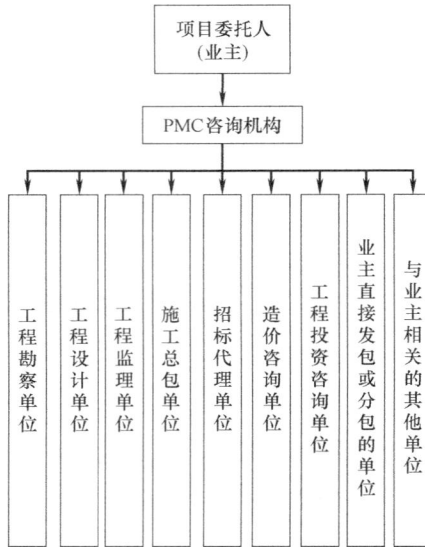

图 1-8　PMC 管理模式

第四节　集成化管理模式（全过程工程咨询模式）

2017 年 2 月起，国家开始推行全过程工程咨询，旨在促进工程领域咨询服务供给侧结构性改革，破解工程咨询市场供需矛盾，并为"一带一路"和走出去、与国际工程咨询行业接轨服务。目的是"培育全过程工程咨询。鼓励投资咨询、勘察、设计、监理、招标代理、造价咨询和项目管理等咨询企业采取联合经营、并购重组等方式发展全过程工程咨询，培育一批具有国际水平的全过程工程咨询企业"，如图 1-9所示。

在"放管服"改革的大背景下，工程咨询（投资）（改为资信评价）和招标代理的企业资质以及招标师执业资格被率先取消，这是中国工程咨询行业不忘初心、锐意改革、淡化企业资质、强化个人执业资格的一大进步。那么，发展全过程工程咨询的历史重任谁来承担？以目前来看，主要应由项目管理、工程设计、工程监理和造价咨询这四类咨询企业来承担这一重任。我国工程设计企业从历史上就缺乏造价、招标采购、合同和项目管理经验，目前，对发展全过程工程咨询热情似乎不太高，大部分单位持观望态度；而工程监理企业虽具有丰富的现场管理经验之优势，但由于主要限于施工阶段和施工现场的质量、安全管理，想发展全过程工程咨询也是心有余而力不足；造价咨询企业等参与全过程工程咨询的意愿很积极，但自身也存在短板和局限，即专于工程造价但却缺乏项目全过程各项咨询业务的组织协调能力和现场管理经验；项目管理，尤其是全过程项目管理，自20世纪90年代被引入国内以来，除了北上广深和部分沿海和省会城市以外，在我国大多数省份和城市未得到广泛认可和接受，更谈不上落地推广和发展。因此，真正具有综合管理能力的全过程项目管理单位和机构在国内少之又少。这更增加了以全过程项目管理为基础和核心的全过程工程咨询的推行和开展难度。

因此，回顾我国工程管理的来时路，可谓历尽艰辛；展望全过程工程咨询的未来发展之路，更是任重道远。

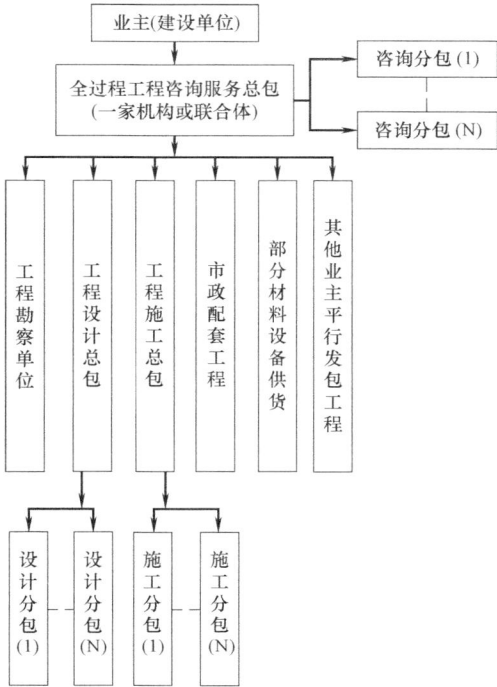

图 1-9　全过程工程咨询管理模式

第二章　我国工程咨询行业发展阶段和政策法规概述

本书第一章已经叙述了我国工程管理模式演变历程。本章重点阐述和梳理我国工程咨询行业发展历程中重要历史阶段和有影响的重大事件以及重要政策法规文件。总结我国工程咨询行业的发展历程，其大致可分为五个阶段：萌芽阶段、起步阶段、与国际接轨阶段、碎片化咨询全面发展阶段和全过程工程咨询阶段。

第一节　萌芽阶段（1953—1980 年）

我国工程咨询行业初步萌芽发育于"一五"期间（1953—1957 年），投资决策体制沿用原苏联计划经济模式，取得了较好效果，并由此成立了一批工程和工业设计院，由这些设计院承担大量的工程设计和项目前期"方案研究""建设建议书""技术经济分析"等类似可行性研究和投资决策工作。只是当时的这些咨询工作都是在政府指令性计划下完成的，服务内容和服务形式与国际上通行的咨询服务在深度和广度上都有不少差异。

第二节　起步阶段（1981—1995 年）

我国真正意义上的工程咨询行业始于改革开放后的 20 世纪 80 年代初期。在此期间，我国工程咨询业务大部分属于项目前期投资咨询和工程设计，机构大体上可以分为诞生于计划经济体制下的勘察设计院，加上依托各级计经委等政府部门或建设银行等金融机构而成立的各类咨询服务公司。

1982—1995 年，中国工程建设行业发生的几件大事对处于起步阶段的工程咨询行业起到了巨大的推动作用。

一、"鲁布革冲击"

鲁布革水电站建设，1982 年 11 月开工建设，成为我国第一个利用世界银行贷款的基本建设项目。1984 年其部分项目按 FIDIC 组织推荐的程序进行国际招标，8 个国家的承包商前来竞标，日本大成公司中标。1988 年 12 月，第一台机组投产发电，1990 年水电站全部建成，创造 14 项全国纪录。

1987 年 9 月，国务院召开会议，推广"鲁布革经验"。要求把竞争机制引入工程建设领域，实行招标投标；工程建设实行全过程总承包和项目管理；科学组织施工和管理，讲求综合经济效益。在项目建设过程中进行"项目法施工"尝试，即以工程建设项目为对象，以项目经理负责制为基础，以企业内部决策层、管理层与作业层相对分离为特性，以内部经济承包为纽带，实行动态管理和生产要素优化，从施工准备开始直至竣工验收结束的一次性施工管理活动，从而产生了我国最早的"项目法施工"雏形。实行了国际通行的工程监理制和项目法人负责制、合同管理等管理办法，取得了投资省、工期短、质量好的经济效果。

"鲁布革冲击"历时 30 多年，至今仍有余响，对中国建筑业和中国工程咨询行业的影响和震撼是空前的。对中国传统的投资体制，施工管理模式乃至国企组织结构等都提出了挑战。而对于中国工程项目管理而言则是一座丰碑，开启了真正意义上的中国建设工程项目管理时代的元年，是全球工程项目管理理念与标准在中国工程项目上首次得到应用。

二、京津塘高速公路建设

京津塘高速公路建设，是中国首条利用世界银行贷款，采用国际通行的菲迪克（FIDIC）条款进行国际招标建设的跨省市高速公路。始建时间为 1987 年 12 月，1993 年 9 月 25 日全线建成通车。该项目建设还实施了建设方、施工方和工程监理方三方互相监督并制衡的工程项目管理模式，使之成为继鲁布革水电站之后，国内又一引进国外先进工程项目管理理念和模式的成功典范。

三、引进国际惯例，实施工程监理试点

1988 年 7 月 25 日，原建设部印发《关于开展建设监理工作的通知》。

1988 年 11 月 28 日，原建设部印发《关于开展建设监理试点工作的若干意见》，确定北京、上海、天津、南京、宁波、沈阳、哈尔滨、深圳八市和能源、交通两部的水电和公路系统作为全国开展建设监理工作的试点单位。

1989 年 7 月 28 日，原建设部颁发《建设监理试行规定》。

1995 年 12 月 15 日，原建设部和原国家计委印发《工程建设监理规定》，自 1996 年 11 月 1 日起实施，取代原有的《建设监理试行规定》。

四、中国工程咨询协会成立

1992 年底，中国工程咨询协会成立；1994 年 7 月原国家计委发布《工程咨询业管理暂行办法》，标志着我国工程咨询行业正式形成，国家产业政策也明确把工程咨询纳入服务业。

第三节　与国际接轨阶段（1996—2001 年）

1996 年，中国工程咨询协会代表中国工程咨询行业加入国际咨询工程师联合会（FIDIC）。

1997 年 11 月 1 日，国务院颁布首部《中华人民共和国建筑法》，并于 1998 年 3 月 1 日施行。

2001 年 12 月 11 日，中国正式加入世界贸易组织（WTO），成为第 143 个成员。我国政府机构开始进行改革，科研设计单位全面转制，国内各类工程咨询单位也进行了与政府机构的脱钩改制工作，工程咨询市场进一步开放。与此同时，国外工程咨询机构也开始大力开拓、进军中国市场。而国内工程咨询企业则开始尝试进入国际市场，我国工程咨询行业进入全面迎接国际竞争的时代。

第四节　快速发展的碎片化咨询服务阶段
（2002—2016 年）

1996—2004 年，从计划经济体制和"业主自管"模式中脱离、分立和成立的大量工程咨询（投资）公司、造价咨询公司、工程监理公司、项目管理公司和招标代理公司，为我国工程咨询行业快速发展做出了重要贡献，同时也为碎片化管理咨询服务埋下伏笔。

我国工程咨询企业主要分为两大类。

一类是由国家发展和改革委员会颁发工程咨询资质的企业或事业单位（现已改为咨询资信评价）。主要为投资项目开展前期论证、评估等环节提供咨询服务，从业人员以注册咨询工程师（投资）为准入资格。此类称之为"工程咨询（投资）机构"。

另一类是由住房城乡建设部等其他政府部门颁发资质的工程咨询机构。包括建设项目的工程勘察、工程设计、工程监理、工程造价咨询及工程招标代理等，从业人员也分别设置了相应的准入资格。如注册建筑师、注册结构工程师、注册岩土工程师、注册设备工程师、注册电气工程师、注册监理工程师、注册造价工程师、注册消防工程师和注册招标师（现已取消）等。

此外，还有由国务院各工业和行业主管部委管理的各行业研究院、设计院以及咨询机构等，承接行业内外业务，范围涵盖从勘察设计到实施阶段的各类咨询服务。

一、2003 年 2 月 13 日，建设部颁布《关于培育发展工程总承包和工程项目管理企业的指导意见》（建市〔2003〕30 号）

建市〔2003〕30 号文在中国工程建设行业和工程咨询行业均具有重要的里程碑意义和地位，其中对工程总承包和工程项目管理的论述对我们今天的工程总承包和全过程项目管理乃至全过程工程咨询仍具有很大的指导意义，其理论和概念以及实施作法高屋建瓴，有高度的前瞻性，令人叹服。不过，令人遗憾的是，此文虽已发布十六七年，但由于当时工程建设行业以及社会各界的理解和领会程度不高，以及方方面面的制约和限制，致使文中很多重要的概念、思想未得到大力宣传、贯彻，要求和作法未得到推广、落地实施。实际上，我们今天仍大力推行的工程总承包、全过程项目管理甚至全过程工程咨询的理念和模式，其实早在十六七年前，就已经是国家大力提倡和推行的。再读 30 号文，令人不胜唏嘘和感慨。让我们一起再回顾 30 号文有关项目管理方面的主要精神和内容：

1. 首先指出推行工程总承包和工程项目管理的重要性和必要性。是国际通行的工程建设项目组织实施方式；是勘察、设计、施工、监理企业调整经营结构、增强综合实力、加快与国际工程承包和管理方式接轨的必然要求。

2. 定义了工程项目管理的基本概念和主要方式。指出"工程项目管理是指从事工程项目管理的企业受业主委托，按照合同约定，代表业主对工程项目的组织实施进行全过程或若干阶段的管理和服务"。

3. "项目管理服务"是指工程项目管理企业按照合同约定，在工程项目决策阶段，为业主编制可行性研究报告，进行可行性分析和项目策划；在工程项目实施阶段，为业主提供招标代理、设计管理、采购管理、施工管理和试运行（竣工验收）等服务；代表业主对工程项目进行质量、安全、进度、费用、合同和信息等管理和控制；工程项目管理企业一般应按照合同约定承担相应的管理责任。

4. 项目管理服务主要有代理型（PM，或称 PMA）和承包型（PMC）两种。

5. "鼓励具有工程勘察、设计、施工、监理资质的企业，通过建立与工程项目管理业务相适应的组织机构、项目管理体系，充实项目管理专业人员，按照有关资质管理规定，在其资质等级许可的工程项目范围内开展相应的工程项目管理业务。"

看到指导意见的这些内容，我们有一种似曾相识之感，这不也正是我们目前大力提倡和推广的吗？

6. "对于依法必须实行监理的工程项目，具有相应监理资质的工程项目管理企业受业主委托进行项目管理，业主可不再另行委托工程监理，该工程项目管理企业依法行使监理权利，承担监理责任；没有相应监理资质的工程项目管理企业受业主委托进行项目管理，业主应当委托监理"。

同一项目的项目管理和工程监理业务由同一家公司承担，业内称之为"管监合一"或称"管监一体化"。全过程工程咨询试点（2017 年 5 月起）至今已两年多时间，试点期已过，30 号文颁布也已近 17 年时间，但"管监一体化"在全国包括首都北京在内的很多地方还不能落地实施，有不少地方监理招标文件仍赫然规定"凡为本项目提供过前期工程咨询服务的单位，一律不得参加本项目的工程监理投标"。在国家大力提倡和推行全过程工程咨询的今天，两者形成巨大的反差，但又确实是活生生的现实存在，实在令人匪夷所思。

二、2004 年 11 月 16 日，建设部颁发《建设工程项目管理试行办法》（建市〔2004〕200 号），2005 年 1 月 1 日起施行

1. 200 号文规定，项目管理企业应当具有工程勘察、设计、施工、监理、造价咨询、招标代理等一项或多项资质。

这里有两点内容值得重点关注，一是允许和鼓励施工单位参与属于业主方管理范畴的工程项目管理业务（时至今日，施工单位参与工程咨询业务的已很少见）；二是未提及具有国家发展改革委管辖的工程咨询（投资）企业是否可以参加工程项目管理投标，从事工程项目管理业务。这正是我国工程建设管理和工程咨询行业管理条块分割、部门壁垒和政出多门弊端的反映。这种现象至今也未完全消除，甚至还有不少市场。

2. 从事工程项目管理的专业技术人员，应当具有城市规划师、建筑师、工程师、建造师、监理工程师、造价工程师等一项或者多项执业资格。

上述对人员执业资格的要求，唯独没有提及人事部、发展改革委管理注册的注册咨询师（投资），而只有人事部、建设部负责管理注册的各类注册工程师，但工程项目管理工作本身却是涵盖建设项目全过程的，既需要各类注册工程师、设计师也需要注册咨询师（投资）。

3. 工程项目管理业务服务范围和内容：

（1）协助业主方进行项目前期策划、经济分析、专项评估与投资确定；

（2）协助业主方办理土地征用、规划许可等有关手续；

（3）协助业主方提出工程设计要求，组织评审工程设计方案；组织工程勘察、设计招标，签订勘察、设计合同并监督实施；组织设计单位进行工程设计优化、技术经济方案比选并进行投资控制；

（4）协助业主方组织工程监理、施工、设备材料采购招标；

（5）协助业主方与工程项目总承包企业或施工企业及建筑材料、设备、构配件供应等企业签订合同并监督实施；

（6）协助业主方提出工程实施用款计划，进行工程竣工结算和工程决算，处理工程索赔，组织竣工验收，向业主移交竣工档案资料；

（7）生产试运行及工程保修期管理，组织项目后评价；

（8）项目管理合同约定的其他工作。

实际上，还应包括协助业主方办理各种建设和市政手续，如上下水、中水、电力、燃气、热力、通信、网络等，以及消防、人防、安防、电梯、交通、绿化等；最重要的是协助业主办理建设行政主管部门负责的工程规划、土地、开工许可手续和政府安全、质量监督手续。此外，还应有协助业主进行工程项目的安全绿色环保生产、工程质量和工期进度计划管理，这些也是业主方工程项目管理的重要内容。

4. 工程项目管理的委托方式：

工程项目业主方可以通过招标或委托等方式选择项目管理企业，并与选定的项目管理企业以书面形式签订委托项目管理合同。工程项目管理实行项目经理责任制，项目经理不得同时在两个及以上工程项目中从事项目管理工作。

5. 工程项目管理服务收费：

应当根据受委托工程项目规模、范围、内容、深度和复杂程度等，由业主方与项目管理企业在委托项目管理合同中约定。工程项目管理服务收费应在工程概算中列支。

（1）从上述内容可知，国家从未就工程项目管理服务收费颁发过取费标准或价格指导意见，具体服务价格应由委托方与受委托方根据项目具体情况协商确定，或通过招标竞价确定。但在实际执行过程中，特别是政府投资项目委托项目管理过程中却发生了很大偏转，委托项目管理费按项目建设单位管理费（或称项目建设管理费）计取，至今仍制约委托工程项目管理和全过程工程咨询的发展，极大地影响和挫伤广大工程项目管理公司、工程咨询机构和从业人员从事工程项目管理的积极性。

（2）2002年9月27日，财政部发布《基本建设财务管理规定》（财建〔2002〕394号），并自发布之日起30日后实行。

其中第十九条提出"建设单位管理费"名目；第二十一条对"建设单位管理费"解释如下：建设单位管理费是指建设单位从项目开工之日起至办理竣工财务决算之日发生的管理性质的开支，包括：不在原单位发工资的工作人员工资、基本养老保险费、基本医疗保险费、失业保险费、办公费、差旅交通费、劳动保护费、工具用具使用费、固定资产使用费、零星购置费、招募生产工人费、技术图书资料费、印花税、业务招待费、施工现场津贴、竣工验收费和其他管理性质开支。业务招待费支出不得超过建设单位管理费总额的10％，施工现场津贴标准比照当地财政部门制定的差旅费标准执行。

建设单位管理费的总额控制数以项目审批部门批准的项目投资总概算为基数，并按投资总概算的不同规模分档计算，费率在0.1％～1.5％范围（表2-1）。

建设单位管理费总额控制数费率表（单位：万元）　　　　　　　表2-1

工程总概算（万）	费率（％）	算　　　例	
		工程总概算	建设单位管理费（H）
1000 以下	1.5	A	A×1.5％＝H
1001～5000	1.2	B	15＋(B−1000)×1.2％＝H
5001～10000	1	C	63＋(C−5000)×1％＝H
10001～50000	0.8	D	113＋(D−10000)×0.8％＝H
50001～100000	0.5	E	433＋(E−50000)×0.5％＝H
100001～200000	0.2	F	683＋(F−100000)×0.2％＝H
200000 以上	0.1	G	883＋(G−200000)×0.1％＝H

2016年9月1日以前的政府投资建设项目的委托项目管理费和代建管理费很多是按"建设单位管理费"计取的。"建设单位管理费"是基于建设单位对工程项目自管模式下的计费方式，而委托项目管理费是基于建设单位自身人员管理能力不足情况下委托社会专业化项目管理公司模式下的取费方式，前者的计费额远远平衡和满足不了后者的成本和费用支出，但这样的取费模式竟然实行了十几年。

（3）2016年7月6日，财政部发布《基本建设项目建设成本管理规定》（财建〔2016〕504号），2016年9月1日施行。

1）相比财建〔2002〕394号文，504号文将"建设单位管理费"改为"项目建设管理费"；

2）增加了"代建管理费"；

3）项目建设管理费定义由394号文"从项目开工之日起至办理竣工财务决算之日"

改为"从项目筹建之日起至办理竣工财务决算之日止"。费用使用和涵盖周期增加了项目立项（甚至更早）至项目开工这段时间，对于大型项目这段时间应在 1～2 年甚至更长；

4）项目建设管理费总额控制数以项目审批部门批准的项目总投资（经批准的动态投资，不含项目建设管理费）扣除土地征用、迁移补偿等为取得或租用土地使用权而发生的费用为基数分档计算。也可以理解为以经审批的初步设计概算额度扣除项目建设管理费和相关土地费用后为基数分档计算；

5）建设地点分散、点多面广、建设工期长以及使用新技术，新工艺的项目，项目建设管理费确需超过上述开支标准的，中央级项目，应当事前报项目主管部门审核批准，并报财政部备案；未经批准的，超标准发生的项目建设管理费由项目建设单位用自有资金弥补；地方级项目，由同级财政部门确定审核批准的要求和程序。

一般不得发生业务招待费，确需列支的，不得超过项目建设管理费的 5％；

6）实行代建制管理的项目，一般不得同时列支代建管理费和项目管理费，确需同时发生的，两项费用之和不得高于本规定的项目建设管理费限额。建设地点分散、点多面广以及使用新技术、新工艺等的项目，代建管理费确需超过本规定确定的开支标准的，行政单位和使用财政资金建设的事业单位中央项目，应当事先报项目主管部门审核批准，并报财政部备案；地方项目，由同级财政部门确定审核批准的要求和程序。

7）项目建设管理费总额控制数费率表（0.4％～2％）如表 2-2 所示。

项目建设管理费总额控制数费率表（单位：万元）　　　　　　　表 2-2

工程总概算（万）	费率（％）	算　　例	
		工程总概算	建设单位管理费
1000 以下	2	1000	1000×2％＝20
1001～5000	1.5	5000	20＋(5000－1000)×1.5％＝80
5001～10000	1.2	10000	80＋(10000－5000)×1.2％＝140
10001～50000	1	50000	140＋(50000－10000)×1％＝540
50001～100000	0.8	100000	540＋(100000－50000)×0.8％＝940
100000 以上	0.4	200000	940＋(200000－100000)×0.4％＝1340

三、2004 年 7 月 16 日，国务院发布《关于投资体制改革的决定》（国发〔2004〕20 号）

明确对非经营性政府投资项目加快推行"代建制"，以官方文件明确认可了代建制管理模式。

代建制的三种实施模式：

1. "委托代理合同模式"：上海、海南的代建制试点采用的模式。在政府投资主管部门下面，设立具有法人资格的建设工程"项目法人"，或者指定一个部门作为"项目业主"，由"项目法人"（或"项目业主"）采用招投标方式选定一个工程管理公司作为"代建单位"，再由"项目法人"作为委托方，与"代建单位"（受托方）签订"代建合同"。

2. "指定代理合同"模式：重庆、宁波、厦门和贵州代建制试点采用的模式。政府投资主管部门采用招投标方式选定一个项目管理公司作为代建单位，由作为"代理人"的该代建单位，与作为"被代理人"的使用单位签订"代建合同"。

3. "三方代建合同"模式：北京、武汉、浙江代建制试点采用的模式。政府投资管理部门与代建单位、使用单位签订"三方代建合同"。北京市是由发展改革委（投资人、委托人）选定代建人，并与代建人、使用人签订"三方代建合同"。

四、2004 年 9 月 16 日，财政部颁布《关于切实加强政府投资项目代建制财政财务管理有关问题的指导意见》（财建〔2004〕300 号）；2016 年 9 月 1 日废止

项目代建单位的代建管理费用由项目主管部门报同级财政部门审核，财政部门根据代建项目实际情况商有关部门核定。建设单位自行确定项目代建单位和政府设定（或授权）产生的代建单位，其代建管理费由同级财政部门根据代建内容和要求，按不高于基建财务制度规定的项目建设单位管理费标准严格核定，并计入项目建设成本。

政府招标产生的项目代建单位，其代建管理费标底由同级财政部门比照基建财务制度规定的建设单位管理费标准编制，实际发生的代建管理费计入项目建设成本。

五、2005 年，国家发展改革委颁布实施《工程咨询单位资格认定办法》，并首次将工程咨询单位资格认定纳入行政许可

六、相关咨询业务取费依据文件

1. 2002 年 1 月 7 日，原国家计委和建设部制订了《工程勘察设计收费标准》（计价格〔2002〕10 号），自 2002 年 3 月 1 日起实施。原 1992 年版《工程勘察设计收费标准》同时废止。

2. 2007 年 3 月 30 日，国家发展改革委、建设部颁布《建设工程监理与相关服务收费管理规定》（发改价格〔2007〕670 号），2007 年 5 月 1 日实施。原国家物价局、建设部下发的《关于发布工程建设监理费有关规定的通知》（〔1992〕价费字 479 号）同时废止。

3. 2007 年，建设部发布《工程造价咨询服务收费管理暂行办法》。各省市根据各地实际情况，制订本地《工程造价咨询服务收费标准》。

4. 招标代理取费标准。2002 年 10 月 15 日原国家发展计划委员会发布《招标代理服务收费管理暂行办法》（计价格〔2002〕1980 号）；2003 年国家发展改革委发布《关于招标代理服务收费有关问题的通知》（发改办价格〔2003〕857 号）；2011 年国家发展改革委发布《关于降低部分建设项目收费标准规范收费行为及有关问题的通知》（发改价格〔2011〕534 号）；2016 年 1 月 1 日，国家发展改革委第 31 号令废止上述文件。

七、2008 年，国务院正式明确了指导工程咨询行业发展是国家发展改革委的主要职能之一，在新中国历史上首次明确中国工程咨询行业的归口管理部门

但通过本章上述描述，读者很容易发现这样一个耐人寻味却又十分重要的现象，并进一步产生疑问：工程咨询行业的归口管理部门既然是国家发展改革委，但是基本上其发文只涉及项目前期投资咨询和注册咨询工程师（投资），而有关勘察、设计、监理、造价咨询和招标代理的业务和注册管理归口部门均为住房城乡建设部，或要么发展改革委与人力资源部联合发布，要么住房城乡建设部与人力资源部联合发布，很少看到国家发展改革委和住房城乡建设部联合发布或前者委托后者发布工程咨询行业法规、规定和条例等。而且，在我国从 2004 年施行至今的政府项目代建制，却较少看到国家发展改革委和住房城乡建设部颁布指导意见等，反而是财政部颁布了不少指导意见和具体规定。所以，虽说 2008 年国务院就正式明确了"指导工程咨询行业发展"的归口管理部门口是国家发展改革委，但总让人感觉国家发改委只管项目前期投资策划决策咨询，而项目实施期（施工阶段及以后阶段）还是由住房城乡建设部归口管理，缺乏统筹管理、部际沟通和协作。2018 年 11 月 8 日，国家发展改革委和住房城乡建设部联合发布的《关于全过程工程咨询发展的指导意见》（征求意见稿）以及 2019 年 3 月 15 日的正式《指导意见》（515 号文）也证实了这一点。

八、2008 年 12 月 19 日，住房城乡建设部颁布《关于大型工程监理单位创建工程项目管理企业的指导意见》（建市〔2008〕226 号）

工程项目管理企业应具备以下基本特征：

1. 具有工程项目投资咨询、勘察设计管理、施工管理、工程监理、造价咨询和招标代理等方面能力，能够在工程项目决策阶段为业主编制项目建议书、可研性研究报告；在工程项目实施阶段为业主提供招标管理、勘察设计管理、采购管理、施工管理和试运行管理等服务；代表业主对工程项目的质量、安全、进度、费用、合同、信息、环境、风险等方面进行管理；可以为业主提供全过程或分阶段项目管理服务。

2. 具有与工程项目管理服务相适应的组织机构和管理体系；在企业的组织结构、专业设置、资质资格、管理制度和运行机制等方面满足开展工程项目管理服务的需要。

3. 掌握先进、科学的项目管理技术和方法，拥有先进的工程项目管理软件，具有完善的项目管理程序、作业指导文件和基础数据库，能够实现工程项目的科学化、信息化和程序化管理。

4. 拥有配备齐全的专业技术人员和复合型管理人员构成的高素质人才队伍，配备与开展全过程工程项目管理服务相适应的注册监理工程师、注册造价工程师、一级注册建造师、一级注册建筑师、勘察设计注册工程师等各类执业人员和专业工程技术人员。

5. 具有良好的职业道德和社会责任感，遵守国家法律法规、标准规范、科学、诚信的开展项目管理服务。

创建单位要充分认识到工程项目管理服务是服务业的重要组成部分，是国际通行的工程项目管理组织模式；创建工程项目管理企业是适应国务院关于深化投资体制改革和加快发展的市场需要，也是工程监理单位拓展业务领域，提升竞争实力的有效途径。

各地建设主管部门要加大对社会化、专业化工程项目管理服务市场的培育和引导，加大对创建单位的扶持力度，支持创建单位在政府投资建设项目开展项目管理服务业务。同时，还要引导非政府投资项目的业主优先委托创建单位进行项目管理服务。鼓励创建单位在同一工程建设项目上为业主提供集工程监理、造价咨询、招标代理为一体的项目管理服务。

九、2014 年 7 月 1 日，住房城乡建设部颁布《关于推进建筑业发展和改革的若干意见》（建市〔2014〕92 号）；同年 7 月 10 日国家发展改革委颁布《关于放开部分建设项目服务收费标准有关问题的通知》（发改价格〔2014〕1573 号）；2013 年 5 月 13 日新版《建设工程监理规范》（GB/T 50319—2013）颁布，于 2014 年 3 月 1 日正式开始实施

1. 建市〔2014〕92 号文，与工程咨询行业改革相关的内容为：进一步完善工程监理制度，调整强制监理工程范围，选择部分地区开展试点，研究制定有能力的建设单位自主决策选择监理或其他管理模式的政策措施。具有监理资质的工程咨询服务机构开展项目管理的工程项目，可不再委托监理，推动一批有能力的监理企业做优做强。实际上，上述内容从 2003 年的 30 号文就开始提倡和推行，但直至 2014 年的 92 号文还在鼓励和倡导。时至今日，住房城乡建设部从 2003 年就开始倡导的"管监一体化"历经 16 年，还未在包括首都北京在内的地方省市真正落地实施，可见改革之艰难。

2. 发改价格〔2014〕1573 号文，主要内容就是放开除政府投资项目及政府委托服务以外的建设项目前期工作咨询、工程勘察设计、招标代理、工程监理等 4 项服务收费标准，实行市场调节价。采用直接投资和资本金注入的政府投资项目，以及政府委托的上述服务收费，继续实行政府指导价管理，执行规定的收费标准；实行市场调节价的专业服务收费，由委托双方依据服务成本、服务质量和市场供应状况等协商确定。

3. 新版 GB/T 50319—2013 监理规范，主要变化之一是将原监理规范工程监理的主要职能为监督管理（Supervision），更新为工程项目管理（Construction Project Management）。建设工程监理定义为 Construction Project Management。工程监理的主要工作内容和范围定义为：受建设单位委托，根据法律法规、工程建设标准、勘察设计文件及合同，在施工阶段对建设工程质量、造价、进度进行控制，对合同、信息进行管理，对工程建设相关方的关系进行协调，并履行建设工程安全生产管理法定职责的服务活动。简称"三控两管一协调一履行"。

十、2015 年 2 月 11 日，国家发展改革委颁布《进一步放开建设项目专业服务价格的通知》（发改价格〔2015〕299 号）。《通知》自 2015 年 3 月 1 日执行。

在已放开非政府投资及非政府委托的建设项目专业服务价格的基础上，全面放开实行政府指导价管理的建设项目专业服务价格，实行市场调节价。

1. 建设项目前期工作咨询费；
2. 工程勘察、设计费；
3. 招标代理费；

4. 工程监理费；

5. 环境影响咨询费。

第五节　集成化的全过程工程咨询阶段（2017年至今）

2017年2月起，国家开始推行全过程工程咨询。在"放管服"改革的大背景下，工程咨询（投资）、招标代理的企业资质、招标师执业资格率先被取消或改为行业协会负责的资信评价。发展全过程工程咨询服务的条件实际上已日臻成熟。

一、2017年2月21日，国务院办公厅发布《关于促进建筑业持续健康发展的意见》（国办发〔2017〕19号）

该文件在建筑业全产业链中首次明确了"全过程工程咨询"这一概念。原来只有"全过程项目管理""全过程造价咨询"等提法和概念（图2-1）。

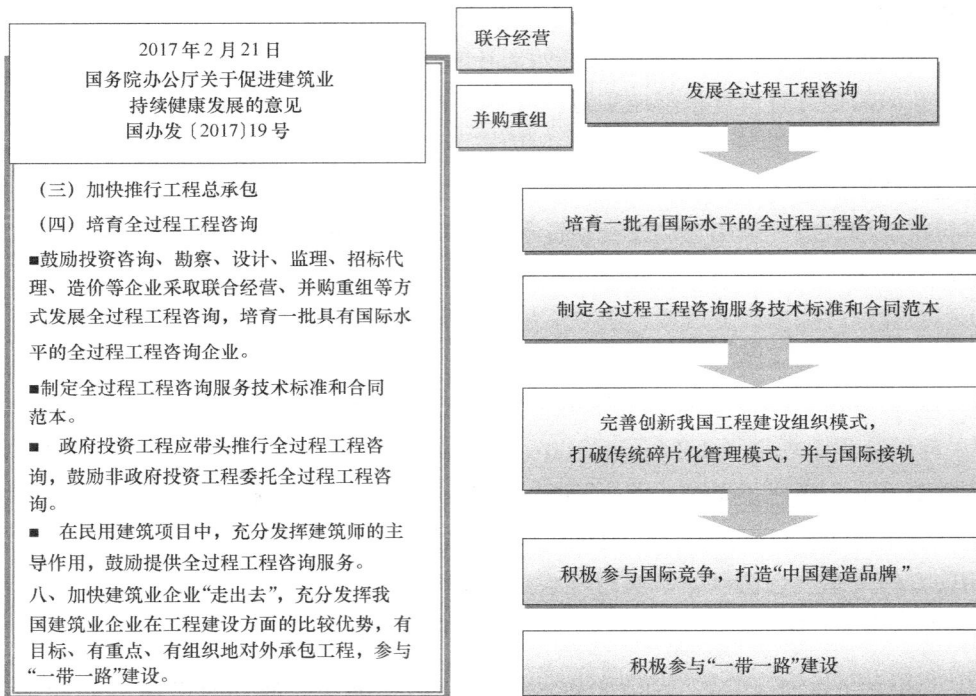

图 2-1　国办发〔2017〕19 号文内容

二、2017年2月24日，住房城乡建设部建筑市场监管司印发《住房城乡建设部建筑市场监管司2017年工作要点》（建市综函〔2017〕12号）

以贯彻落实国务院办公厅《关于促进建筑业持续健康发展的意见》（国办发〔2017〕19号）为主线，以深化建筑业重点环节改革为核心，以推动企业发展为目标，促进建筑业持续健康发展。

文中（三）推进全过程工程咨询服务。试点开展全过程工程咨询服务模式，积极培育全过程工程咨询企业，鼓励建设项目实行全过程工程咨询服务。总结和推广试点经验，推进企业在民用建筑项目提供项目策划、技术顾问咨询、建筑设计、施工指导监督和后期跟踪等全过程服务。出台《关于促进工程监理行业转型升级创新发展的意见》，提出监理行业转型升级改革措施。

三、2017 年 5 月 2 日，住房城乡建设部颁发《关于开展全过程工程咨询试点工作的通知》（建市〔2017〕101 号）

确定了北京、上海、江苏、浙江、福建、湖南、广东、四川 8 省市以及 40 家咨询企业率先开展为期 2 年的全过程工程咨询试点工作。后经广西、陕西申请，住房城乡建设部同意其为试点省份。截至目前，共有 10 个省市和 40 家企业被列入全过程工程咨询试点区域和企业名录。2017 年则成为中国工程咨询行业转型发展元年（图 2-2、图 2-3）。

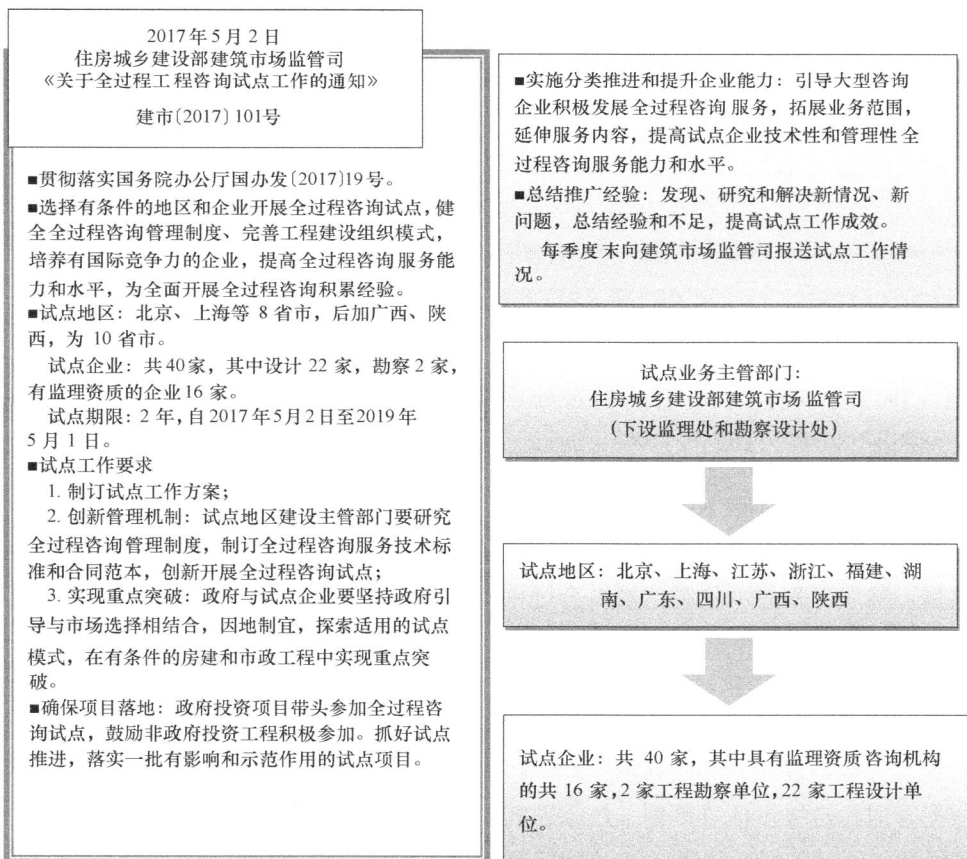

图 2-2　建市〔2017〕101 号文内容

全过程工程咨询40家试点企业名录

全过程工程咨询试点企业名单

1. 中国建筑设计院有限公司
2. 北京市建筑设计研究院有限公司
3. 中国中元国际工程有限公司
4. 中冶京诚工程技术有限公司
5. 中国寰球工程有限公司
6. 北京市勘察设计研究院有限公司
7. 建设综合勘察研究设计院有限公司
8. 北京方圆工程监理有限公司
9. 北京国金管理咨询有限公司
10. 北京希达建设监理有限责任公司
11. 京兴国际工程管理有限公司
12. 中国市政工程华北设计研究总院有限公司
13. 中国天辰工程有限公司
14. 同济大学建筑设计研究院（集团）有限公司
15. 华东建筑设计研究院有限公司
16. 上海市政工程设计研究总院（集团）有限公司
17. 上海华城工程建设管理有限公司
18. 上海建科工程咨询有限公司
19. 上海市建设工程监理咨询有限公司
20. 上海同济工程咨询有限公司
21. 启迪设计集团股份有限公司
22. 中衡设计集团股份有限公司
23. 江苏建科建设监理有限公司
24. 中国电建集团华东勘测设计研究院有限公司
25. 中国联合工程公司
26. 宁波高专建设监理有限公司
27. 浙江江南工程管理股份有限公司
28. 福建省建筑设计研究院
29. 深圳市建筑设计研究总院有限公司
30. 悉地国际设计顾问（深圳）有限公司
31. 广东省建筑设计研究院
32. 深圳市华阳国际工程设计股份有限公司
33. 广州轨道交通建设监理有限公司
34. 海南新世纪建设项目咨询管理有限公司
35. 林同棪国际工程咨询（中国）有限公司
36. 重庆赛迪工程咨询有限公司
37. 中国建筑西南设计研究院有限公司
38. 成都衡泰工程管理有限责任公司
39. 四川二滩国际工程咨询有限责任公司
40. 中国建筑西北设计研究院有限公司

图 2-3　全过程工程咨询40家试点企业名录

四、2017年5月2日，住房城乡建设部印发《工程勘察设计行业发展“十三五”规划》（建市〔2017〕102号）

与全过程工程咨询相关的主要内容：

1. 拓展业务范围，提升综合服务能力，创作出一批水平高、质量优、效益好的优秀工程项目，推广工程总承包制，发展全过程工程咨询，培育一批具有国际竞争力的工程顾问咨询公司。

2. 试行建筑师负责制。借鉴国际先进经验，兼顾中国特色，改革创新，逐步建立与国际接轨的建筑师负责制，从设计总包开始，由建筑师统筹协调建筑、结构、机电、环境、景观等各专业设计，在此基础上延伸建筑师服务范围，按照权责一致的原则，鼓励建筑师依据合同约定提供项目策划、技术顾问咨询、施工指导监督和后期跟踪等服务，推进工程建设全过程建筑师负责制。提高建筑师地位，保证建筑师权益，使建筑师设计理念完整实施，提高建筑品质。

3. 深度推进建筑信息化模型（BIM）和数字化工厂（DF）在工程建设运营全过程中

的应用，实现全生命周期数据共享和信息化管理、提高工程建设综合效益。

4. 加快推行工程总承包。装配式建筑原则上应采用工程总承包模式。政府投资工程应完善建设管理模式，带头推行工程总承包，加快完善工程总承包相关的招标投标、施工许可、竣工验收等制度规定。按照总承包负总责的原则，落实工程总承包企业在工程质量、安全、进度控制、成本管理等方面的责任。培育一批工程总承包骨干企业，提高工程总承包的供给质量和能力。

5. 培育全过程工程咨询。积极利用工程勘察设计的先导优势，拓展覆盖可研性研究、项目策划、项目管理等工程建设全生命周期的技术支持与服务，提高工程项目建设水平。鼓励企业采取联合经营、并购重组等方式发展全过程工程咨询，培育一批具有国际水平的全过程工程咨询企业。开展全过程工程咨询服务试点，探索总结全过程工程咨询的服务模式和监管方式。促进大型企业向具有项目前期咨询、项目管理和融资等集成化服务能力的工程公司或工程顾问咨询公司发展。鼓励有条件的企业以设计和研发为基础，以自身专利及专有技术为优势，拓展装备制造、设备成套、项目运营维护等相关业务，逐步形成工程项目全生命周期的一体化服务体系。

五、2017 年 7 月 7 日，住房城乡建设部印发《关于促进工程监理行业转型升级创新发展的意见》（建市〔2017〕145 号）

1. 形成以主要从事施工现场监理服务的企业为主体，以提供全过程工程咨询服务的综合性企业为骨干，各类工程监理企业分工合理、竞争有序、协调发展的行业布局。监理行业核心竞争力显著增强，培育一批智力密集型、技术复合型、管理集约型的大型工程建设咨询服务企业。

2. 引导监理企业服务主体多元化。鼓励支持监理企业为建设单位做好委托服务的同时，进一步拓展服务主体范围，积极为市场各方主体提供专业化服务。适应政府加强工程质量安全管理的工作要求，按照政府购买社会服务的方式，接受政府质量安全监督机构的委托，对工程项目关键环节、关键部位进行工程质量安全检查。

3. 创新工程监理服务模式。鼓励监理企业在立足施工阶段监理的基础上，向"上下游"拓展服务领域，提供项目咨询、招标代理、造价咨询、项目管理、现场监督等多元化的"菜单式"咨询服务。对于选择具有相应工程监理资质的企业开展全过程工程咨询服务的工程，可不再另行委托监理。鼓励监理企业积极探索政府和社会资本合作（PPP）等新型融资方式下的咨询服务内容、模式。

4. 鼓励大型监理企业采取跨行业、跨地域的联合经营，并购重组等方式发展全过程工程咨询，培育一批具有国际水平的全过程工程咨询企业。支持中小监理企业、监理事务所进一步提高技术水平和服务水平，为市场提供特色化、专业化的监理服务。推进建筑信息模型（BIM）在工程监理服务中的应用，不断提高工程监理信息化水平，鼓励工程监理企业抓住"一带一路"的国家倡议机遇，主动参与国际市场竞争，提升企业的国际竞争力。

六、2017 年 7 月 18 日，住房城乡建设部印发《关于推进全过程工程咨询发展的指导意见》（内部讨论稿）

（一）全过程工程咨询的内涵

全过程工程咨询是指由一个企业或多个企业组成的联合体或合作体，提供涵盖项目决策阶段和实施阶段的项目建设全过程、全方位的专业化咨询服务。其服务内容包括但不限于项目决策策划、项目建议书和可行性研究报告编制、项目实施总体策划、项目管理、报批报建管理、勘察及设计管理、规划及设计优化、工程监理、招标代理、造价咨询和配合审计等工程管理活动，也可包括规划、勘察和设计等工程设计活动。

（二）全过程工程咨询项目的委托

建设单位可在项目筹划阶段或项目立项后，通过招标或委托的方式选择一家具有综合能力的工程咨询企业实施全过程工程咨询，或可委托多家具有不同专业特长的工程咨询企业组成的联合体或合作体实施全过程工程咨询。建设单位应与选定的全过程工程咨询企业以书面形式签订委托合同。具有勘察、设计或监理资质的企业、联合体或合作体，依法通过招投标方式取得全过程咨询服务的，经建设单位同意，可在其资质许可范围内承担同一工程的勘察、设计或监理工作。

（三）全过程工程咨询服务收费

应当根据受委托工程项目规模、范围、内容、深度和复杂程度等，由建设单位与全过程工程咨询企业在委托合同中约定。全过程工程咨询服务收费应在工程概算中列支，并明确包含的服务内容，各项专项服务费用可分别列支。鼓励建设单位对全过程工程咨询企业提出并落实合理化建议按照节约投资额的一定比例给予奖励，奖励比例由双方在合同中约定。

（四）全过程工程咨询项目负责人

应取得工程建设类注册执业资格或具有工程类、工程经济类中级及以上职称，并具有类似工程经验。

（五）全过程工程咨询服务的分包

全过程工程咨询企业根据合同约定或者建设单位同意，可将部分工程咨询服务分包给具有相应能力的专业咨询企业。

七、2017 年 12 月 11 日，住房城乡建设部印发《关于在民用建筑工程中推进建筑师负责制的指导意见（征求意见稿）》（建市设函〔2017〕62 号）

1. 什么是建筑师负责制。是以担任民用建筑工程项目设计主持人或设计总负责人的注册建筑师为核心的设计团队，依托所在的设计企业为实施主体，依据合同约定，对民用建筑工程全过程或部分阶段提供全寿命周期设计咨询管理服务，最终将符合建设单位要求的建筑产品和服务交付给建设单位的一种工作模式。

2. 推进民用建筑工程全寿命设计咨询管理服务，从设计阶段开始，由建筑师统筹协调各专业设计、咨询机构及设备供应商的设计咨询管理服务，在此基础上逐步向规划、策划、施工、运维、改造、拆除等方面拓展建筑师服务内容，发展民用建筑工程全过程建筑师负责制。

3. 主要服务内容：

（1）参与规划。参与城市修建性详细规划和城市设计，统筹建筑设计和城市设计协调统一。

（2）提出策划。参与项目建议书、可行性研究报告与开发计划的制定，确认环境与规划条件、提出建筑总体要求，提供项目策划咨询报告、概念性设计方案及设计要求任务书，代理建设单位完成前期报批手续。

（3）完成设计。完成方案设计、初步设计、施工图技术设计和施工图现场设计服务；综合协调把控幕墙、装饰、景观、照明等专项设计，审核承包商完成的施工图深化设计。建筑师负责的施工图技术设计重点解决建筑使用功能、品质价值与投资控制；承包商负责的施工图深化设计重点解决设计施工一体化，准确控制施工节点大样详图，促进建筑精细化。

（4）监督施工。代理建设单位进行施工招投标管理和施工合同管理服务，对总承包商、分包商、供应商和指定服务商履行监管职责，监督工程建设项目按照设计文件要求进行施工，协助组织工程验收服务。

（5）指导运维。组织编制建筑使用说明书，督促、核查承包商编制房屋维修手册，指导编制使用后维护计划。

（6）更新改造。参与制定建筑更新改造、扩建与翻新计划，为实施城市修补、城市更新和生态修复提供设计咨询管理服务。

（7）辅助拆除。提供建筑全寿命期提示制度，协助专业拆除公司制定建筑安全绿色拆除方案等。

八、2017 年 11 月 6 日，国家发展改革委发布《工程咨询行业管理办法》（国家发展和改革委员会第 9 号），自 2017 年 12 月 6 日起施行

其中，第二章"工程咨询单位管理"第八条，工程咨询服务范围包括：

（一）规划咨询

（二）项目咨询

（三）评估咨询

（四）全过程工程咨询：采用多种服务方式组合，为项目决策、实施和运营持续提供局部或整体解决方案以及管理服务

有专家和行业内人士质疑，（四）全过程工程咨询与（一）～（三）的规划、项目和评估咨询是包含关系，而非并列关系。这种质疑虽有一定道理，但并不全面和准确。实际上，规划咨询不一定仅是针对某一具体项目，而可能是针对总体、专项、区域和行业（图2-4）。

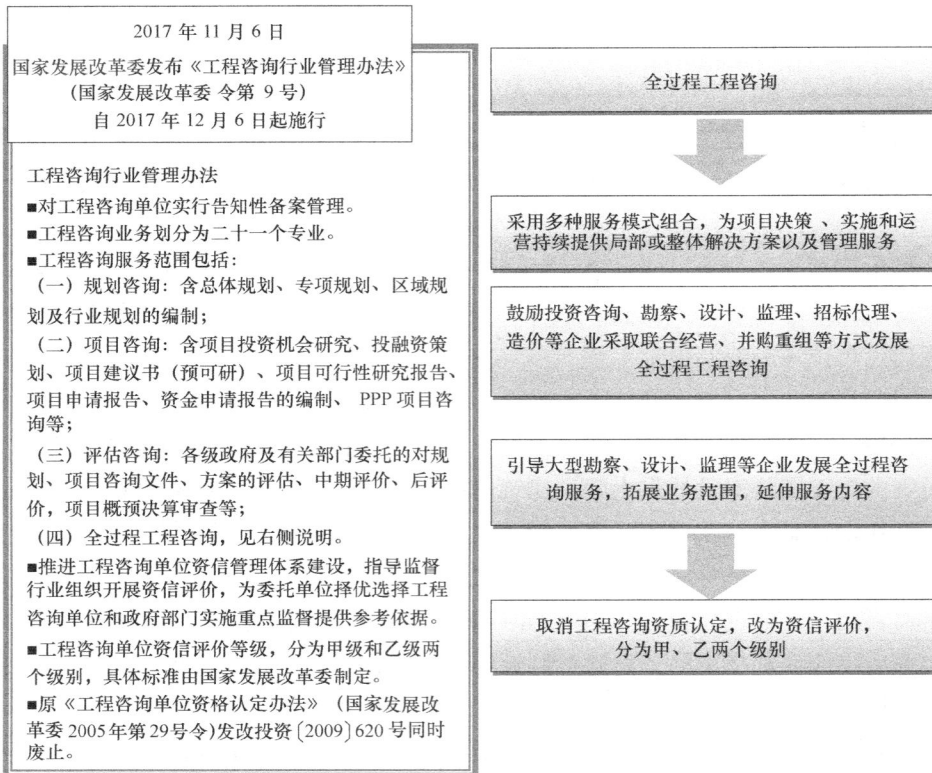

图 2-4 《工程咨询行业管理办法》主要内容

九、2017 年 12 月 8 日，住房城乡建设部办公厅《关于取消工程建设项目招标代理机构资格认定加强事中事后监管的通知》（建办市〔2017〕77 号），自 2017 年 12 月 28 日起施行；2018 年 3 月 8 日，住房城乡建设部《关于废止工程建设项目招标代理机构资格认定办法》（建设部令第 154 号）的决定，自发布之日起施行

十、2018 年 3 月 8 日，国函〔2018〕56 号，国务院关于《必须招标的工程项目规定》的批复。2018 年 3 月 27 日，国家发展改革委颁布《必须招标的工程项目规定》(国家发展和改革委员会令第 16 号) 2018 年 6 月 1 日起施行

1. 勘察、设计、施工、监理以及与工程建设有关的重要设备、材料等的采购达到下列标准之一的，必须招标：

（1）施工单项合同估算价在 400 万元人民币以上；

（2）重要设备、材料等货物的采购，单项合同估算价在 200 万元人民币以上；

（3）勘察、设计、监理等服务的采购，单项合同估算价在 100 万元人民币以上。

同一项目中可以合并进行的勘察、设计、施工、监理以及与工程建设有关的重要设备、材料等采购、合同估算价合计达到前款规定标准的必须招标。

2. 新《规定》的亮点：

（1）必须进行招标项目的范围大大缩小。

（2）招标起点金额有所提高。新《规定》将勘察、设计、施工、监理以及与工程建设有关的重要设备、材料等采购的"必须进行招标项目"的金额，较旧《规定》分别提高一倍。

十一、2018 年 3 月 15 日，住房城乡建设部建筑市场监管司发布《关于推进全过程工程咨询发展的指导意见》（征求意见稿）（建市监函〔2018〕9 号）；《建设工程咨询服务合同示范文本》（征求意见稿）（图 2-5）

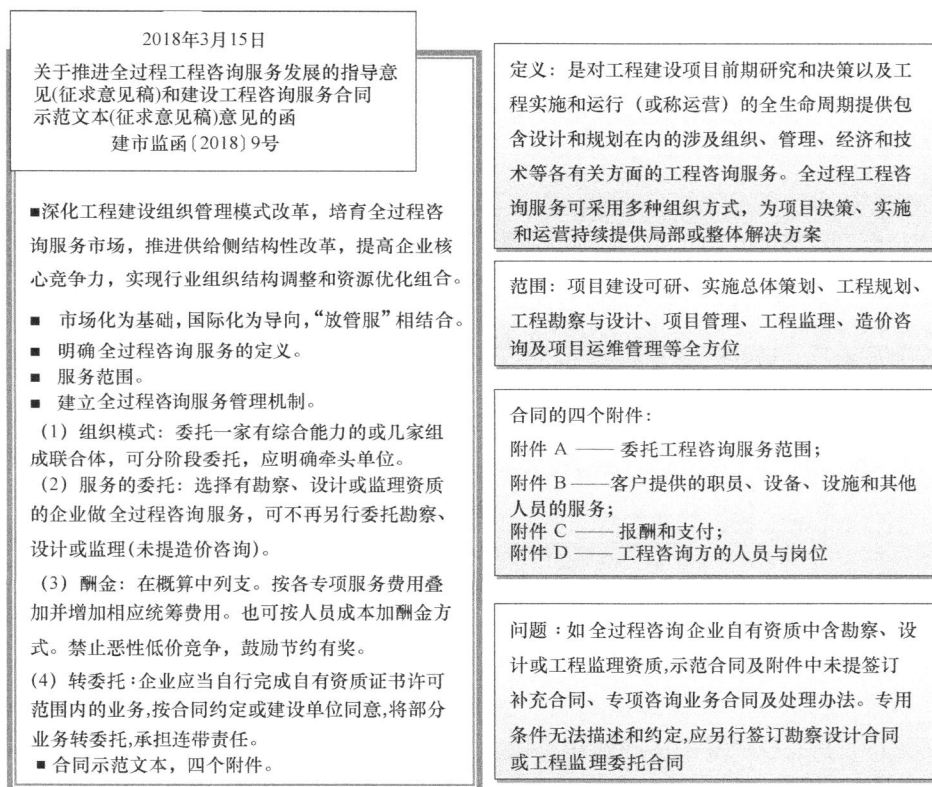

2018年3月15日
关于推进全过程工程咨询服务发展的指导意见(征求意见稿)和建设工程咨询服务合同示范文本(征求意见稿)意见的函
建市监函〔2018〕9号

■深化工程建设组织管理模式改革，培育全过程咨询服务市场，推进供给侧结构性改革，提高企业核心竞争力，实现行业组织结构调整和资源优化组合。

■ 市场化为基础，国际化为导向，"放管服"相结合。
■ 明确全过程咨询服务的定义。
■ 服务范围。
■ 建立全过程咨询服务管理机制。

（1）组织模式：委托一家有综合能力的或几家组成联合体，可分阶段委托，应明确牵头单位。

（2）服务的委托：选择有勘察、设计或监理资质的企业做全过程咨询服务，可不再另行委托勘察、设计或监理(未提造价咨询)。

（3）酬金：在概算中列支。按各专项服务费用叠加并增加相应统筹费用。也可按人员成本加酬金方式。禁止恶性低价竞争，鼓励节约有奖。

（4）转委托：企业应当自行完成自有资质证书许可范围内的业务，按合同约定或建设单位同意，将部分业务转委托，承担连带责任。

■合同示范文本，四个附件。

定义：是对工程建设项目前期研究和决策以及工程实施和运行（或称运营）的全生命周期提供包含设计和规划在内的涉及组织、管理、经济和技术等各有关方面的工程咨询服务。全过程工程咨询服务可采用多种组织方式，为项目决策、实施和运营持续提供局部或整体解决方案

范围：项目建设可研、实施总体策划、工程规划、工程勘察与设计、项目管理、工程监理、造价咨询及项目运维管理等全方位

合同的四个附件：
附件 A —— 委托工程咨询服务范围；
附件 B —— 客户提供的职员、设备、设施和其他人员的服务；
附件 C —— 报酬和支付；
附件 D —— 工程咨询方的人员与岗位

问题：如全过程咨询企业自有资质中含勘察、设计或工程监理资质，示范合同及附件中未提签订补充合同、专项咨询业务合同及处理办法。专用条件无法描述和约定，应另行签订勘察设计合同或工程监理委托合同

图 2-5　住房城乡建设部《关于推进全过程工程咨询服务发展的指导意见》
（征求意见稿）、《建设工程咨询服务合同示范文本》（征求意见稿）内容

十二、2018 年 11 月 8 日，国家发展改革委和住房城乡建设部联合发布《关于推进全过程工程咨询服务发展的指导意见》（征求意见稿）。

1.《指导意见》内容要点如图 2-6 所示。

国家发展改革委办公厅、住房城乡建设部办公厅征求
《关于推进全过程工程咨询服务发展的指导意见》(征求意见稿)意见的函

2018 年 11 月 8 日	
■七种咨询服务业态:投资咨询、招标代理、勘察、设计、监理、造价、项目管理 ■工程建设项目三大阶段:项目决策阶段、工程建设阶段、项目运营阶段 ■供需矛盾:投资人或建设单位对综合性、跨阶段、一体化的咨询服务需求日益增强;与现行制度造成的单项服务供给模式之间的矛盾日益突出。 ■将全过程咨询分为项目决策和建设实施两个阶段。提出重点培育发展投资决策综合性工程咨询(发展改革委管)和工程建设全过程工程咨询咨询(住房城乡建设部及相关行业和主管部门管)。未提及项目运营阶段归谁管。 ■投资决策环节在项目建设程序中具有统领的作用。投资决策综合性工程咨询服务由具有综合性专业能力的工程咨询单位提供或牵头提供。 项目负责人应当是经执业登记的咨询工程师(投资)。 ■在房建、市政基础设施、交通、水利、能源等领域的工程建设中,鼓励建设单位委托有关单位提供上述七种咨询业态的服务。一体化、增强工程建设的协同性。 ■全过程工程咨询服务可由一家具有综合能力的咨询单位实施七种咨询业态服务,甚至还可包括 BIM、绿建咨询服务等,也可由多种有不同能力的单位联合实施,但应当明确牵头单位(或称咨询总包单位)。	■全过程工程咨询服务单位(咨询总包)应当自行完成自有资质证书许可范围内的业务,按合同约定或业主方同意,将部分咨询业务择优转委托(分包)给有资质或能力的单位(咨询分包)。 ■全过程咨询单位提供勘察、设计或监理咨询服务时,应当具有相应资质条件。中标的全过程咨询单位(咨询总包)具有相应勘察、设计、监理或造价咨询资质的,在工程建设环节可不再另行委托勘察、设计、监理或造价咨询单位(法律法规另有规定的除外)。从而解决了勘察、设计和监理强制招标问题。实际也解决了项目建议书、可研报告编制(必须有工程咨询资信评价相应级别和范围)、招标采购(资质已取消),以及造价咨询、BIM 咨询和绿建咨询单位的多次招标问题。 ■全过程咨询单位(咨询总包)服务酬金计取方式。全过程咨询服务酬金应在工程投资中列支。可按各专项服务酬金叠加后再增加相应统筹管理费计取(与施工总承包管理费相仿),也可按人工成本酬金方式计取。 避免采取降低咨询服务酬金的方式进行市场竞争,禁止恶意低价竞争行为。鼓励业主根据咨询服务节约的投资额对咨询单位予以奖励。 ■2018 年 11 月 8 日版《指导意见》未对全过程咨询定义。

图 2-6 《关于推进全过程工程咨询服务发展的指导意见》(征求意见稿)内容

2. 笔者应北京工程咨询协会要求提出的修改建议如图 2-7 所示。

十三、笔者学习 515 号文几点感想和体会(发表于《中国工程咨询》2019 年第 5 期)

国务院《关于促进建筑业持续健康发展的意见》(国办发〔2017〕19 号)(2017 年 2 月 21 日)颁布刚过两年、住房城乡建设部《关于开展全过程工程咨询试点工作的通知》(建市〔2017〕101 号)发布快到两年,国家发展改革委办公厅、住房城乡建设部办公厅《关于推进全过程工程咨询服务发展的指导意见》(征求意见稿)(2018 年 11 月 8 日)发布四个多月后,《关于推进全过程工程咨询服务发展的指导意见》(发改投资规〔2019〕515 号,以下简称《指导意见》)终于在 2019 年 3 月 15 日正式颁布了。对于工程咨询行业来说,真可谓翘首以盼,"千呼万唤始出来",又恰逢春暖花开之季,真有点"忽如一夜春风来,千树万树梨花开"的感觉。通过近日对《指导意见》的学习和领会,谈几点粗浅体会和感想。

1.《指导意见》的正式颁布,是我国工程咨询行业、特别是全过程工程咨询领域的一件大事。对目前和下一步推广和开展全过程工程咨询服务、无论是全过程咨询试点省市企业和试点项目,还是其他地区和非试点企业及项目,均具有重大和明确的指导意义和作用。

关于《国家发展改革委住房城乡建设部关于推进全过程工程咨询服务发展的指导意见》
(征求意见稿)的建议

■一、建议统一规范用语。如统一用工程咨询，而不简称咨询。各专业化业态称为工程咨询单位，而不称咨询单位等。

■二、全过程工程咨询与投资决策综合性工程咨询、工程建设全过程咨询之间的关系、定义？一般如按阶段划分可分为工程建设项目前期研究和决策阶段、工程项目实施阶段和运维（运营）阶段全生命周期三大阶段。也可细分为项目决策、勘察设计、招标采购、工程施工、竣工验收、运营维护六个阶段和工作内容。工程建设全过程咨询如仅指施工阶段咨询似应称为工程建设实施阶段工程咨询更准确，但又缺少了运维(运营）期。

■ 三、P3（二）“综合性工程咨询项目负责人应当是经执业登记的咨询工程师（投资）”似不妥。全过程工程咨询起码有三种以上委托模式：一是只委托综合性工程咨询服务，此时要求项目负责人为注册咨询工程师（投资）应无问题；二是只委托工程建设全过程工程咨询服务，此时要求工程建设类、工程经济类执业资格也无问题；三是委托综合性工程咨询和工程建设全过程工程咨询全部服务，此时不太可能在工程投资决策阶段项目负责人为注册咨询工程师（投资），进入工程建设实施阶段再更换为工程建设类执业资格。因此对承担全建设周期或全生命周期的全过程工程咨询服务项目，其项目负责人应要求具备工程建设类、工程经济类执业资格、职称即可，不宜专门规定必须是咨询工程师（投资），其实，其做为项目副经理等，主要负责前期投资决策咨询工作，一样能起到把关作用。

■四、 P5（三）促进工程建设全过程工程咨询发展。“全过程咨询服务单位应当自行完成自有资质证书许可范围内的业务，……”，似不妥，“应”应改“可”或“按招标文件或合同约定”。

■五、 P5（三）建议增加“关键核心业务，如全过程项目管理、投资决策咨询、工程设计、工程监理、造价咨询等不得转委托”。不得转委托的关键核心业务的项目业主根据项目具体情况和业主需求确定。

■六、 P5（三）工程勘察属于工程前期阶段性业务，由其作为全过程工程咨询服务牵头单位的项目很少，建议不列入或将其与工程设计统称为勘察设计，不再单独列示。

■七、P5(四)建议慎提“采用建筑师负责制”。“充分发挥建筑师的主导作用”问题不大,但目前均为业主负责制,采用建筑师负责制无法律法规依据且工程项目实际也做不到。

■ 八、P7(二)“投资者或建设单位应当 …… 与咨询单位协商确定服务酬金。”全过程工程咨询一般为政府和国有投资,会采用公开招标方式,双方协商费用的可能性不大。

■ 九、建议增加全过程工程咨询服务单位的招标和选择相关内容。

图 2-7 修改建议

2.《指导意见》明确了目前指导范围只限于房屋建筑和市政基础设施领域。而原《征求意见稿》中还包括交通、水利和能源等领域。

3. 明确指出全过程工程咨询服务的重点在项目决策和建设实施两个阶段，重点培育和发展“投资决策综合性咨询”和“工程建设全过程咨询”两种全过程工程咨询服务模式。而在以往文件中强调包括运维运营阶段的项目全生命周期。因为目前乃至今后相当长时间内，建设单位对提供运维运营阶段工程咨询需求不会很普遍，且具有提供此阶段工程咨询能力的咨询企业也不会很多。

4.《指导意见》阐述“规范投资决策综合性咨询服务方式”时，指出：“投资决策综合性咨询服务可由工程咨询单位采取市场合作、委托专业服务等方式牵头提供，或由其会同具备相应资格的服务机构联合提供。牵头提供投资决策综合性咨询服务的机构，根据与委托方合同约定对服务成果承担总体责任；联合提供投资决策综合性咨询服务的，各合作方承担相应责任……"。

笔者认为：其一，上述论述不仅适用于"投资决策综合性咨询"，而且也适用于"工程建设全过程咨询"；其二，所谓"牵头提供""承担总体责任"，可以理解为"全过程工程咨询总包""承担全过程咨询总包责任"；而"市场合作、委托专业服务"可以理解为"专项咨询分包、转委托"。"联合提供"可以理解为各咨询机构不是全过程咨询总分包关系，而是联合体成员关系。要么是联合体牵头单位，要么是联合体成员单位。各合作方根据联合体协议，"承担相应责任"。

5. 明确"工程建设全过程咨询服务"的实施方式，既可以由一家具有综合能力的咨询单位实施，也可由多家具有专项咨询业务资质和能力的咨询单位组成联合体来联合实施。当由一家咨询单位实施时，其应当自行完成自有资质证书许可范围内的业务，在保证整个工程项目完整性的前提下，按照合同约定或经建设单位同意，还可将自有资质证书许可范围外的咨询业务分包（转委托）给具有相应资质或能力的专项咨询分包单位。用"应当"这样的强调语气优先提倡和推行由一家有综合能力的咨询单位实施全过程咨询业务。

6. 《指导意见》指出：开展"投资决策综合性咨询服务"的，应充分发挥咨询工程师（投资）的作用，鼓励其作为综合性咨询项目负责人，提高统筹服务水平。开展"工程建设全过程咨询服务"时，项目负责人应取得工程建设类注册执业资格且具有工程类、工程经济类高级职称，并具有类似工程经验。对全过程咨询的项目负责人明确提出不但有注册而且还必须具有高级职称，这比以往文件只要求中级以上职称更加严格。而实际上，现有很多全过程工程咨询实际案例，从项目立项阶段开始，建设单位就通过招标或委托一家全过程工程咨询单位（全过程工程咨询总包）进行咨询工作，既包含"投资决策综合性咨询"内容，又包含"工程建设全过程咨询"内容，这种情形下，如何确定项目总负责人（或称项目总咨询工程师）呢？笔者认为：为保证咨询项目总负责人的稳定性和连贯性，应按"工程建设全过程咨询"要求确定项目总负责人，而任命一位能胜任"投资决策综合性咨询"管理工作的注册咨询工程师（投资）为项目副经理（或副总咨询工程师），以利投资决策综合性咨询工作。

7. 前款已叙，很多工程咨询项目同时包括投资、决策和建设实施两个阶段，甚至还包括运维（运营）阶段，因此既有"投资决策综合性咨询"又有"工程建设全过程咨询"，甚至还包括更多工程咨询内容。那么，这两种咨询模式的分界点在哪里呢？笔者认为，不应只从时序和阶段上划分和区分，而主要应从咨询内容和性质上加以划分和区分。即便如此，也是你中有我，我中有你，有些咨询内容和范围是难以彻底界定和厘清的。所以，一定要强调综合性、跨阶段、协同性和集成化。

8. 《指导意见》列出了七种专业化咨询服务业态，即：投资咨询、招标代理、勘察、设计、监理、造价和项目管理。实际上，这些专项咨询服务业务，在2017年2月国务院19号文首次提出"全过程工程咨询"概念之前，均已至少存在20年以上，最长的工程设计可能已近百年。那么，全过程工程咨询推出什么新的咨询服务业务了吗？答案是否定的。即便是新生的BIM咨询、绿色建筑咨询也诞生于全过程工程咨询之前。既然各项咨询业务均是早已存在的，那么国家为什么还要大力推行全过程工程咨询呢？为什么不继续推行全过程项目管理呢？全过程工程咨询与全过程项目管理之间是何关系、有何区别？全过程工程咨询七项专项咨询业务是何关系？是它们的叠加和简单组合吗？

实际上，我们将全过程工程咨询诞生前的工程咨询模式称为碎片化的工程咨询模式，而将全过程工程咨询模式称为我国工程咨询行业革命性的模式创新，它创立了一种集成化和一体化的工程咨询新模式。首先，它不是将七项咨询业务简单的叠加、组合在一起，而是融合成有机的整体。换言之，发生的是化学反应，而不是物理反应。我们称以业主为中心并由其管理各项咨询业务的模式为碎片化咨询模式。那么全过程工程咨询为何就不是碎片化而变成集成化和一体化呢？笔者认为：是通过全过程工程咨询单位（全过程工程咨询总包）实现和完成的。大家回想一下三十多年前，我国未实行施工总承包制之前，工程项目施工安装行业就是建设单位分别委托各专业施工安装队伍的碎片化管理状态。而引进国际先进的施工管理理念和作法后，实行了施工总承包制、项目经理负责制，中国的建筑施工行业马上就飞速发展，与国际接轨了。国内的施工安装企业则不断发展壮大，走出国门，参与国际竞争。

全过程工程咨询概念的提出，正是要求工程咨询行业借鉴施工总承包行业成熟和先进的经验和作法，培育一批具有综合能力的咨询骨干企业通过并购重组、联合经营等方式做大做强，像施工行业一样，与国际接轨，参与"一带一路"和国际竞争。

具体途径就是一家有综合能力的咨询企业中标或接受委托担任咨询总包，其资质范围内的咨询业务按合同约定由其自身承担；资质范围以外的可以和其他具备相应资质的企业组成联合体；也可以按合同约定并征得建设单位同意分包给有相应资质的咨询单位。咨询分包对咨询总包负责，而咨询总包对建设单位负责。这才是全过程工程咨询的精髓和核心意义。这实际与三十年前的施工行业改革如出一辙。至于说为何要用全过程工程咨询替代全过程项目管理，应该说，项目管理仍属于碎片化的咨询模式。业主只是部分授权，主要任务是协调管理，与管理协调对象均非一个企业也无合同关系，协调力度有限，各方的关注点和工作目标并不完全一致。全过程工程咨询一个大优点是主要业务由一家承担，可以"将外部协调变为内部管理"，管理力度大增。即便是联合体或咨询总分包之间，也是合同关系，不像项目管理，与被管理对象绝大多数并非合同关系。

9. 笔者认为全过程工程咨询有三大要素：一是"咨询总包"概念；二是"一核心三主项"理念；三是"1＋1＋N"模式。

其中"咨询总包"概念是指应旗帜鲜明地提出实行全过程工程咨询总包负责制，并明确其法律责任和地位以及相应的责权利；"一核心三主项"理念是指全过程工程咨询服务必须以全过程项目管理为核心内容和业务，有人担心和质疑如此说法会将全过程工程咨询变成异化为项目管理的翻版，回到以前的老路上去。其实这种担心是不必要的。工程建设项目中最重要最核心的角色当然是业主或建设单位，业主方的项目管理无论是自己管还是委托别人管，均是无可争议的核心业务和内容。三主项分别为工程设计、工程监理和全过程造价咨询业务。这三项咨询业务是除项目管理外最重要的关键咨询业务。"1＋1＋N"

模式第一个"1"是指全过程项目管理，其是全过程工程咨询最基础和核心业务；第二个"1"是指全过程工程咨询除项目管理业务外，必须包括工程设计、工程监理和全过程造价咨询三项主要咨询业务之一项及以上；"N"是指"一核心三主项"之外的其他专项咨询业务，如工程勘察、投资策划决策咨询、招标采购、BIM咨询、绿建咨询等。

"咨询总包"概念＋"一核心三主项"理念＋"1＋1＋N"模式构成了全过程工程咨询的基本框架、组织模式和主要内容。实行咨询总包，"1＋1＋N"模式与原来碎片化模式最本质的区别是：前者各咨询业务或板块之间的关系要么是一个单位内部的管理协调、领导关系，要么就是合同关系；而后者的项目管理单位与被管理、协调单位是在业主授权范围内的管理与被管理关系，而非一个单位内部的管理协调或合同关系，因而不是一体化、集成化的，而是碎片化的。

10.《指导意见》的颁布，对于全过程工程咨询整体发展来说，只不过是万里长征走完了第一步。今后的路还很长，任重而道远。

除了建立全过程工程咨询服务技术标准和合同体系外，破除制度性障碍、优化政策法规环境、破除行业壁垒、部门垄断和条块分割的机制体制，制定全过程咨询招标和委托管理办法，加强工程咨询行业供给侧结构性改革，培育和培养具有综合能力和资质，具有组织、技术、管理、经济和法律技能、知识复合型人才的咨询企业等，任务十分紧迫。所以，不能有"等靠要"的思想，应根据《指导意见》颁布的东西，大胆改革创新和项目实践，不断探索和总结经验教训，使全过程工程咨询沿着健康发展的道路不断前行。

第六节　1982—2019年工程咨询行业发展重大事件和相关政策一览

笔者按照时间顺序整理了自1982年至2019年以来，工程咨询行业发展的重大事件和重要政策法规文件，以框图方式列示如下，以供读者查阅检索之便，如图2-8所示。

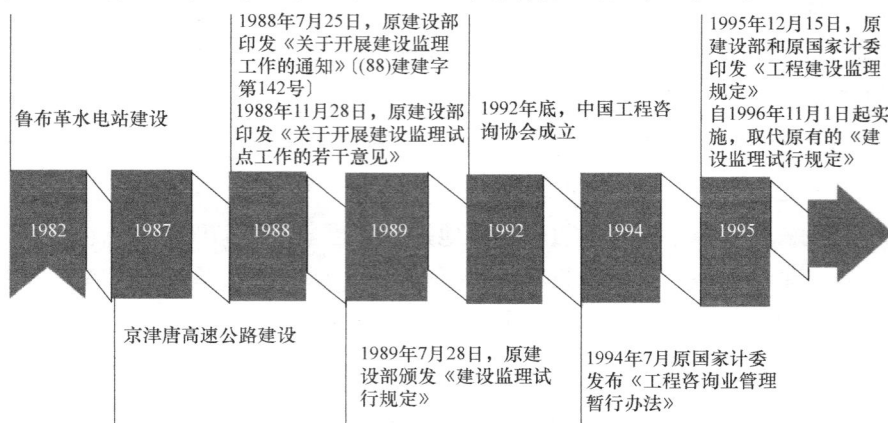

图 2-8　1982—2019 年工程咨询行业发展重大事件和相关政策一览图（一）

住房城乡建设部建市〔2003〕30号《关于培育发展工程总承包和工程项目管理企业的指导意见》

住房城乡建设部建市〔2008〕226号关于印发《关于大型工程监理单位创建工程项目管理企业的指导意见》的通知

国家发展改革委发改委价格〔2015〕299号《关于进一步放开项目专业服务价格的通知》

| 2003 | 2004 | 2008 | 2014 | 2015 |

住房城乡建设部建市〔2004〕200号《建设工程项目管理试点办法》

1.新版《建设工程监理规范》(GB/T 50319—2013)正式开始实施
2.住房城乡建设部建市〔2014〕92号《关于推进建筑业发展和改革的若干意见》
3.国家发展改革委价格〔2014〕1573号《关于放开部分建设项目服务收费标准有关问题的通知》

1.住房城乡建设部原副部长、中国监理协会原会长郭允冲向住房城乡建设部原部长陈政高提交《推进全过程一体化项目管理》的报告
2.江苏省住房城乡建设厅苏建建管〔2016〕730号《关于推进工程建设全过程咨询服务的指导意见》的通知

国务院办公厅国办发〔2017〕19号《关于促进建筑业持续健康发展的意见》

国家发展改革委发布《工程咨询行业管理办法》(发改委第9号)

| 2016 | 2017.2.8 | 2017.2.21 | 2017.5.2 | 2017.11.6 |

上海市住房和城乡建设管理委员会沪建建管〔2017〕125号《关于进一步加强本市建设工程项目管理服务的通知》

住房城乡建设部建市〔2017〕101号《关于开展全过程工程咨询试点工作的通知》

建办市〔2017〕77号
住房城乡建设部办公厅关于取消工程建设项目招标代理机构资格认定加强事中事后监管的通知
2017年12月28日起施行

住房城乡建设部建筑市场监管司(建市监函〔2018〕9号)《关于推进全过程工程咨询服务发展的指导意见》(征求意见稿)
《建设工程咨询服务合同示范文本》(征求意见稿)

国家发展改革委 住房城乡建设部《关于推进全过程工程咨询服务发展的指导意见》
发改投资规〔2019〕515号

| 2017.12.28 | 2018.3.8 | 2018.3.15 | 2018.11.8 | 2019.3.15 | 2019.5.1 |

1.住房城乡建设部令第38号,住房城乡建设部关于废止《工程建设项目招标代理机构资格认定办法》(建设部令第154号)的决定。自发布之日起施行。
2.国函〔2018〕56号,国务院关于《必须招标的工程项目规定》的批复,国家发展改革委《必须招标的工程项目规定》。2018年6月1日起施行

《国家发展改革委 住房城乡建设部关于推进全过程工程咨询服务发展的指导意见》(征求意见稿)

全过程工程咨询试点期(2年)结束

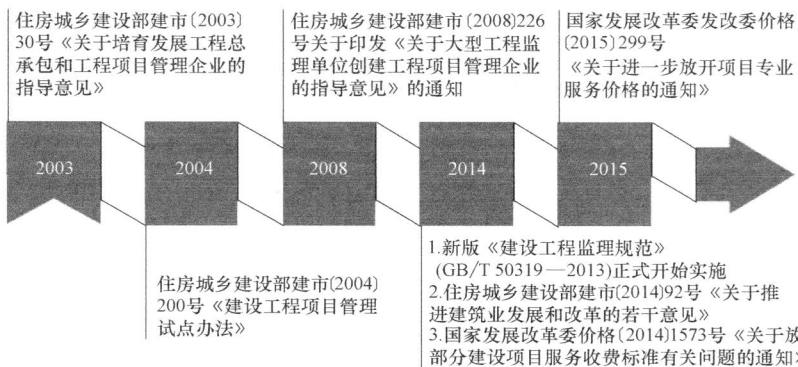

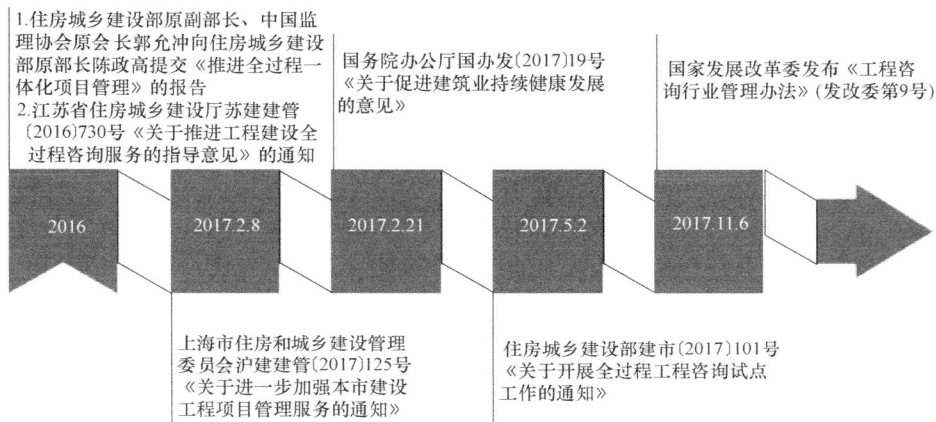

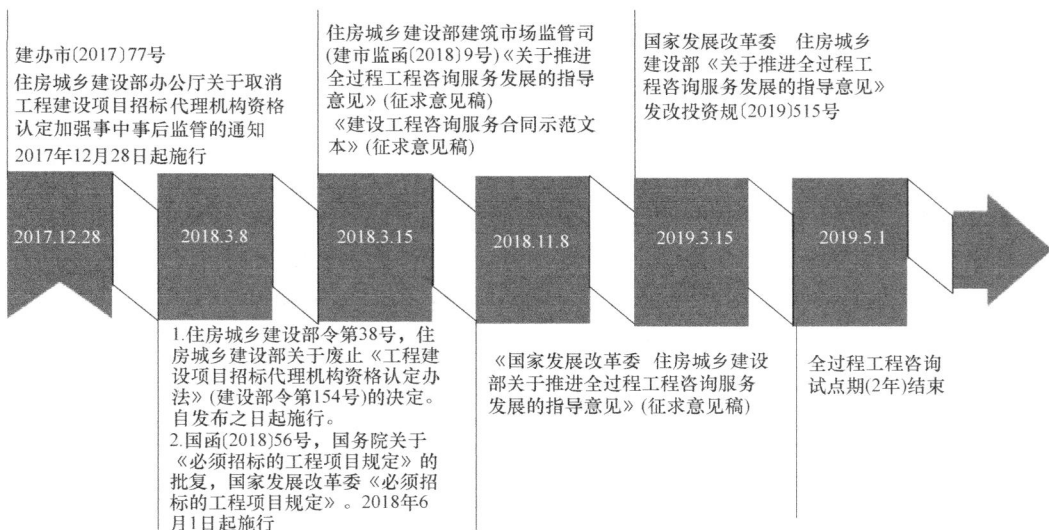

图 2-8 1982—2019 年工程咨询行业发展重大事件和相关政策一览图（二）

第三章　全过程工程咨询试点工作
开展情况概述

2017年5月2日，住房城乡建设部发布《关于开展全过程工程咨询试点工作的通知》（建市〔2017〕101号）；确定北京、上海等8省市以及40家咨询企业率先开展为期两年的（自2017年5月2日至2019年5月1日）全过程工程咨询试点工作。后经广西、陕西申请，住房城乡建设部批准，也加入到试点省市自治区行列，故共有10省市被列入全过程工程咨询试点地区名录。现将各试点省市自治区开展全过程工程咨询服务情况和各地相关政策、法规、实施方案等简述如下。

第一节　各地全过程工程咨询相关政策法规简述

一、上海市

2017年2月8日，上海市住房和城乡建设管理委员会发布《关于进一步加强本市建设工程项目管理服务的通知》（沪建建管〔2017〕125号）。

1. 该通知中项目管理定义：项目管理单位受建设单位委托，在其资质许可范围内开展工程项目前期策划、项目设计、施工前准备、施工、竣工验收和保修等全过程或若干阶段的项目管理服务，全过程共包含上述六个阶段（但未含运维运营阶段）。

2. 项目管理单位在从事项目管理活动的同时，也可以在其资质许可范围内承接同一工程的监理、招标代理、造价咨询等工作（未提工程勘察、设计）。

3. 具有相应工程监理资质的单位，通过招标取得项目管理业务（至少含施工阶段）的，经建设单位同意，可在其资质许可范围内承接同一工程的监理工作。

即必须同时具备四个要素：一是项目管理业务必须是经过招标取得；二是项目管理范围必须包含施工阶段（只含前期投资决策咨询不行）；三是建设单位必须同意"管监一体化"；四也是最重要的，本身必须具有与工程规模相对应的工程监理资质。

4. 按现行《招标投标法》，监理仍属于强制招标范畴（虽然现各地为改善营商环境等因素考虑，进一步放宽了对监理强制招标的限制）。但由地方政府建设行政主管部门发文取消监理强制招标，只需履行监理备案手续即可的政策，在包括北京在内的许多省市均不能落地实施或遭遇重重阻力。

5. 上海市125号文发布时间不但早于住房城乡建设部101号文（2017年5月2日），而且还早于国务院办公厅19号文（2017年2月21日）。所以，125号文并未使用"全过程工程咨询"的说法和表述，且 2017 年 5 月上海成为全过程工程咨询试点地区后，至今也再未发布全过程工程咨询的管理办法或试点工作方案之类的文件。但由于 125 号文中的项目管理服务定义、理念和范围与全过程工程咨询概念十分接近，有许多契合之处，故可将 125 号文视为上海市关于全过程工程咨询的管理文件或方案。

6. 125 号文主要内容示意图，如图 3-1 所示。

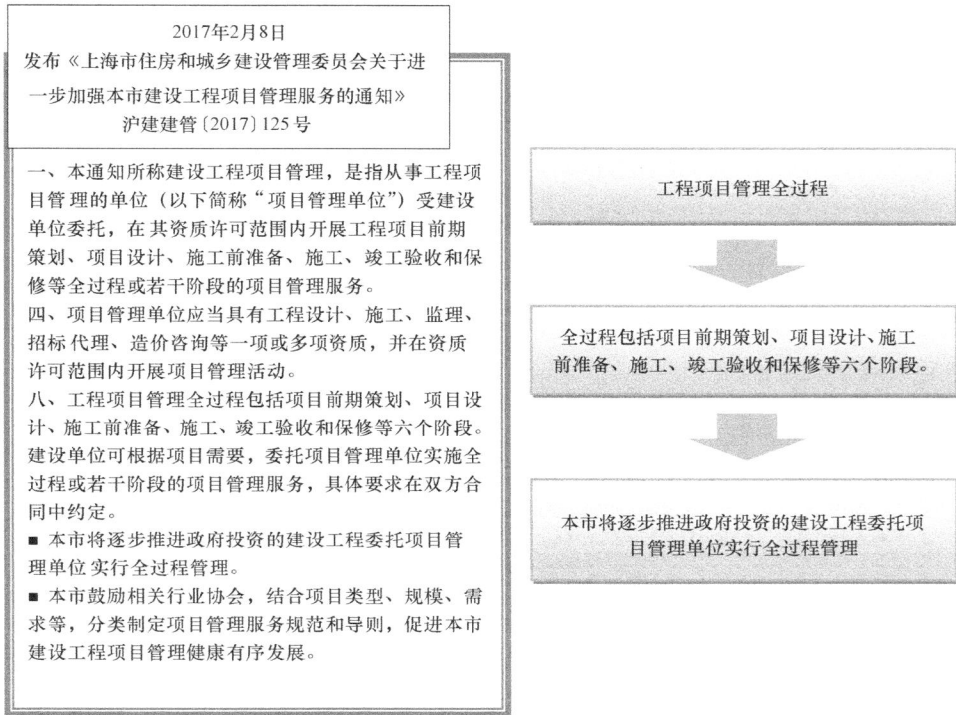

图 3-1　125 号文主要内容示意图

二、江苏省

1. 2016 年 12 月 30 日，江苏省住房城乡建设厅印发《关于推进工程建设全过程项目管理咨询服务的指导意见》的通知（苏建监管〔2016〕730 号）。

江苏省 730 号发文时间不但比国务院和住房城乡建设部都早，而且早于上海市住房和城乡建设管理委员会 125 号文（2017 年 2 月 8 日），应是全国第一个发文推进全过程工程咨询（项目管理咨询）服务的省级建设行政主管部门。其工作内容、服务范围和理念已经十分接近"全过程工程咨询"。

2. 730 号文摘要。

发挥政府规划引导和政策支持作用，推进工程咨询服务行业的供给侧结构性改革，促进工程监理与相关咨询行业的业务融合（管监一体化等）。提高产业集约度、行业集中度、人才集聚度，推进监理行业结构调整，消除监理孤岛，促进监理行业为委托人提供全过程项目管理咨询服务（未提及工程勘察和设计），实现项目全寿命周期的投资、进度和质量目标的规划和管理。推进监理与项目管理一体化发展，培育一批智力密集型、技术复合型、管理集约型的大型工程咨询服务企业，发挥行业示范引领作用。

全面整合工程建设过程中所需的前期咨询、招标代理、造价咨询、工程监理及其他相关服务等（仍未含工程勘察和设计）咨询服务业务，引导建设单位将全过程的项目管理咨询服务委托给一家企业，为项目建设提供涵盖前期策划、施工前准备、施工过程、竣工验收、运营保修等阶段的全过程工程项目管理咨询服务。

3. 730 号文主要内容示意图，如图 3-2 所示。

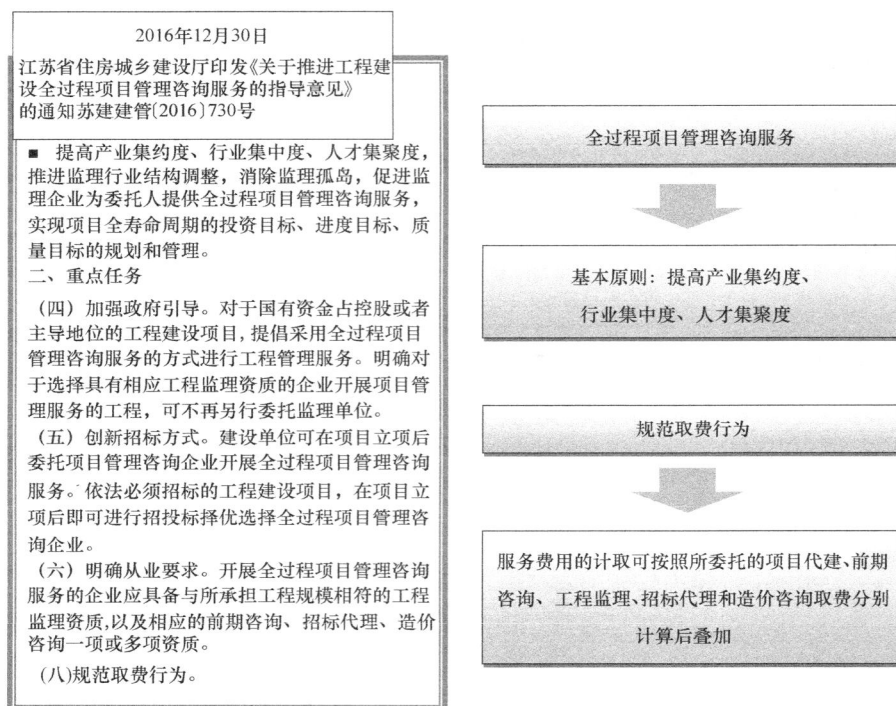

图 3-2　730 号文主要内容示意图

4. 730 号文点评。

虽然 730 号文发文最早，但其大胆创新，理念超前、先进。比上海市的 125 号文更开放，对既有模式改革更加彻底。实际上，与国办 19 号文的精神和理念已十分契合，只是其称为"工程建设全过程项目管理咨询服务"，而不叫"全过程工程咨询"而已。江苏省应是我国省级地方政府推进工程咨询行业改革的报春鸟、开拓者和第一个吃螃蟹者。

5. 2017 年 10 月 27 日，江苏省为响应国办 19 号文和住房城乡建设部 101 号文，颁发了《江苏省开展全过程工程咨询试点工作方案》（苏建科〔2017〕526 号）。

6. 2018 年 2 月 14 日，江苏省住房城乡建设厅印发《关于发布全过程工程咨询试点企业和试点项目的通知》（苏建科〔2018〕79 号）。

7. 2018 年 12 月 14 日，江苏省住房城乡建设厅关于印发《江苏省全过程工程咨询服务合同示范文本（试行）》和《江苏省全过程工程咨询服务导则（试行）的通知》（苏建科〔2018〕940 号）。同时颁布了附件 1：《江苏省全过程工程咨询服务合同示范文本（试行）》；附件 2：《江苏省全过程工程咨询服务导则（试行）的通知》。

三、浙江省

1. 2017 年 6 月 13 号，浙江省住房城乡建设厅颁发《浙江省全过程工程咨询试点工作方案》（建建发〔2017〕208 号）。

2. 温州市住房城乡建设委发布《关于印发温州市全过程工程咨询试点工作实施方案的通知》（温住建发〔2018〕130 号）。

3. 宁波市住房城乡建设委发布《宁波市全过程工程咨询试点实施方案》。

4. 绍兴市住房城乡建设局发布《关于开展绍兴市全过程工程咨询试点的通知》。

5. 2018 年 11 月 12 日，浙江省建设工程造价管理总站发布关于征求《关于推进全过程工程咨询服务发展的指导意见（征求意见稿）》意见的通知。同时还颁布了附件：《关于推进全过程工程咨询服务发展的指导意见（征求意见稿）》。

6. 2019 年 7 月 9 日省发展改革委、省住房城乡建设厅关于贯彻落实《国家发展改革委、住房城乡建设部关于推进全过程工程咨询服务发展的指导意见》的实施意见（浙发改基综〔2019〕324 号）。

四、福建省

1. 2017 年 8 月 30 日，福建省住房城乡建设厅颁发《福建省全过程工程咨询试点工作方案》（闽建科〔2017〕36 号）。

2. 莆田市住房城乡建设委发布《莆田市全过程工程咨询试点工作方案》（莆建科设〔2017〕77 号）。

3. 厦门市住房城乡建设委发布《厦门市全过程工程咨询试点工作实施方案》（厦勘设〔2017〕33 号）。

五、湖南省

1. 2017 年 12 月 21 日，湖南省住房城乡建设厅颁发《湖南省全过程工程咨询试点工作方案和第一批试点名单》（湘建设函〔2017〕446 号）。

2. 2018 年 2 月 2 日，湖南省住房城乡建设厅发布《关于印发全过程工程咨询工作试行文本的通知》（湘建设〔2018〕17 号）。同时还颁布了附件 1：全过程工程咨询招标文件试行文本；附件 2：全过程工程咨询合同文件试行文本；附件 3：全过程工程咨询服务试行清单。

六、广东省

1. 2017 年 8 月 7 日，广东省住房城乡建设厅颁发《广东省全过程工程咨询试点工作实施方案》（粤建市〔2017〕167 号）。

2. 2018 年 4 月 4 日，广东省住房城乡建设厅印发关于征求《建设项目全过程咨询服务指引（咨询企业版）（征求意见稿）》和《建设项目全过程工程咨询服务指引（投资人版）（征求意见稿）》意见的函。

（1）全过程工程咨询是指建设项目全生命周期提供组织、管理、经济和技术等方面的工程咨询服务，包括项目的全过程项目管理以及投资咨询、勘察、设计、造价咨询、招标代理、监理、运行维护咨询以及 BIM 咨询等专业咨询服务。全过程工程咨询可采取多种组织方式，由投资人授权一家单位负责或牵头，为项目从决策至运营持续提供局部或整体解决方案以及管理服务。

（2）全过程工程咨询单位是指建设项目全过程工程咨询的提供方。全过程工程咨询单位应具有国家现行法律规定的与工程规模和委托工作内容相适应的勘察、设计、监理、造价咨询等资质，可以是独立咨询单位或（总分包性质的）联合体。

（3）总咨询师是指全过程工程咨询机构委派或投资人指定，具有相关资格和能力为建设项目提供全过程工程咨询的项目总负责人，原则上由具有注册建筑师、注册结构师及其他勘察设计注册工程师、注册造价工程师、注册监理工程师、注册建造师、注册咨询工程师中一个或多个执业资格的人员担任。

3. 韶关市住房和城乡建设委发布《韶关市全过程工程咨询试点工作实施方案》（韶市建字〔2017〕215 号）。

七、四川省

四川省住房城乡建设厅印发《四川省全过程工程咨询试点工作方案》的通知（川建发〔2017〕11 号）。

八、广西壮族自治区

1.《住房城乡建设部办公厅关于同意广西壮族自治区开展全过程工程咨询试点的复函》（建办市函〔2017〕651 号）。

2. 2018 年 2 月 1 日，广西住房城乡建设厅颁发《广西全过程工程咨询试点工作方案》（桂建发〔2018〕2 号）。

3. 2018 年 12 月 26 日，广西住房城乡建设厅出台《广西壮族自治区房屋建筑和市政工程全过程工程咨询服务招标文件范本（试行）》。

九、陕西省

1.《住房城乡建设部办公厅关于同意陕西省开展全过程工程咨询试点的复函》（建办市函〔2018〕94 号）。

2. 2018 年 10 月 30 日，陕西省住房城乡建设厅制定了《陕西省开展全过程工程咨询试点实施方案》（陕建发〔2018〕388 号）。同时还颁布了附件1：陕西省开展全过程工程咨询试点实施方案；附件2：陕西省第一批全过程工程咨询试点企业名单。

3. 2019 年 1 月 9 日，陕西省住房城乡建设厅关于印发《陕西省全过程工程咨询服务导则（试行）》《陕西省全过程工程咨询服务合同示范文本（试行）》的通知（陕建发〔2019〕1007 号）。同时还颁布了附件1：《陕西省全过程工程咨询服务导则（试行）》；附件2：《陕西省全过程工程咨询服务合同示范文本（试行）》。

十、北京市

1. 2017 年 8 月、9 月和 2018 年 3 月，北京市住房城乡建设委建筑业管理处分别召开全过程工程咨询座谈会、研讨会和试点企业专题会，邀请和召集住建部 40 家试点企业中的北京试点监理企业参会，研究全过程工程咨询在北京落地实施和拟起草编制《北京市全过程工程咨询服务试点工作方案》事宜。

2. 2018 年 3 月，原北京市规划和国土资源管理委员会（现为北京市规自委）向住房城乡建设部建筑市场监管司报送《关于报送全过程工程咨询试点和设计招标管理决策机制情况的函》及附件《北京市规划和国土资源管理委员会全过程工程咨询试点工作方案》。

3. 在全国 40 家全过程工程咨询试点企业中，北京市有 7 家勘察设计企业（其中 2 家勘察单位、5 家设计单位）、4 家监理企业共计 11 家全过程工程咨询试点企业，占全国试点企业总数的四分之一强。此外，还有 7 家非试点设计企业（中建设计集团、北京市政设计院、北京城建设计院、清华大学设计院、北京住宅设计院等）也积极响应和参与到全过程工程咨询服务试点中来。

4. 2019 年 6 月 20 日，北京市发展改革委员会（京发改〔2019〕918 号）《北京市发展改革委员会、北京市住房和城乡建设委员会、北京市规划和自然资源委员会转发国家发展改革委、住房城乡建设部关于推进全过程工程咨询服务发展指导意见的通知》。

十一、其他非试点省份

1. 2018 年，除了首批 8 个试点省市和随后经住建部批准的广西、陕西两个省份共计10 个试点省市自治区外，又有贵州、宁夏、山东、吉林、河南、安徽和内蒙古共 7 个非试点省份和自治区也相继开展了全过程工程咨询的试点工作，其中绝大多数均出台了明确的实施方案或指导意见。

2. 截至 2019 年 3 月，据不完全统计，全国 15 个省市、自治区共发布试点企业 930个，加上住房城乡建设部先前发布的 40 个，共计 970 个。

第二节　各试点省份自治区政策法规情况统计

具体情况如表 3-1 所示，各试点省份自治区政策法规情况统计表。

各试点省份自治区政策法规情况统计表

表 3-1

序号	试点省份 / 问题	北京	上海	江苏	浙江	湖南	广东	福建	四川	广西
1	全过程工程咨询是否包含工程设计	拟颁布	√	√	√	√	√	√	√	未明确
2	全过程工程咨询单位需要几项资质（勘察、设计、监理、招标代理、造价咨询、工程咨询）	拟颁布	两项及以上	两项及以上	两项及以上	未明确	两项及以上	未明确	两项及以上	两项及以上
3	全过程工程咨询单位是否可分包及相应责任	拟颁布	未明确	√	未明确	鼓励建设单位自行确定	√	√	未明确	√
4	全过程工程咨询联合体是否允许	拟颁布	未明确	√	未明确	未明确	未明确	√	√（只允许两家）	√（只允许两家）
5	全过程工程咨询所涉咨询业务是否必须招标发包	拟颁布	中标项目管理，免招监理	中标项目管理，建筑师负责制的项目，招标代理、监理、造价咨询免招	未明确	已公开招标单项目的，可鉴订补充合同	未明确	未明确	只需对设计、监理其中一项招标即可	未明确
6	承接全过程工程咨询企业能否承担同一项目的设计、施工、材料设备供应业务	拟颁布	×	设计未明确 施工、供货×	×	设计未明确 施工、供货×	设计未明确，供货× 施工、供货×	设计√ 施工、供货×	设计√ 施工、供货×	×

第四章　全过程工程咨询服务范围内容和优势

第一节　全过程工程咨询的定义

2018 年 11 月 8 日，国家发展改革委办公厅、住房城乡建设部办公厅《关于推进全过程工程咨询服务发展的指导意见》（征求意见稿）和 2019 年 3 月 15 日《关于推进全过程工程咨询服务发展的指导意见》（发改投资规〔2019〕515 号）中均未给全过程工程咨询下一个准确定义，只是提出"在项目决策和建设实施两个阶段，着力破除制度性障碍，重点培育发展投资决策综合性咨询和工程建设全过程咨询，为固定资产投资及工程建设活动提供高质量智力技术服务，全面提升投资效益、工程建设质量和运营效率，推动高质量发展。"

为了使全过程工程咨询服务参与者和相关各方对全过程工程咨询有一个相对全面和准确的认识和理解，介绍几种关于全过程工程咨询的定义、含义和解释。

一、几种定义和解释

（一）定义 1. 2017 年 2 月 21 日，国务院办公厅《关于促进建筑业持续健康发展的意见》（国办发〔2017〕19 号）

培育全过程工程咨询。鼓励投资咨询、勘察、设计、监理、招标代理、造价等企业采取联合经营、并购重组等方式发展全过程工程咨询，培育一批具有国际水平的全过程工程咨询企业。制订全过程工程咨询服务技术标准和合同范本。政府投资工程应带头推行全过程工程咨询，鼓励非政府投资工程委托全过程工程咨询服务。在民用建筑项目中，充分发挥建筑师的主导作用，鼓励提供全过程工程咨询服务。

（二）定义 2. 2017 年 7 月 18 日，住房城乡建设部《关于推进全过程工程咨询发展的指导意见》（内部讨论稿）

全过程工程咨询是指由一个企业或多个企业组成的联合体或合作体，提供涵盖项目决策阶段和实施阶段的项目建设全过程、全方位的专业化咨询服务。其服务内容包括但不限于项目决策策划、项目建议书和可行性研究报告编制、项目实施总体策划、项目管理、报批报建管理、勘察及设计管理、规划及设计优化、工程监理、招标代理、造价咨询和配合审计等工程管理活动，也可包括规划、勘察和设计等工程设计活动。

（三）定义 3. 2017 年 11 月 6 日，国家发展改革委《工程咨询行业管理办法》（中华人民共和国国家发展改革委员会令第 9 号）

全过程工程咨询：采用多种服务方式组合，为项目决策、实施和运营持续提供局部或整体的解决方案以及管理服务。

（四）定义 4. 2018 年 3 月 15 日，住房城乡建设部《关于推进全过程工程咨询服务发展的指导意见》（征求意见稿）

全过程工程咨询是对工程建设项目前期研究和决策以及工程项目实施和运行（或称运营）的全生命周期提供包括设计和规划在内的涉及组织、管理、经济和技术等各有关方面的工程咨询服务。全过程工程咨询服务可采用多种组织方式，为项目决策、实施和运营持续提供局部或整体解决方案。

（五）定义 5. 住房城乡建设部全过程工程咨询研究课题组

工程咨询方综合运用多学科知识、工程实践经验，现代科学技术和经济管理方法，采用多种服务方式组合，为委托方在工程项目策划决策、建设实施乃至运营维护阶段持续提供局部或整体解决方案的智力型服务活动。

（六）定义 6. 2019 年 1 月 9 日，陕西省住房城乡建设厅《陕西省全过程工程咨询服务导则（试行)》

全过程工程咨询是指采用多种形式，为项目决策阶段、施工准备阶段、施工阶段和运维阶段提供部分或整体工程咨询服务，包括项目管理、决策咨询，工程勘察、工程设计、招标采购咨询、造价咨询、工程监理、运营维护以及 BIM 咨询等服务。

（七）定义 7. 湖南省住房城乡建设厅《全过程工程咨询服务试行清单》

全过程工程咨询，是指业主在项目建设过程中将工程咨询业务整体委托给一家企业，由该企业提供项目策划、可行性研究、环境影响评价报告、工程勘察、工程设计、工程监理、造价咨询及招标代理等工程咨询服务活动。

二、七种定义和解释的解读

1. 国办 19 号文实际上并没有给出全过程工程咨询的定义，只是提出鼓励各类咨询企业通过联合经营，并购重组等方式组成具有综合咨询能力的跨阶段 、一体化的咨询企业，承接全过程工程咨询业务。其次，19 号文中提到 6 类咨询企业中唯独没有包括项目管理，不知是因为项目管理属于业主方（建设单位）管理范畴（或可授权委托），与其他 6 类咨询业务性质和工作内容不同，还是基于其他考虑。

2. 从定义 1 至定义 7 基本上是按发布时间排列的，从中可看出两点：一是早期定义，如定义 2，对全过程工程咨询是否包含规划、勘察和工程设计，尚存争议；二是自从 2017 年 11 月 6 日，国家发展改革委《工程咨询行业管理办法》（第 9 号）发布后，几乎其后所有定义均包含了国家发展改革委对全过程咨询所定义的内容。所以，《指导意见》（515 号文）不再给全过程工程咨询重新定义，是否意味着以国家发展改革委 9 号令所下定义为准，亦未可知。

3. 从国家发改委 9 号令发布后，正式将运维（运营）阶段列入全过程工程咨询服务范围，冠之以建设项目全生命周期咨询服务。随着宣贯推广和项目落地的不断深化和实施，咨询行业逐渐比较理性地看待全生命周期的提法。不再将其与前期投资策划决策、实施阶段相提并论，不再过分强调全过程工程咨询就等于全生命周期的工程咨询服务，而是将重点放在建设项目的全建设周期。515 号文提出以投资决策综合性咨询和工程建设全过程咨询为重点发展全过程工程咨询，也证明了这一点。

4. 从定义 1 至定义 7 可以看出，对全过程工程咨询的定义越来越趋向一致，越来越从宏观定义到中微观定量化分析、定义。比如：基本上一致认为全过程工程咨询包含三个（四个）阶段：一是项目决策阶段；二是实施阶段（也可再细分为施工准备阶段和施工阶段）；三是运维（运营）阶段。

全过程工程咨询服务范围主要包括七项内容：全过程项目管理、投资决策咨询，工程勘察、工程设计、招标采购咨询、造价咨询、工程监理。如扩展服务还包括 BIM 咨询、绿色建筑咨询等。

5. 定义 1 至定义 7 有一个共同点，就是对项目管理要么不提、要么将其与其他 6 项（8 项）业务并列，甚至排在最后，只有定义 6 中将其排列在 9 项咨询业务之首。项目管理全称为全过程项目管理，全过程工程咨询服务中的项目管理指的就是全过程项目管理，而不是分阶段或只是某个阶段的项目管理服务。全过程工程咨询来源于全过程项目管理，而不是其他任何咨询业务。很多人要么不知"1＋N"全过程工程咨询服务模式，要么即使赶时髦知道，也可能不理解其深刻含义，即为什么"1"只能是全过程项目管理，而其他业务只能是"N"。

第二节　服务范围和内容

一、服务范围

包括投资决策、实施（含施工准备、施工）和运维运营三个阶段。

二、服务内容

（一）全过程项目管理，主要包括建设项目的如下管理工作内容

1. 策划决策管理；

2. 项目建设手续报批报建办理；

3. 合约管理；

4. 项目参建各方的总体组织协调管理；

5. 工程勘察管理；

6. 工程设计管理；

7. 投资成本管理；

8. 工期进度管理；

9. 招标采购管理；

10. 质量管理；

11. 安全生产管理；

12. 绿色节能环保管理；

13. 信息资料管理；

14. 风险评估和管理；

15. 竣工及验收移交和保修管理；

16. 结算决算管理；

17. 工程后评价管理；

18. 运维运营管理；

19. 业主方管理范畴的其他约定事项。

（二）其他专项咨询服务业务

1. 投资策划决策咨询；

2. 工程勘察；

3. 工程设计；

4. 招标采购咨询；

5. 全过程造价咨询（也可只委托阶段性造价咨询，如清单和控制价编制）；

6. 工程监理；

7. BIM 咨询；

8. 绿色建筑咨询；

9. 运维运营咨询；

10. 其他专项或专业咨询。

第三节　专项咨询业务资质管理

一、全过程工程咨询服务常见的主要咨询业务有 7 项：

1. 全过程项目管理；

2. 投资策划决策咨询；

3. 工程勘察；

4. 工程设计；

5. 招标采购咨询；

6. 造价咨询；

7. 工程监理。

二、保留资质管理的共有 5 项，具体如下：

1. 全过程项目管理（无资质要求，有些项目要求资信评价甲级）；

2. 投资策划决策咨询（国家发改委不再评定工程咨询单位资质等级，由中国工程咨询协会进行资信评价，分为甲、乙两个等级）；

3. 工程勘察（实行资质管理）；

4. 工程设计（实行资质管理）；

5. 招标采购咨询（原招标代理资质被取消，不再实行资质管理）；

6. 造价咨询（实行资质管理）；

7. 工程监理（实行资质管理）。

综上，实行资质管理的共 4 项：工程勘察、设计、造价咨询和监理；加上 1 项资信评价：投资咨询共 5 项。

第四节　主要服务模式

全过程工程咨询主要有以下几种组织和服务模式：

1. 由一家具有综合能力的咨询机构承担项目的全部咨询工作，真正实现综合性、跨阶段和一体化、一站式咨询服务；

2. 由两家及以上咨询机构组成联合体，其中一家为联合体牵头单位；

3. 由一家咨询机构承担主要咨询工作（全过程咨询总包），其他咨询工作或其不具备资质和能力的咨询工作按合同约定并经业主方同意可进行分包。咨询分包对全过程咨询总包负责，后者对业主负责；

4. 工程勘察、工程设计可与其他全过程工程咨询业务一起打包委托；业主也可根据项目具体情况平行发包，另行委托；

5. 其他专项咨询业务，如 BIM 咨询、绿色建筑咨询等，业主方可视项目具体情况，既可采用联合体、总分包（转委托）发包方式，也可以采用平行发包方式，另行发包和委托。

第五节　全过程工程咨询主要服务内容

全过程咨询服务详细内容清单详见书后附录一。

第六节　全过程项目管理主要服务内容

全过程项目管理服务内容清单详见书后附录二。

第七节　××医院工程全过程项目管理案例（合同）

合同专用条款（委托管理工作范围和内容）部分摘录：

第三部分　合同专用条款

第二章　委托管理工作范围和内容

（一）前期管理

1. 负责协助办理包括但不限于土地、规划、施工等各类许可审批手续，负责协助办理消防、人防、园林、节水、节能等各类专项审查和审批手续；

2. 负责办理各种市政工程的咨询方案申报及审批事项、市政工程规划、临时用水、用电接入手续、施工许可证及接用手续等；

3. 施工开工前其他事项的申报审批工作。

（二）工程设计管理

1. 在各阶段设计工作过程中，适时组织对设计成果进行评审和论证，不断进行工程优化、技术经济方案比选，以确保工程设计不超出项目成本、工期与技术实施可行性的预期限度；

2. 负责组织施工图设计审查、抗震能力论证、消防论证、超限论证等专业评估的组织协调工作。协助委托人及相关责任单位对评估单位提出的意见进行修改，直到通过各种专业评估，评估费用由委托人承担；

3. 负责工程设计管理工作。按照设计节点确保设计工作完成，负责组织方案的评审和修改论证，协助委托人组织工程勘察、设计、施工图设计审查、第三方检测等项目的招标、签订合同并督促实施，组织设计单位进行工程设计优化、技术经济方案比选并进行投资控制；

4. 工程建设过程中负责组织图纸会审与设计交底工作，负责收发设计图纸，负责控制和管理工程设计变更，督促设计单位按设计合同约定提供现场服务。

（三）招标采购及合同管理

以委托人为主体，组织招标代理、造价咨询单位按计划节点完成招标采购工作，包括：

1. 制订招标采购工作程序，根据项目构成、规模以及实施管理的特点，对项目合同架构和项目发包采购模式提出建议；

2. 制订、审批招标采购专项工作计划和招标方案，拟定资格预审文件、招标文件、编制相应技术要求、合同基本条件和合同条款（特别是各类合同及参建单位间的工作界面划分）。在确定发包采购模式符合国家相关法规的基础上，选择适合的合同体系，保证各类招标文件、合同文件之间的适应性和风险分担完备。协助委托方完成招标过程中组织的现场踏勘及招标答疑等工作；

3. 协助委托人完成决标并组织合同谈判、签订和备案等工作，管理施工合同并督促实施，包括但不限于分包、指定分包、设备采购合同等相关工作；

4. 负责建立工程量清单、工程控制价的审核机制，对清单、控制价进行核查，重点审查是否有遗漏和增加的内容、暂定价以及甲供设备和材料情况；

5、负责建立合同台账、合同支付记录，并定期书面向委托人汇报合同执行情况。

（四）工程进度管理

1. 制订项目总体控制性计划和专项工作计划，经委托人审定后执行；

2. 制订进度计划管理制度，检查制度、上报制度，明确管理权限；

3. 严格实施计划管理，定期检查各项工作进展情况，及时向委托人上报年、季、月工程进度计划执行情况及项目管理工作总结；若工作进度达不到要求，应及时查明原因，提出补救措施意见；

4. 编制项目里程碑计划、总控计划和阶段进度计划；

5. 对进度计划进行适时跟踪、分析和对比；

6. 提供形象进度资料。

（五）工程质量管理

1. 协助委托人制订质量目标、方针，建立质量管理体系；

2. 督促各参建方建立和完善相应的质量保证和质量控制体系，保证项目整体质量管理在稳定的体系和制度下可控实施；

3. 组织定期和专项工程质量检查，包括对各参建方质量管理体系的检查，发现质量问题及时督促相关单位整改；

4. 工程实施过程中，督促检查各参建单位质量控制资料情况，参与材料、设备、构配件验收、实验室的选定、方案审核、过程监督、过程验收、隐蔽工程验收、建筑材料、设备质量检查验收、竣工验收（包括但不限于消防工程、放射屏蔽工程及环评检测等）、平行检验、督促重点部位和重要工序的监理旁站以及其他事项；保证竣工备案工作顺利进行；

5. 制订竣工验收、移交的程序和要求，协助委托人进行竣工验收和移交；

6. 为确保工程质量，针对本项目对工程质量有较高要求的特点，补充制订专项质量控制措施。

（六）工程投资管理

1. 建立工程投资管理工作制度和工作程序；

2 负责进行工程造价控制管理，包括但不限于初步设计投资控制、进度款审核、工程预决算、汇总项目投资情况，并定期进行汇报和调整相关动态管理工作。按照委托人确定的成本管理目标，制定项目成本控制方案和资金需求计划，建立项目成本预控机制。按投资构成和项目分析，提供分析报告，指出其中潜在风险因素和可能超支的项目，提出预控制办法；

3. 审查相关项目估算、设计概算及工程预算并出具审查报告等；

4. 负责对工程投资进行总体控制审查，包括施工图纸工程量的审核、进度款工程量计量确认、工程进度款支付报告、变更洽商费用的初步审核、设备材料价格的市场询价、新增清单的综合单价初步审核，包括但不限于协调施工过程中与本工程有关的纠纷、进行

工程索赔的审核、配合委托人对设计洽商变更的审核;

5. 负责编制和办理年度投资计划、季/月度资金需求计划;组织协调工程实施工作,确保如期完成,费用不超支(但委托人和建设单位提出增加投资除外),确保工程建成后达到设计要求;

6. 根据工程实际情况组织建设各项资金的审批工作,审批资料上报委托人委托的审计单位审核批准,受托人按批准的建设资金上报委托人,经委托人审批后核拨项目建设资金;

7. 组织完成项目竣工结算与决算等工作。负责对各项工程竣工结算资料及结算书的审核,并出具竣工结算初审意见等;各项工程竣工结算书、竣工图等及相关资料同时必须留存电子版介质,竣工后移交给委托人。

(七) 安全生产、绿色施工管理

1. 协助委托人制订安全和绿色施工管理目标,制定管理方针,建立安全和绿色施工管理体系;

2. 督促、检查各参建方建立健全的安全和绿色施工管理体系,保证工程的安全生产和绿色施工管理,以及保安、保卫消防的监督管理等,始终处于良好的可控状态,无重大安全责任事故;

3. 组织召开定期和专项安全绿色施工管理会议,督促解决施工中存在的安全绿色施工管理问题;

4. 组织定期和专项的安全绿色生产检查和评比,对发现问题督促检查、及时解决;

5. 按照法律法规要求,制订重大质量、安全事故处理流程和应急预案,按规定协助、协调、参与事故处理,督促参建单位建立事故处理和应急预案;

6. 施工场所卫生及秩序监管:负责对施工场地的卫生及秩序进行监管,交工前达到场地清洁、工完料净,同时督促施工人员按照委托人方的管理制度进行施工等;

7. 鉴于本工程的特点,按照"安全、质量、工期、功能、投资和绿色环保六统一"的原则并予以管理控制,并配备相应的专职安全管理人员,安全管理人员应具有一定的安全管理的经验和岗位安全培训证书。受托人和管理人员应当按照法律法规和工程建设强制性标准及行业要求实施安全管理,并对建设工程安全生产承担管理责任。如因委托人管理失当致使施工过程中发生施工人员及其他第三人的人身及财产的损害或其他意外情况,或者工程质量出现问题,则相关责任及赔偿费用全部由受托人与承包人连带负责和承担,委托人不支付任何费用和承担任何责任。

(八) 项目档案及信息管理

1. 制订档案和信息管理制度;

2. 组织项目档案的收集、归档等管理工作,包括政府颁发的各种批件、证书、全部商务合同、协议、工程设计图纸及设计变更与经济洽商的单证、编制完备的工程资料、督促审核施工单位竣工资料等;项目重要的收发文件等。所有纸质版资料尽量同时留存电子版不加密的介质,以备在竣工后移交给委托人;

3. 负责项目沟通管理，保证项目信息联络顺畅；

4. 协同、督促监理、设计院及承包商进行本工程竣工资料的收集、汇编，协助资料备案和工程竣工资料向委托方的移交；

5. 编制工程阶段性绩效报告和总结报告。

（九）组织、协调管理服务

1. 对内负责督促、协调、管理勘察单位、设计单位、招标代理单位、造价咨询单位、监理单位等各类咨询服务单位、各施工单位（包括但不限于施工总包单位、专业分包单位、委托人独立发包单位）、委托人供货单位的工作，负责解决和协调工作中的各类问题，确保安全、进度、技术方案、质量、投资等计划的全面实现；

2. 对外协调政府和相关主管部门、项目周边单位和居民的关系，以保证项目建设的顺利实施；

3. 定期组织召开工程项目管理例会或计划专题会议，协商有关事项，并可就有关事项形成会议纪要。解决进度计划管理中存在的问题；需要时组织相关咨询论证会；参加由监理组织的工程监理例会，协调解决工程实施中存在的各类问题；项目管理单位协同全方位组织开展工程现场的计划、组织、领导、协调、控制等工程项目管理工作，及时了解掌握工程实际，及时发现和解决问题，确保本工程进度目标的实现；

4. 检查督促施工准备工作：包括但不限于图纸会审、技术交底、审查施工组织设计、施工方案、检查施工现场以及其他施工准备工作等；

5. 协调管理：包括但不限于各个施工单位之间工作范围、工作内容及工作面交叉管理及协调工作；各类文件的汇总及传送；

6. 负责组织需要进行技术专家评估和技术论证的设计、施工方案的专家论证会。

（十）工程竣工验收及保修服务

1. 组织工程调试、竣工验收与移交，并就工程验收向政府主管部门备案；包括办理环保、消防、人防、规划、档案等验收手续，直至取得项目竣工验收备案通知书等；

2. 工程验收通过后，应组织参建单位按期完成竣工资料归档工作，经验收合格后将竣工档案完整的移交委托人（包括不加密的电子版资料）；

3. 督促相应工程的各类施工、供货、安装等单位有效地履行各自的工程保修责任；

4. 涉及项目保修的各类合同、文件、资料整理成册逐次移交委托人；

5. 工程保修期间，应委托人要求或发生报修纠纷，诉讼时，及时派员到现场协调解决或支持委托人诉讼。

（十一）项目移交和试运行期的配合

1. 协助委托人做好物业管理交接工作，并协助做好试运行期间建筑设施设备的相关培训工作；

2. 负责工程缺陷责任期的管理工作，包括保修期内定期回访，调查和确认缺陷原因及责任，检查缺陷修复质量；

3. 负责与相关单位沟通协调解决项目试运行期间出现的设备故障等工程质量问题。

（十二）每月 5 日前，就上一个月管理工作情况以书面形式提交《项目管理月报》。根据委托人要求，在合理时间内提交专项报告

（十三）变更控制及风险管理：制订工程变更工作流程，组织专家对重大变更洽商进行论证和评估，审核工程变更及费用，工程变更与洽商"日清季结"

第八节　全过程咨询计费方法

一、515 号文关于全过程咨询取费的相关指导意见

国家发展改革委、住房城乡建设部《关于推进全过程工程咨询服务发展的指导意见》（发改投资规〔2019〕515 号）在"完善全过程工程咨询服务酬金计取方式"中指出：全过程咨询服务酬金可在项目投资中列支，也可根据所包含的具体服务事项，通过项目投资中列支的投资咨询、招标代理、勘察、设计、监理、造价、项目管理等费用进行支付。投资者或建设单位应当根据工程项目的规模和复杂程度，咨询服务的范围、内容和期限等与咨询单位确定服务酬金。全过程工程咨询服务酬金可按各专项服务酬金叠加后再增加相应统筹管理费用计取，也可按人工成本加酬金方式计取。全过程工程咨询单位应努力提升服务能力和水平，通过为所咨询的工程建设或运行增值来体现其自身市场价值，禁止恶意低价竞争行为。鼓励投资者或建设单位根据咨询服务节约的投资额对咨询单位予以奖励。

二、对 515 号文计费方法的解读

1. 515 号文对全过程工程咨询服务费用列支和取费方法给出了两种方式。两种列支方式：一是以全过程工程咨询服务费的名义在项目可行性研究报告和初步设计概算二类费中整项列支；二是仍按原来的传统做法，各专项咨询业务（投资咨询、招标代理、勘察、设计、监理、造价咨询、项目管理等）在二类费中分别列支。特别值得说明的是，在政府和国有投资项目中，二类费中的"项目管理费"往往是以"建设单位管理费"（财建〔2002〕394 号）后改为"项目建设管理费"（财建〔2016〕504 号）的名义列支。两种取费方式：一是全过程工程咨询服务酬金按各专项酬金叠加后再乘以一个大于 1 的统筹管理费用；二是按人工成本加酬金的方式计取。

笔者认为：列支方式并不十分重要。在项目策划阶段，如对全过程工程咨询的招标范围和组织模式等尚不明晰和确定的情况下，整项列支不如分项列支好，后者便于招标时根据项目具体情况进行组合和拆分。

对于取费方式，笔者认为大多数全过程工程咨询项目不宜采用人工成本加酬金的方式，因为其只适用于小型、简单的工程建设项目，而全过程工程咨询项目大都属于大中型、甚至超大规模工程建设项目。

2. 对于按各专项酬金叠加取费的方式，笔者有如下几点看法：

（1）上述七项专项咨询业务中，唯独项目管理没有国家层面的取费标准或价格指导意见，其他六项原均有取费标准，只不过这几年国家发改委陆续发文取消或放开。但是各建设项目尤其是政府和国有投资项目编制项目建议书、可行性研究报告和初步设计概算时，仍会按照或参照原来的取费标准编制项目投资文件。

那么项目管理取费的依据如何确定呢？

前文已述，政府和国有投资项目往往按"项目建设管理费"计取和列支。"项目建设管理费"基本上与原来的"建设单位管理费"含义相同，只不过将管理期限、内容和费用标准进行了微调。首先，其取费的前提是建设单位自管模式，不是针对聘请社会中介咨询公司模式；其次，费用中未考虑被委托的咨询机构纳税和合理利润问题。将"项目建设管理费"作为全过程工程咨询服务中全过程项目管理的取费标准和依据，既不合理且也讲不通。

（2）关于全过程项目管理的取费模式，如采用全过程工程咨询委托模式，有几种测算和参考模式：

1）由各省市、地区根据当地实际情况制订当地取费标准或价格指导意见；

2）按"项目建设管理费"计算结果的 1.5～2 倍测算；

3）按不低于同一项目的工程监理费测算；

4）小型项目按 2%～3%、大中型项目按 1.5%～2%、超大型项目按 1%～1.5% 费率进行测算，取费基数为初步设计概算扣除土地相关费用和项目管理费本值。

（3）关于统筹管理费用问题。这笔费用类似于总承包管理费性质，由全过程咨询总包单位向各专业咨询分包收取。这笔费用如果能在可行性研究报告和初步设计概算中列支，当然是好事，不存在疑问；但如果将各专项咨询费用叠加后，再乘一个大于 1 的统筹管理费用（或称咨询总包管理费、服务费），则总费用或总费率一定会大于批复的全过程工程咨询费用或费率，其可操作性值得怀疑。当然，建设单位也可从预留金或其他费用中调剂使用、支付。

此外，全过程工程咨询的优势之一就是缩短工期和节约投资。业主原来传统的招标方式是分专业、分专项分别招标，现改为一次发包招全过程咨询单位，业主期待一次性整体发包既能缩短招标工期，又能得到整体发包、多项业务给一家咨询机构的服务价格优惠折扣，但如结果却是不降反升，可能市场上的不少业主会难以接受。所以，笔者认为，在全过程工程咨询服务开展初期，取值大于 1 的统筹管理费用可能收取较难，而小于 1 的整体发包优惠系数（如 0.8～0.95 的折扣）可能更容易为业主接受，同时可能也更有利于全过程工程咨询的开展和推进。

（4）目前，全过程工程咨询单位选择主要有两种方式，一种是直接委托，另一种是招标确定。由于全过程工程咨询项目规模一般较大且政府和国有投资占主导，故公开招标应该是今后占主流的选择方式。因此，由投资人或建设单位与咨询单位协商确定服务酬金的可能性很小，甚至几乎没有。此外，全过程工程咨询招标过程中应降低投标报价在评分标准中的权重（建议权重为 10%～15%），并严格禁止恶意低价竞标行为。

第九节　全过程工程咨询的优势

传统的建设模式是将工程项目建设中的项目管理、投资咨询、工程勘察、设计、招标采购、造价咨询和工程监理等业务和阶段分隔开来，各单位分别负责不同环节和不同专业的工作，这不仅增加成本，也分割了建设工程的内在联系。在这个过程中，由于缺少全产业链的整体把控，信息流被切断，很容易导致建设项目管理过程中各种问题的出现以及带来安全、质量、投资、工期控制、使用功能实现等方面的隐患，使得业主难以得到完整的建筑产品和服务。

实行全过程工程咨询，其高度整合的服务内容，在节约投资成本的同时，也有助于缩短工期，提高服务质量和项目品质，有效地规避了风险，这是政策导向，也是行业进步与国际咨询业接轨的体现。

采用全过程工程咨询服务模式，具有如下几个方面的优势和特点：

一、节约建设投资，提高投资效益

建设单位采用单次全过程工程咨询服务招标方式，使得其招标、合同成本远低于传统模式下，勘察、设计、造价、招标代理、项目管理、投资咨询、工程监理等参建单位多次发包的招标、合同成本。此外，咨询服务覆盖工程建设全过程，这种高度整合各阶段的服务内容将更有利于实现全过程投资控制。通过限额设计、优化设计和精细化管理等措施提高投资效益，确保项目投资目标的实现。

二、有效缩短工期，利于进度控制

采用全过程工程咨询服务模式，可大幅度减少业主日常管理工作和人力资源投入，确保信息的准确传达，优化管理界面；此外，不再需要传统模式冗长繁复的招标次数和期限。可有效优化项目组织和简化合同关系，有效解决了投资咨询、项目管理、设计、造价、招标采购、监理等相关单位责任分离等矛盾，有利于加快工程进度，缩短工期。

三、提高服务质量，职责明晰统一

实行全过程工程咨询单位（或称全过程工程咨询总包）负责制，弥补了单一服务模式下可能出现的管理疏漏和缺陷以及工作界面不清，出现问题相互推诿扯皮的痼疾。各专业、专项业务和工程无缝对接，从而提高全过程咨询服务质量和项目品质。此外还有利于激发参建各方的主动性、积极性和创造性，促进新技术、新工艺和新方法的应用。

四、有效规避风险，建设阳光工程

全过程工程咨询单位作为项目的主要责任方，将发挥全过程、综合性、跨阶段、一体化的管理优势，通过强化管控，减少安全生产事故，从而有效降低建设单位主体责任风险。同时，也可避免因众多管理关系伴生的腐败风险，有利于规范建设市场秩序。

五、全过程工程咨询对工程咨询服务进行集成化管理，提高业主管理效率

将项目管理、项目投资咨询、工程勘察、工程设计、招标采购、造价咨询和工程监理、BIM 咨询、绿色建筑等咨询服务作为整体统一管理，形成具有连续性、系统化、集成化的全过程咨询管理系统。通过多种咨询服务业务的组合，提高业主的管理效率。

六、全过程服务的终极目标是促进工程项目全生命周期价值的实现

不同的工程咨询服务业务都要立足于工程建设项目的全生命周期，以工程全生命周期的整体最优作为最高目标，注重工程全生命周期的可靠、安全和效率运行，资源节约、费用优化，反映工程全生命周期的整体效率和效益。这对于我国目前大多数企业和工程建设项目来说，确实存在很大困难，但是我们必须站在工程建设项目全生命周期的高度和角度，推动全过程工程咨询服务的发展，使其真正成为名副其实的全过程工程咨询。

七、全过程工程咨询可以提升工程咨询企业的多业务集成能力

首先可以促进全过程项目管理、投资咨询、工程勘察、工程设计、工程监理、招标代理和造价咨询等企业采取联合经营、并购重组等方式发展全过程工程咨询；同时也可以提升具有多项咨询资质的企业内部集成、整合内部资源、强化协调管理能力。

八、全过程工程咨询可以建立和提升业主和全过程工程咨询服务机构（全过程咨询总包单位）之间相互信任的合作关系

全过程工程咨询是为业主定制的服务，业主将会不同程度地参与实施过程的决策和控制，并对许多决策工作有最终决定权。同时，工程建设项目的投资、工期、质量、安全、绿色环保和使用功能的"六统一"形成和实现于服务过程中，最终的综合水平取决于业主和全过程咨询单位之间的协调程度和相互信任的合作关系，而全过程工程咨询服务则是双方建立合作、信任关系的最好模式。

第五章　传统工程项目管理模式的弊端和不足

第一节　传统工程项目管理模式概述

我国工程项目管理组织模式从古代到近代直到现代，大致经历了"业主自营"模式、计划经济（苏联）模式、"业主自管"模式和碎片化管理模式以及今天的碎片化管理和全过程工程咨询并存的模式和阶段。其中，现在的工程项目管理组织模式仍以碎片化管理为主流，全过程工程咨询属新生事物，后者虽为工程咨询行业发展的必然趋势方兴未艾，但发展进程注定不会一帆风顺，前进道路也绝不会一片坦途。

实际上，碎片化管理也属"业主自管"模式，只不过由于社会化分工越来越细，有些原本由业主自身承担的业务，如工程投资管理、造价管理、招标采购和工程质量、安全管理等由于业主自身编制、专业能力等原因，由业主委托专业的工程咨询公司、造价咨询公司、招标代理公司和监理公司等社会化服务机构完成，业主更多的承担项目外围协调、业主方项目管理（主要的管理对象除上述专业机构外还包括勘察、设计单位、施工总包单位和直接发包、平行发包的独立承包人，指定、约定分包单位以及甲供材料设备供应商等）。由上述可见，碎片化管理模式与早期的计划经济和业主自管相比，最大的区别和进步就在于由原来的业主不但自己管还要自己干，升级为业主主要任务是工程项目管理和协调，自己亲自干的业务越来越少。尽管此时的管理是碎片式的，但业主方（甲方）基建班子的规模和编制比起以前的基建处、筹备（建）处甚至基建指挥部应是大大缩小了。

与此同时，大约在1995年前后，委托工程项目管理模式开始被引入国内，主要有PMA和PMC两种模式。将其归入"业主自管"模式或另命名为一种委托管理模式都有些名不符实甚至尴尬。原因有三：一是这种委托模式只为少数业主所接受，大多数业主包括政府机关并不重视和完全接受，只在北上广深和沿海开放城市以及部分省会城市推广比较顺利；二是PMA模式只是代理型项目管理，或称业主部分授权管理模式，大部分重要管理权限仍掌握在业主手中，项目管理公司往往沦为业主跟包、跑（办）手续的协办、助手角色，离真正的工程项目管理（PM）相去甚远；三是即使所谓PMC模式，也不是完全意义上的业主授权管理模式。2003年兴起的北京模式政府项目代建制管理就基本属于PMC模式，历经近十年的项目实践检验，已被证明为不成功的工程项目管理委托模式。原因除了社会化的代建公司无相关法律地位、法律法规不配套外，业主方（使用方或称使用人）不甘心甚至排斥委托人（一般为发改委）用代建人（社会化专业项目管理机构）取代自己对工程项目的支配权和核心地位，也是一个关键因素。

因此，工程项目管理委托模式既不是"业主自管"管理模式，也不是一个独立的项目管理模式，我们称其为由"业主自管"碎片化管理模式向集成化管理模式（全过程工程咨询模式）过渡阶段的中间模式，本质上仍属于碎片化管理。

第二节　传统工程项目管理的弊端和不足

综上所述，"业主自管"模式之碎片化管理至少存在以下八个方面的弊端和不足。

一、管理不到位

传统的建设行业业主方针对建设工程项目的全过程管理，往往会根据不同建设阶段和进度引入多家咨询服务单位，涉及多项咨询服务业务和内容。

咨询服务单位主要包括：工程投资咨询单位、勘察单位、设计单位、造价咨询单位、项目管理单位、工程监理单位、检测/监测单位、大型设备或其他专项设备供应单位、BIM 咨询单位、招标代理单位和绿色建筑咨询单位等。专项咨询服务业务和内容包括但不限于：项目建议书、环境评估报告、地质灾害评估报告、可行性研究报告、节能评估报告、安全评价、社会稳定风险评价、水土保持方案、交通影响评价等文件编制和前期咨询、工程勘察、工程设计咨询、工程造价咨询、工程项目管理、工程监理、工程第三方监测和检测、BIM 咨询、绿色建筑咨询、大型设备和其他专项设备供应等。

业主方碎片化的委托和管理，往往给工程项目造成以下混乱和问题：

（1）项目各参与方对项目建设目标不一致，这是由于其出发点不同、参与项目的时间和阶段不同以及其对合同和工程项目本身的关注点不同所致，使业主方对多方业务组织之间的管理和协调量成倍增加。由于多方业务咨询服务的服务界面和过程界面的增加，造成组织之间相互扯皮现象频繁发生。很多时候，各组织的业务分力不仅不能形成正向合力，反而由于内耗和扯皮形成相互抵消、消减的项目业务合力，使合力值大大减少和抵消。

（2）部分专业性较强的公共建筑，如大型综合性医院、博物馆类建筑（如博物馆、纪念馆、科技馆、展示中心等）和银行数据中心以及综合性科研实验楼、大型体育设施等，由于其具有类似工业项目的工艺设计特点和要求，而业主和设计、施工方对这些专项工程的工艺流程、大型专项设备工艺参数和针对这些特点的项目管理方法不熟悉甚至完全不懂，致使建安工程的设计和施工满足不了专项工程对使用功能的要求和需求，造成大量的设计变更和返工，对项目的工期、质量和投资控制影响很大，使得项目工期一拖再拖，工程造价一涨再涨，甚至造成安全质量得不到保障，形成隐患甚至事故。业主疲于奔命，有苦难言。项目参与各方相互扯皮、埋怨，业主很难追责问责，更达不到多赢、共赢的初衷和目的。

（3）由于分别委托、碎片化管理，使得项目的设计文件和经济文件信息（如清单、标底、控制价等）在不恰当的时机被多渠道散发和泄露，导致业主方的施工、材料设备的招标采购工作十分被动，且往往很难追查泄密的责任方。

二、只有一次教训难有二次经验

对于绝大多数建设项目的业主，其工作生涯中很少接触和管理工程建设项目（房地产开发企业甲方除外），有的甚至一生中从来没有或只参与和管理过一两个工程项目，且时间间隔还很长。所以，由于业主建设项目的开发量少、管理人员升迁、调动、轮岗、辞职、退休等流动性因素，在项目建设过程中积累的经验和对教训的反思总结，不能得到有效的组织梳理和知识沉淀，这就是工程行业通常所说的"只有一次教训，没有二次经验"。

面对越来越庞杂的工程建设项目全过程管理，往往是新人做新项目，甚至项目还没做完，基建班子和人员大面积更换和调整，形成新人做老项目的局面，存在着严重的不断反复交高昂学费的现象。虽然部分业主在组织内部也编制了相对完整的工程项目管理制度和项目管理手册，但由于缺乏多项目的实践验证并进行维护与及时更新，或者项目团队管理思路不能与时俱进，管理手段与管理办法落后，甚至与新颁布的法律法规、技术标准和行业管理规定相冲突，导致建造实施过程中引发被高价索赔的风险。还有很多的规定、办法和制度，针对性不强，实操性不强，只浮于表面和形式，最终只能束之高阁。

三、基于甲方至上的项目组织内耗

部分业主执行层或决策层人员由于受专业知识和行业不同所限，对工程项目隐含风险缺乏预判，而又盲目自信，误认为基建工程项目全过程管理属传统行业，非常简单，不象IT行业、高新科技行业那样有技术含量，岂不知"隔行如隔山""术业有专攻"。同时，骨子里又有根深蒂固的"业主老大"思想，缺乏履行项目合同契约与市场诚信关联的基本认知，故在很多项目中存在一切都是业主说了算，工程项目管理"外行人指导内行人"的现象，业主可以为所欲为。结果是很多业主指令仅有口头传授而无书面文件留存，会议纪要措辞模糊不清可多重释义，甚至前后矛盾、歧义不绝。容易导致多方责任主体无法正常履行合同义务、主张自身正当权利，甚至双方最终撕破脸皮，对簿公堂，闹上法庭打官司。轻者造成各参与组织之间不必要的项目内耗，重者反目成仇，两败俱伤。

四、多方博弈，苦不堪言

基于目前国家层面对项目建设过程的职能管理"条块分割"的限制，加之各行业主管部门的政策壁垒、行业壁垒以及以"准入""入库"名义的行业和部门保护政策，再加上市场竞争不充分、买方市场，造成咨询行业取费不规范、低价竞争甚至最低价中标屡禁不止，使得内部专业人员资源配备由于经费、编制不足造成严重短缺的业主，无法开展科学合理的项目前期整体策划，包括对项目的使用功能需求不明晰，提不出思路明确的设计任务书（比如：医院项目还需要医疗工艺设计任务书），朝令夕改，使得设计单位无所适从，只能应业主要求不断修改图纸、出设计变更。本应在方案设计和初步设计阶段就应考虑成熟并确定下来的设计作法，往往要等到施工图设计阶段和到施工过程中甚至施工完毕才突然提出，令设计和施工单位措手不及，造成大量的变更和返工。

由于部分业主不懂项目建设程序内在规律性，或只懂得一些办公楼、普通住宅楼的建设常识，认为懂得建筑、结构、水、暖、电的相关知识就可以管理建设（筑）工程，从而忽视了博物馆类、医疗类、体育设施类、数据中心等虽不属工业建筑，但专业性较强、有工艺流线流程的公共建筑的全过程项目管理的特点、重点和难点，造成建筑产品在建造过程中局部反复拆改、专项和专业系统工程的设计与施工缺乏事前统筹布置而被迫采用打补丁、凑合用等补救措施和方案，而设计方仓促改图也极易造成施工建造的质量问题甚至引发施工安全质量事故。进而造成的后果是，业主方、设计方、咨询方、施工承建方和材料设备供应方等的费用成本大量浪费，项目整体工期得不到保障。

上述问题必然导致参与项目建设各方合同责任主体之间大量的合同纠纷以及造价、工期、质量和安全方面责任的推诿和扯皮。由于参建各方太多且各自只与业主签订合同，其相互之间并无合同关系，只有管理、配合和先后工序关系。一旦发生事关造价、工期延滞和返工责任、安全、质量责任等，各参建方首先想到的是推卸责任，推不掉就扯皮，强调各种主客观因素。此外，还会动用各种社会关系，使用所谓"盘外招"，采用很多非合同手段相互博弈，以获取最大利益，起码也要免除应该和不该承担的合同责任。在此过程中，业主和各利益相关方斗智斗勇，相互博弈，都苦不堪言却又无可奈何，应该说不会有真正的胜利者。

五、最终损失终由业主方承担

部分大型建设项目的业主，基于工程项目功能多且专业性强，从而形成工程系统复杂的特性，加之项目建设周期长、参与项目建设团队众多、项目相关干系人关系复杂等因素，往往为规避风险，会不合理地转移合同风险。如：合同约定总价包死、零变更、不调材差价差、设计费不因变更而增加、人工费不调整、材料不随市场价调差、设计与咨询费不因项目变更及工期延滞而得到补偿等霸道作法。对整个建设项目参与方的积极性造成严重打击，从而也会因风险或损失的不合理规避和转移造成损失和被转移单位的不满和抵触，形成多重矛盾和纠纷，最终矛盾的解决须由业主方付出高昂的代价和成本，而最终的损失也终由业主面对，换言之，业主方永远是最大的受害者，而损失有些是显性的，有些是则隐性的，而隐性损失往往比显性损失更大，对项目的影响更长远。

六、项目缺乏完整连贯决策信息的责任风险

目前，市场上大量的工程建设项目缺乏既具有管理话语权又具有技术话语权，能对项目全过程进行管理的牵头责任主体，故建设项目业主方各阶段的项目决策，一般只能由内部管理团队依托不同的专项咨询业务单位提供"碎片式"信息来完成。这种分阶段的决策信息本就缺乏一致性和连贯性，往往也缺乏系统性、预见性，缺乏科学、统筹的长久眼光。

此外，大型工程的建设周期往往高于项目高层决策者的任职周期，当出现核心职位轮岗或核心决策者升迁、调离和退休时，项目的操作思路乃至操作模式往往由于项目核心成

员、团队的变更而随之变更，不排除部分项目重要信息流失的可能性。后任者团队如果无法完整收集到前任团队在前期决策的重要信息时，往往要承担项目"前任"决策信息中断、决策不当的责任风险。也不能排除"后任"及团队在项目核心职位发生人事变更时对原运作、操作模式进行变更修改甚至全盘否定的可能性。当项目建设后续阶段操作出现问题时，责任往往向"前任"推诿，但真正受损失的是项目本身。

建设项目业主方的机制、体制和碎片化的委托管理机制造成难于形成真正的问责机制，看似每项业务都签有合同，每个参与方都有详尽的系统、体系文件、规章制度，但往往难于落到实处。

七、业主期望责任风险转移

国有资金投资或者财政拨款建设项目的业主，常常既要保证项目的顺利实施，又要面对事中、事后的层层审计。然而工程建设项目基于不同的地区、场地条件，建设功能的复杂与建筑风格迥异，加之与其匹配的专项、专业系统工程存在较大的差异性，即建筑产品建造过程的一次性和单件性，使得非标准建造的经济造价指标可比性较低。有些时候，业主方的项目团队很难自证其清，自证其决策正确，自证其工作没有失误，项目面临一定的决策选择及审计风险。因此，不少业主具有期望责任风险转移的迫切愿望。而全过程工程咨询服务的引入，则可使业主项目相关层面风险分担，确保项目顺利通过审计。

八、业主方管理团队专业性稳定性不足

业主自管的碎片化管理模式要求业主必须拥有自己的项目管理团队。但是，除去房地产开发企业等少数业主具备高频度项目开发和建设条件，大多数业主项目开发和建设频度很低，有的甚至十几年、几十年只有一两次基建任务。所以，指望业主经常拥有一支完备的项目建设管理团队既无必要也根本办不到，通常的情况是大多数业主单位只设置基建处、房产处或物业处等，主要职能是现有房产维修和物业管理以及小型基建任务管理等。

那么，一旦有了建设项目，业主会如何组建项目管理团队呢？一般作法是：以单位基建、房管和物业部门人员为班底，临时从其他下属部门抽调相关专业人员组成筹建办或基建指挥部。如人员仍调集不足，再采用临时招聘和返聘的办法，从社会上聘用、本单位退休返聘相关专业技术人员。这种项目管理团队组成和作法存在如下不足。

（1）由于编制和经费的限制，不可能抽调足够数量、符合项目建设管理要求、专业配套齐全的相关人员。

（2）由于项目建设任务一般在短则一两年、长则三四年甚至更长时间完成，人员具有临时抽调、借调性质，基建任务完成后大都需要回到原单位、原部门工作，招聘、返聘人员则可能被解聘。所以，绝大多数人员有一种临时观念和思想，而且回原单位和部门重新安置等都会遇到难题和困难。

（3）由于大多数项目团队人员为临时拼凑，人员专业技术和管理素质水平参差不齐，大多数人以前没有在一起配合工作的经验和默契，而且不少人为专业技术人员，对设计、

施工和造价专业等较熟悉，但对工程项目管理尤其是全过程项目管理则较为陌生甚至根本不懂。所以，业主项目管理团队有一个相互熟悉、磨合和学习项目管理知识、积累经验的渐进过程。但一般来讲，建设项目的建设周期、工期要求都很紧迫，不会给你从容地边干边学的时间和机会，这样的赶鸭子上架作法会给项目建设带来很多隐患和不利，会造成所谓的"只有一次教训，没有二次经验"，往往是等你总结出经验教训时，基建任务也要结束了，已没有了改正的机会。

（4）由于业主方管理团队人员的借调、抽调性质，大多数人均面临专业技术知识老化、项目管理知识缺乏的问题。学习、更新和提高绝非一朝一夕就能完成。此外，不少借调和招聘、返聘人员还面临人心不稳、前途未卜的困惑。如劳动合同、待遇、提职问题、个人职业规划与项目岗位是否吻合，与项目团队领导和同事能否和谐相处、与参建各方相关人员能否协同工作、友好相处等，均会对业主方项目团队人员的稳定性产生各种不利影响。一旦关键岗位人员辞职离岗，新补充人员由于对项目情况缺乏了解，很难在短时间融入角色，会对业主方项目管理工作造成不可弥补的损失。

（5）同样由于业主方项目管理团队属于临时机构，对团队成员的管理和教育也存在不少难题。尤其是在当下建设项目处于买方市场、业主处于强势地位的现实状况下，廉政、阳光工程和职业操守等方面出现问题乃至违法违规、刑事犯罪案件已经屡见不鲜，同时不能排除少数员工和极个别业主领导有借基建项目捞一把和捞完就走的想法。因此，业主自管的碎片化管理模式极易让少数别有用心的腐败分子钻机制、体制的空子。

（6）随着我国建设行业的不断发展，国家对与建设行业和工程相关的法律法规越来越严格和完善细致。特别是涉及投资、国土、规划、设计、环境保护、招标采购和施工安全、质量、绿色环保施工等方面更是规范和管理、治理的重点。业主方项目管理团队由于对上述法律法规和各项规定往往理解不深或不熟练掌握，具体执行过程中就难免出现违反国家和地方法律法规的情况，从而导致停工、受处罚、不能通过审计甚至严重到触犯法律的情形和后果。

综上所述，由于一般国有资金和政府财政拨款投资的基本建设项目不是像房地产开发一样的项目密集开发组织，基建工程很可能不属于业主方的主营业务，或者政府与事业单位编制限制和对投入产出比及成本考虑，不可能借调、抽调和招聘大量专业人员承担建设工作职能，因此使得上述业主碎片化管理模式的弊端和不足变得必然和不可避免。

1995年前后，虽然出现了委托工程项目管理模式，由于各地发展极不平衡，这种模式大多集中在一线和沿海较发达地区和城市。此外，即便是业主委托了项目管理包括政府项目代建，也由于被委托方的法律地位、未被充分授权和信任以及业主方不愿失去对工程项目的指挥权、控制权等因素，委托项目管理模式的发展并不顺利，不少项目管理公司包括代建公司最终沦为业主的助手、跑腿甚至只负责跑办各种前期建设手续，从而忘记了工程项目管理的初衷和使命。实际上这种情况仍然未完全摆脱"业主自管"的碎片化管理模式。

因此，要解决工程建设领域"业主自管"的碎片化、离散化管理现状，引入集成化管理模式，即全过程工程咨询服务模式，就成为一种必然的发展趋势和科学与理性的建设管理模式。

第六章 全过程工程咨询之项目管理

第一节 全过程工程咨询的核心及主要业务

全过程工程咨询（Whole Process Enginering Consultation，WPEC）服务包含多项咨询种类和专项服务业务内容，包括但不限于工程勘察、设计、全过程项目管理、前期投资咨询、招标代理、工程监理、造价咨询、BIM 咨询和绿色建筑咨询等。其中，被称为 WPEC 核心咨询业务的为全过程项目管理；工程设计、工程监理和全过程造价咨询服务被称为 WPEC 的三项主要专项咨询业务。

为什么称这四项业务为 WPEC 的核心和主要业务呢？首先，这四项业务中除工程设计外，其他三项业务基本覆盖建设项目的全建设周期（目前国内覆盖建设项目全生命周期的咨询服务很少），其中以全过程项目管理的项目工作周期最长；项目管理和工程监理在施工现场管理工作周期最长，管理范围和强度最大。

为何称全过程造价咨询而不是造价咨询为主要业务呢？因为如果造价咨询单位接受业主单位委托，只承担前期造价咨询、清单、控制价编制、实施过程变更、付款审核、材料、设备寻价以及竣工结算、决算编制审核诸多业务中的一项或几项或限定在建设项目的某个阶段，则不能称其为 WPEC 的主要咨询业务，只有造价咨询单位承接了项目全过程造价咨询业务，即上述造价咨询业务中的大多数项，才能成为项目 WPEC 中的主要业务。

鉴于工程设计在建设项目中的重要性、主导地位以及政府大力倡导的建筑师负责制，其成为 WPEC 中的主要业务应毫无争议。但有一点需要说明，工程设计做为项目主要咨询业务，最应该是以设计总包的身份和角色承担项目设计文件编制及专项设计、专业设计和深化设计等设计分包的协调管理工作。如此，工程设计总包的工作范围和周期将发生很大变化，即由原来的一旦施工图编制完成，则设计工作量就完成 90% 以上，剩余的主要工作是施工配合、设计变更和工程验收，变成跨越 WPEC 的大部分阶段，成为名副其实的三大主要业务之一。

第二节 全过程项目管理在 WPEC 中的核心地位

在上述 WPEC 四项核心、主要业务中，工程设计、工程监理和全过程造价咨询称为专项咨询业务，其中设计和造价咨询以技术咨询为主，而工程监理兼具管理咨询和技术咨询性质和特点。唯独项目管理与上述三项主要业务均不同，其具有以管理咨询为主的独特性质和唯一以建设项目全建设周期甚至全生命周期为其工作周期的 WPEC 业务，真正是"起得最早，睡得最晚"。所以，不能称 WPEC 中的全过程项目管理业务为专项业务，它实际应称为 WPEC 四项主要业务中的首要核心业务，它的重要性和独特地位是其他三项主要业务不能比的，或者说不在一个层级上。

目前，工程咨询行业特别是全过程工程咨询圈内对于全过程项目管理在 WPEC 服务中的核心地位的认识，已由试点、宣贯初期的不知、怀疑和争论，逐渐统一到趋于一致、认可"1＋N"模式，即在 WPEC 服务中"1"代表全过程项目管理，它是开展 WPEC 服务的必选项，没有全过程项目管理，就不能称为全过程工程咨询服务。"N"为其他专项咨询业务，其中应包含一项及以上主要业务，否则该项目的咨询服务模式只能称为全过程项目管理或某一项或几项专项咨询业务组合服务，而不能称之为 WPEC 服务。笔者提出"1＋1＋N"模式，即：第一个"1"为项目管理；第二个"1"为至少有 1 项主要咨询业务（设计、监理、造价）；"N"为其他专项咨询业务（N≥0）。即：只有采用了"1＋1＋N"模式，才能称为全过程工程咨询。

为何全过程项目管理在 WPEC 中具有如此重要和不可替代的地位和作用？为何它与其他专项咨询业务，特别是主要专项业务不是并列关系，而是具有必不可少的基础、核心地位？我们首先以两个生活中的例子做比喻：一是交响乐团的演出，有弦乐组、木管组、铜管组、打击乐组、彩色乐器组和特色组，那么谁是最重要的呢？答案是："一把手"是乐团指挥。所以，最重要的不是首席小提琴，也不是小号、钢琴和大提琴，而是乐团指挥。而项目管理在 WPEC 中就是"乐团指挥"。二是我们平常戴的手串和项链的穿绳。珠子再名贵，搭配再好，如不用穿绳联结起来，也是"一盘散珠"，而项目管理就是 WPEC 的"穿绳"。

再举两个建筑行业的例子做比喻：一是钢筋混凝土，其组成成分有钢筋、水泥、骨料（砂、石等）、水和外加剂等。只有钢筋、骨料、水和外加剂而没有水泥（胶凝材料），则还是一盘散沙和碎块，根本成不了钢筋混凝土，更不可能形成强度。而项目管理就是 WPEC 的"胶凝材料"。二是建筑业经常见到的砖、石和砌块等材质组成的砌体结构。强度等级再高的砖石和砌块，如果不用水泥砂浆、石灰砂浆等胶结性材料砌筑，也形不成砌体结构，而只能是一堆虽码放在一起但却形不成砌体强度的块料而已。项目管理则是 WPEC 的"水泥砂浆等胶结性材料"。

通过以上四个生活中和建筑行业生动直观的比喻，我们可以理解和体会到全过程项目管理在工程项目建设管理过程中和 WPEC 服务过程中重要而独特的地位和作用。

第三节　工程项目管理概念简述

在阐述工程项目管理概念之前，我们有必要简单回顾一下什么是项目和项目管理。

项目是指在一定的约束条件下（主要是限定资源、限定时间），具有特定目标的一次性任务。项目包括许多内容：可以是建设一项工程，如建造一栋大楼、一座工厂、一座电站；也可以是完成某项科研课题，或研制一架飞机、一项设备，甚至写一篇论文，发明一味风味菜肴。这些都是一个项目，都有一定的时间，投入一定的资源，有相关的质量要求，同时也都是一次性任务。

项目具有单件性、生命周期和一定的约束条件等几个特征。项目是一个外延很大的概念，在民间、企业、事业单位、社会团体和国家机关中都有项目问题。项目管理（Project Management，PM）就是运用科学的理论和方法对项目进行计划、组织、指挥、控制和协调，实现项目立项时确定的目标。是决策、管理、效益融为一体的组织、过程和方法的集合。一般项目具有唯一性（专门性）、一次性（短期性）、整体性、多目标性、寿命周期阶段性等特征和特性。

项目管理是运用管理的知识、工具和技术于项目活动上，来达成解决项目的问题或达成项目的需求。所谓管理包含领导（Leading）、组织（Organinzing）、用人（Staffing）、计划（Planning）和控制（Controlling）五项主要工作。项目管理（PM）还可以表述为：运用各种相关技能、方法与工具，为满足或超越项目有关各方对项目的要求与期望，所开展的各种计划、组织、领导和控制等方面的活动。

项目管理（PM）具有系统性、过程性、创新性、特殊性、复杂性和目的性特征和特点。具有成本、工期和质量管理三要素。

工程项目管理是在一定的约束条件下，以最优地实现建设工程项目目标为目的，按照其内在的逻辑规律对工程项目进行有效的计划、组织、协调、指挥和控制的系统管理过程和活动。

工程项目管理具有如下特点：

一、工程项目管理是一种一次性管理

这是由工程项目的单件性特征决定的。在工程项目管理过程中，一旦出现失误，很难有纠正机会，只能留下遗憾。这一点和工厂的车间管理或企业管理有明显不同。为避免遗憾的出现，优秀管理企业、项目经理（负责人）的选择、项目人员的配备和机构的设置就成了工程项目管理的首要问题。由于工程项目具有短期性特点和项目管理的一次性特征，所以在工程项目管理中，对项目建设的每个环节都实行严密的管理，具有特殊的意义。

二、工程项目管理是一种全过程的综合性管理

工程项目的建设周期和生命周期是一个有机的成长过程。项目的各个阶段既有明显的界线，又有相互有机的衔接、搭接和融合，不可间断。这就决定了项目管理起码应该是全建设周期直至全生命周期全过程的管理。由于社会生产力的不断发展和进步，社会化分工不断扩大、越来越细，项目建设和生命周期的不同阶段，如投资策划决策、勘察、设计、招标、采购、造价、管理、监理和施工、供货等逐步由专业的企业或独立的部门去完成，这就使得工程项目管理必须成为一种全过程的综合性管理，以满足工程建设项目对项目管

理日益提高的要求。

三、工程项目管理是一种约束性强的管理

项目管理的约束条件，既是项目管理的必要条件，又是不可逾越的限制。工程项目管理的一次性特征、其明显的目标和时间限制、既定的功能要求以及质量标准和概算额度，决定了约束条件的约束强度比其他管理更高。工程项目管理的重要特点在于工程项目管理者必须在一定的时间内，善于应用这些条件，而又不能超越这些条件的情况下，完成既定任务，达到预期的目标，即投资、工期、质量、安全、绿色环保和使用功能六大目标。机不可失，时不再来，项目不会给你纠正错误、重来一次的机会和时间。

工程项目管理与工程咨询企业管理不同，不能混为一谈。工程项目管理的对象是具体的建设项目；而企业管理的对象是整个企业，管理范围涉及企业生产经营活动的各个方面，一个工程项目仅是其中的一个组成部分；而且，企业管理是与企业兴衰发展直接相关的，它没有工程项目管理所具有的一次性特点。

工程项目管理用更加具体的建设行业专业术语的表达：它是项目管理在工程建设行业的一个重要分支，是指通过一定的组织形式，用系统工程的观点、理论和方法对工程建设项目生命周期内（或建设周期内）的所有工作，包括但不限于项目建议书、可行性研究报告、项目投资策划决策、工程勘察、设计、招标采购、建设手续办理、施工、验收和运维（运营）、后评价乃至项目建筑、设施拆除等系统运动过程进行计划、组织、指挥、协调和控制，以达到保证工程质量、缩短工期、提高投资效益和保证安全生产、绿色节能环保和实现项目使用功能的目的（或称六大目标、六统一）。由此可见，工程项目管理是以工程项目目标控制（六大目标）为核心的管理活动。

第四节　工程项目管理类型划分

一、按照项目参与方划分

按各参与单位的工作性质、工作任务和利益不同，形成以下不同的建设工程项目管理类型：

1. 业主方的项目管理：它是建设工程项目管理的核心，是建设工程项目生产的总组织者；其可分为业主方自管型项目管理和委托型项目管理。后者又可以分为工程项目管理委托型模式（Project Management Agent，PMA）和工程项目管理承包型模式（Project Management Contracting，PMC）以及政府项目代建制等多种模式；

2. 工程勘察方的项目管理；

3. 工程设计方的项目管理（如勘察和设计业务由一家单位承担、则为勘察设计方的项目管理）；

4. 施工总承包方的项目管理；

5. 施工各专业分包方的项目管理；

6. 材料设备供货方的项目管理；

7. 业主平行发包的承包方、独立承包人的项目管理；

8. 项目工程总承包方（EPC、DB 等）的项目管理（如建设项目采用工程总承包模式）；

9. 项目其他相关方的项目管理。

二、按照工业类别划分

1. 农业、林业工程项目管理；

2. 水利水电工程项目管理；

3. 电力（含火电、水电、核电、新能源）工程项目管理；

4. 煤碳工程项目管理；

5. 石油天然气工程项目管理；

6. 公路工程项目管理；

7. 铁路、城市轨道交通工程项目管理；

8. 民航工程项目管理；

9. 水运（含港口河海工程）工程项目管理；

10. 电子、信息（含通信、广电、信息化）工程项目管理；

11. 冶金（含钢铁、有色）工程项目管理；

12. 石化、化工、医药工程项目管理；

13. 核工业工程项目管理；

14. 机械（含智能制造）工程项目管理；

15. 轻工、纺织工程项目管理；

16. 建材工程项目管理；

17. 建筑工程项目管理；

18. 市政公用工程项目管理；

19. 生态建设和环境工程项目管理；

20. 水文地质、工程测量、岩土工程项目管理；

21. 其他（以实际专业为准）工程项目管理。

三、按照阶段和具体专业划分

按阶段划分，可分为全过程工程项目管理、阶段性工程项目管理（投资咨询阶段项目管理、建设项目前期项目管理、项目实施期项目管理等）。

按具体专业划分，建筑工程和市政公用工程还可分为建筑工程项目管理、装饰装修和加固改造工程项目管理、市政工程项目管理、园林绿化工程项目管理、机电安装工程项目管理、建筑智能化工程项目管理等。

第五节　全过程项目管理的主要工作内容和范围

有一点需要特别说明，本书从现在起到后续论述，除特别说明外，所说工程项目管理均指业主方的工程项目管理，而非任何其他一方的项目管理。因为本书论述的主题是全过程工程咨询服务（WPEC），说的就是工程咨询行业的事儿，首先可以排除施工方、工程总承包方、供货方项目管理，其均不在本书论述的主题范围内。

通过上文"工程项目管理类型划分"可知，工程项目管理起码有三种以上划分方法，不同参与方和工业类别乃至阶段和专业的项目管理，虽然原理相同，但内容和方法差别很大。目前发行的书籍大多为论述施工单位建设工程项目管理，现在又增加了大量工程总承包方面的项目管理的书籍和期刊，书名均叫《工程项目管理手册》或《工程项目管理实用指南》等，但是如果想了解有关全过程工程咨询或业主方工程项目管理方面的知识，买回这样的手册或指南，则对您不会有太大帮助。而且，从以前直至现在，论述有关业主方全过程项目管理的书籍少之又少，不知是因需求不如施工方项目管理多而被忽视，还是由于内容过于庞杂、牵扯面太广等导致难度太大而使很多作者、编者知难而退？

笔者揣度：与施工方项目管理相比，业主方项目管理时间跨度通常要长一倍甚至更长。有些项目，不算开工前和施工期，光竣工后业主方项目管理工作就可能好几年时间也不能收尾。此外，业主方的工作管理因素更多，接触的与项目相关的各参与方、近外层、远外层单位和部门更多，工作界面划分和自我把控难度更大，即所谓软科学因素更多；而施工方项目管理，有相当一部分是技术性因素，如人、机、料、法、环、施工流水、网络图等，只要科学合理安排，对成本、进度和质量三大目标的控制难度要相对容易一些。

业主方全过程项目管理工作，主要分为前期投资策划决策阶段、工程勘察设计阶段、招标采购阶段、施工阶段、竣工验收移交阶段、工程结算、决算和后评价阶段以及运维（运营）阶段等。需要说明的是，各阶段并无明显界线，并不是简单的对接关系，很多是搭接甚至相互包含和融合关系，比如：招标采购可能贯穿很长时间段直至完工前；还包括工程设计，因其含有深化设计、专项设计等，加之重大设计和工程变更，所以，很可能延伸至工程竣工前才能完成。此外，对于建设项目阶段划分从来就没有一个统一标准，往往是根据划分者自身的角度和所处位置进行划分，仁者见仁，智者见智。但有一点大家的认识却是基本一致，即三阶段划分：前期投资决策阶段、工程实施阶段和收尾运维阶段。

业主方全过程项目管理主要工作内容和范围：

一、整个建设项目的总体组织、协调工作及对所有参建队伍的协调管理；

二、前期投资咨询策划决策管理工作（立项、可研报告、初步设计概算等）；

三、工程勘察、设计协调管理（含勘察、设计概念方案、设计方案、初步设计、扩大初步（技术）设计、施工图设计、深化设计、专项设计等）；

四、招标采购管理（含工程、服务、材料、设备采购等）；

五、合约管理；

六、建设手续办理（含政府、市政管理和职能部门等）；

七、建设投资管理（以工程概算和设定的投资限额为目标，进行投资和成本控制统筹管理）；

八、工程工期和进度管理（包括项目前期、实施期和后期各类合同和业务的进度）；

九、工程质量管理（包括设计质量、施工安装质量和所有按合同交付的成果质量）；

十、施工现场安全生产管理；

十一、项目绿色、节能、环保管理；

十二、项目信息和资料管理；

十三、项目整体风险评估和管理；

十四、工程专项和竣工验收管理；

十五、项目移交、保修、运维培训管理；

十六、项目结算、决算管理、固定资产移交管理；

十七、项目后评估、后评价管理；

十八、属于业主方项目管理范畴的其他事项。

第六节　工程项目管理的"业主自管"模式和委托模式

如本书第一章所述，20 世纪 90 年代以前，工程项目管理还未正式引入国内，工程建设项目的业主方项目管理均采用"业主自管"模式，即由业主方组建基建指挥部或筹建办公室、筹建处之类的机构，对项目建设进行项目管理。从 20 世纪 90 年代中期起，逐渐发展成为"业主自管"模式和委托模式并存，且委托模式经历从无到有、从小到大的发展历程。但时至今日，仍有相当数量的工程项目采用"业主自管"模式，委托型项目管理模式发展并不十分顺利，在各地的开展情况也不均衡，北上广深及沿海发达地区相较一些内地和西部地区发展较快。但总的趋势是越来越多的政府部门和业主方已经认识到了委托工程项目管理的优势，明白了"专业的人做专业的事"的道理，再加上近两年政府又开始大力提倡全过程工程咨询，更使得委托型全过程项目管理得到更大促进和快速、长足发展。

"业主自管"模式的代表是房地产开发企业和一部分原政府建设行业主管部门和机构，如重大项目办公室、代建办之类。房地产开发企业是因为具有房地产开发全链条上各种管理和专业技术人员，能够自给自足，很少有委托他人进行项目管理的需求，故被称为"超级业主"。政府部门和机构由于长期肩负工程建设和管理、开发职责，又同时兼具行业监督管理职责，拥有一批既懂各项政策法规、同时又懂项目管理和专业技术的官员和专业管理人员，只是大多数受编制等因素限制，在整个建设项目业主中占比不大。

委托型项目管理也有很多种模式，主要有代理型项目管理（PMA）和承包型项目管理（PMC）两大类模式。PMA 模式简而言之就是项目管理公司（或咨询机构）接受业主委托开展项目管理服务。业主是东家，具有最终决策权；而项目管理公司的角色类似于管家，按东家授权办具体事务，具有建议权，但不具有最终决定权。双方按照委托合同约定的责权利履约，项目管理公司一般不承包项目的几大目标（投资、工期、质量等）。而PMC模式则不同，项目管理公司（或代建公司）在招投标过程和合同签订时就要求事先交纳额度较大的履约保函或保证金等，一旦因项目管理公司的责任造成投资、工期、质量等项目目标未能实现，就要依合同追究其经济责任，包括扣减项目管理费、没收履约保函甚至动用管理公司自有资金偿还损失和罚金等。现在推行的全过程项目管理，大多数属PMA模式，前些年各地实施过的政府代建制项目，有些则属PMC模式。

第七节　全过程项目管理与全过程工程咨询的关系和区别

有读者可能会问，既然全过程项目管理如此重要，又有那么多的工作内容，目前也已得到政府和社会的广泛认可和接受，为何政府不继续大力推广全过程项目管理，而却开始大力推行全过程工程咨询呢？二者有何关联和区别呢？

（1）项目管理以管理和协调为主。在全过程工程咨询包含的各项咨询业务中，项目管理公司一般以组织协调为主，自己不承担某项或某几项工作，如：项目建议书、可研报告编制、工程勘察、设计、招标代理、造价咨询、工程监理、BIM咨询和绿色建筑咨询等。而全过程工程咨询则不但要承担项目管理任务，还要根据自身资质、业务范围及招标文件和业主要求，承担一项或多项甚至全部专项咨询业务，这是二者最大的区别。

（2）项目管理仍属碎片式管理范畴。由于全过程项目管理公司接受业主委托和授权开展项目管理工作，大多是PMA模式，角色只是管家，项目决策、决定权仍在业主手中，且授权的力度和范围有限，所以，对项目实际的协调、管理力度和效果有限，加之有些业主的权利明授暗收，担心大权旁落等，项目的实际控制权仍牢牢掌握在业主手中，管理公司只是管家、顾问的角色，有时候还可能成为承担责任的替罪羊和背锅侠。所以，实际上，尽管聘请了专业的咨询公司做项目管理，取代或部分取代"业主自管"模式，但项目仍处于碎片式管理状态。

而全过程工程咨询模式则不同，由于除了处于核心地位的项目管理业务外，还由中标的WPEC单位自身承担一项以上主要业务和其他几项专项业务，这样既减少了各专项业务之间的工作界面，又能使专项业务由以前的外部协调变为中标的WPEC咨询总包单位的内部管理协调事务。如此，管理效果和力度就会大大增强，从而把碎片化管理变为集约式、集成化管理。

（3）全过程工程咨询不是一种新的制度设计，它只是一种新的咨询模式，来源于全过程项目管理，故其并非无源之水，无本之木。国家之所以大力推行全过程工程咨询，主要是因为目前我国的咨询企业与国际上大型咨询企业在规模、能力水平和综合实力等方面差别很大，不具备在国际咨询业务中与之竞争的能力。甚至在下一步深化改革开放进程中，更多的国际咨询机构会进入国内市场承接咨询业务，挤占国内咨询市场。而由于国内咨询业务基本还处于碎片化管理状态，一旦外企进入，则根本无法与之抗衡和匹敌。"人无远虑，必有近忧"。国家大力推行全过程工程咨询，正是未雨绸缪之举。

全过程项目管理虽然是从国际引进的先进的工程咨询模式，对于推动工程项目管理由国内传统的"业主自管"模式向与国际接轨的委托型、顾问型项目管理起了很大的推进作用，但由于咨询企业大都规模偏小、资质不齐、业务种类和所能提供的咨询业务单一以及业主的强势地位等原因，使得国内的工程项目管理还处于离散化、碎片化状态，如照此发展下去，别说与国际接轨、做大做强、参与"一带一路"建设、参与国际竞争，恐怕连国内工程咨询阵地这"一亩三分地"也要守不住了。因此，国家和政府已经充分认识到了国内工程咨询行业的严峻形势和改革创新的紧迫性，提出全面推行全过程工程咨询的创新思维和模式。

（4）全过程项目管理是通向全过程工程咨询的必由之路。目前，随着推行全过程工程咨询模式的不断深入，咨询行业的各种研讨会、交流论坛、新书出版、期刊、微信公众号，甚至微信群和各种有关的朋友圈，全过程工程咨询均已成为热门话题，仿佛不谈WPEC、EPC、建筑师负责制就落伍了。勘察、设计、监理、造价、招标代理等各类企业、行业协会也纷纷行动起来，号召行业内企业向全过程工程咨询进军，抢得先机，占领制高点。但笔者在参加了多次研讨会、论坛，研读了若干有关WPEC的新书和文章，并每天在多个所谓"全过程工程咨询"微信群里"流连忘返"后，发现了两个奇特的现象：一个是大家都想争做WPEC的"老大"，即咨询总包（牵头人）；二是大家好像不约而同，都闭口不谈项目管理，或者把它只作为一项专项咨询业务，与招标、造价、监理等比肩并列。

通过本书前文的论述，大家可知项目管理在工程建设项目中的重要性和独特地位，不再赘述。笔者只是想说，不管是咨询行业哪个业务领域和专业种类，想要牵头负责项目全过程工程咨询业务，换言之，要中标成为项目的咨询总包，不懂项目管理或不承担项目管理工作，都是不可能的。想要开展WPEC，特别是想当咨询总包，必须学会和精通全过程项目管理，舍此没有其他任何捷径可走。举个不十分贴切的类比，项目管理就像施工总承包中的主体结构施工，只能由施工总包单位完成，不允许其分包，转包更是违法行为。因为它是施工总承包最核心的业务。主体结构施工虽然重要，但其毕竟还是以施工技术水平要求高为主；而项目管理要求的则是全过程、跨阶段、一体化的综合管理协调能力和水平。

上述说法可能会引起争论。有人会说，你把项目管理位置抬得这么高，如果业主不委托项目管理，自己有能力、有人员自己管理项目，那么项目管理还是核心业务吗？还是"1＋N"或"1＋1＋N"模式吗？我们说项目管理具有核心地位并没有区分谁做项目管理，是"业主自管"还是委托。自管模式下业主为什么在项目建设中一言九鼎，具有举足轻重的决定性核心地位，就是因为他具备完全的项目管理地位，工程设计、造价咨询、工程监理的专业技术水平和素质再高，也不能和业主的项目管理地位和重要性相提并论，只是要管理好项目，要求业主必须懂项目管理，具备综合管理协调能力；否则，就会出现瞎指挥的现象，工程肯定干不好。这也从反面证明了业主方项目管理的重要性，是设计、造价、监理、施工、招标代理等任何一家参建单位取代不了的。

如果业主将项目管理权限部分或全部授权给一家专业的项目管理公司（咨询机构，含联合体），这并不影响业主方项目管理在项目建设中最核心的地位，只是权责分享和共享的问题。笔者认为：如项目为业主自管，则已不是"1＋1＋N"模式，因为"1＋1＋N"模式是在全过程工程咨询的语境下产生的。大前提是指业主不采用自管模式，而是委托全过程工程咨询单位（咨询总包）对建设项目进行管理，"1＋1＋N"模式是对咨询总包的要求，要求其必须自己承担项目全过程项目管理工作，N为其他专项咨询业务；自身资质范围内有的，经业主在招标文件中明确可由其自己承担；自身资质不具备的，按招标文件或合同中约定，组成联合体或经业主同意由咨询分包（或称转委托单位）承担该项专项业务。笔者认为，咨询总包单位除了"1＋1＋N"中的第一个"1"以外，第二个"1"是指至少还应该承担三个主要咨询业务中的一项及以上主项业务（设计、监理和造价咨询）；"N"则指其他专项咨询业务（N≥0）。

业主自管建设项目，如果连项目管理都不委托，更谈不上全过程工程咨询，"咨询"原本的意思是征求询问别人的意见。所以，"业主自管"模式肯定也是项目管理，但属于碎片化管理，虽然少数业主也能管理工程项目，但不是国家提倡和推行的工程咨询模式，也非今后工程咨询行业的发展趋势和方向。就像我们讨论的题目本来是装饰装修工程的工程总承包和项目经理负责制，突然有人提出房主自己设计、买料、自己装修可能一样可以干好一样。

近年来，有一个工程实际案例，业主进行全过程工程咨询招标，不委托项目管理，只委托设计、监理及可研报告编制单位等（一家或组成联合体），这算不算全过程工程咨询项目呢？由于全过程工程咨询到目前为止尚无一个正式、确切的定义，所以无法准确判断其是否符合全过程工程咨询项目的定义和要求。不过按目前《国家发展改革委　住房城乡建设部关于推进全过程工程咨询服务发展的指导意见》（发改投资规〔2019〕515号）的内容，工程咨询单位为项目业主提供整体或局部的项目咨询、管理的解决方案和管理服务，均可称之为全过程工程咨询。当然本案例中，招标文件也未明确项目管理由业主自己承担。总之，业主自身具备全过程项目管理能力的毕竟是少数，绝大多数业主对全过程项目管理和全过程咨询是有强烈需求的。从鼓励咨询企业开展全过程工程咨询的角度出发，门槛确实应低一点；但从全过程工程咨询发展的长远大计考虑，确又应该下一个基本定义，并设一定门槛。否则，随便一个咨询业务或几个简单业务组合均可称为全过程咨询，对行业发展不利，从小处说，会给全过程工程咨询招标带来确认类似业绩的难题。毕竟全过程工程咨询不能只靠政府的推动，还必须接受市场和项目实践的检验。

此外，还有一种质疑是，目前，不少委托项目管理的建设业主认为项目管理单位工作不到位，专业管理技能和人员素质等均达不到业主和合同中约定的要求，很多时候还要业主花费很大精力亲自去跑、去管，项目管理公司的项目管理人员则成为业主跟班或建设手续办理人员。这些事实和情况肯定都存在，但都是发展过程中存在和需进一步完善、解决的问题，不是项目管理模式本身的问题。需要我们在做好全过程项目管理的基础上，在发展全过程工程咨询的过程中去逐步解决和完善。

第七章　全过程工程咨询组织模式研究

第一节　全过程咨询政策和组织模式解读

2017 年 2 月 21 日，国务院办公厅发布《关于促进建筑业持续健康发展的意见》（国办发〔2017〕19 号）。为了贯彻落实国办发〔2017〕19 号文，住房城乡建设部于 2017 年 5 月 2 日颁发《关于开展全过程工程咨询试点工作的通知》（建市〔2017〕101 号）。

国家发展改革委于 2017 年 11 月 6 日发布《工程咨询行业管理办法》（中华人民共和国国家发展和改革委员会令第 9 号），自 2017 年 12 月 6 日起施行。其中第二章第八条（四）："全过程工程咨询：采用多种服务方式组合，为项目决策、实施和运营持续提供局部或整体解决方案以及管理服务……"国家发展改革委从工程咨询行业政府管理者的角度进一步肯定和推进全过程工程咨询，提倡和鼓励咨询企业采用多种服务方式组合，为项目提供全过程或阶段性工程咨询服务。

2019 年 3 月 15 日，国家发展改革委、住房城乡建设部联合印发《关于推进全过程工程咨询服务发展的指导意见》（发改投资规〔2019〕515 号）。其中，"三、以全过程咨询推动完善工程建设组织模式（二）探索工程建设全过程咨询服务实施方式"中提出，全过程咨询业务应由一家有综合能力的咨询单位实施，也可由多家咨询单位联合实施。

从 2017 年 2 月国办发文至今已过去两年多时间。各地方政府建设行政主管部门为了进一步贯彻落实国务院、国家发展改革委和住房城乡建设部文件精神，并结合本地具体实际情况，先后出台了各地推进全过程咨询工作的试点工作方案、实施工作方案和服务导则、招标文件、合同示范文本等。若干全过程工程咨询试点项目也已陆续在各地落地实施。

住房城乡建设部建筑市场监管司和各地方政府建设行政主管部门、监理、造价、咨询、招标行业协会等以各种形式召开关于推进全过程工程咨询落地的研讨会、咨询论坛和宣贯会议，召集项目管理、设计、勘察、监理、造价和招标等行业的精英、专家、学者集思广益，畅所欲言，从不同角度和立场论证和推动，使全过程咨询从理论务虚阶段进入实质性推进推广阶段。

笔者曾多次参加住房城乡建设部、北京市发改委、规自委、住房城乡建设委、中国监理协会和中国工程咨询协会等政府部门和行业协会组织的宣贯会议和论坛（俗称"坛坛罐罐"（贯贯）即：各种论坛和宣贯会）。与会者关注和关心的焦点集中在全过程工程咨询的定义和范围、全过程咨询单位对企业资质有哪些要求、全过程咨询服务取费标准、示范标准合同文本等，希望政府尽快出台推进全过程工程咨询服务发展的指导意见，甚至实施细则和取费标准。有的试点企业要求政府放松对试点企业资质要求和限制，如资质不在本企业而在上级集团的，以及由于双60％限制的造价咨询公司等情况。不少试点企业提出政府应为试点企业提供试点项目及相关试点政策，以使试点企业能够先试先行，进而推动全过程咨询的落地、实施和发展。同时，也有反对的声音认为为何将全过程咨询限制在有限的几个地区和企业？凡具备条件的均可以开展。

由于参与者所处行业和专项业务板块不同，站在不同角度，所关注的问题自然不同。如勘察设计单位可能比较关心建筑师负责制，认为全过程咨询的重点应是以设计为龙头并以技术型咨询为主导的工程项目管理过程；以造价咨询、招标代理单项为主要业务的企业则可能认为对全过程咨询单位不应要求过高门槛和过多资质及业绩；而为数众多的监理企业则可能强调自身具有勘察设计、造价咨询、招标代理单位所不具备的工程实施阶段丰富的现场管理、监理经验，只要向前拓展至前期咨询服务，向后延伸至项目竣工结算、决算甚至运维（运营）阶段，即可成为全过程咨询服务单位。

笔者认为：有两个概念似应区分清楚。一是哪些单位和企业可以参与全过程咨询服务？二是哪些单位和企业能成为全过程咨询服务总包和牵头单位？实际上，随着国家"放管服"等简政放权、淡化企业资质的相关政策推广和落地，应该说任何有相关资质或业绩以及专业能力的单位均可以参与全过程咨询服务。

随着政策、行业壁垒、资质限制等越来越宽松，不仅项目管理、工程勘察、工程设计、造价咨询、招标代理和工程监理企业可以参与全过程工程咨询服务，甚至房地产开发公司、施工总承包和分包单位等也均可参与。只不过凡参与了全过程咨询服务中全部或部分业务的单位一律不能再承担本项目的施工总分包和材料设备供货等业务；如项目实行工程总承包模式，则设计和施工承包单位要么选择参与本项目全过程咨询服务，要么选择参与本项目工程总承包，二者在同一项目中是互斥关系，只能择其一。至于设计单位承担了本项目全过程咨询总包工作后，还能否承接本项目的设计（尤其是施工图编制）工作，目前有争议。有些看法认为其可以做方案设计和初步设计而不能再承接施工图设计。由于此种情况在以往的工程实际案例中并不多见，有待进一步论证和研究。

第二节　各类工程建设项目组织模式和架构

要对全过程工程咨询进行深入研究，首先有必要研究建设项目的组织模式架构。由于建设单位的需求和关注重点以及投融资模式的不同，可能派生出多种组织模式。下面将以框图的形式对各种组织模式架构分别加以表示和说明。

一、传统模式架构

如图7-1所示。

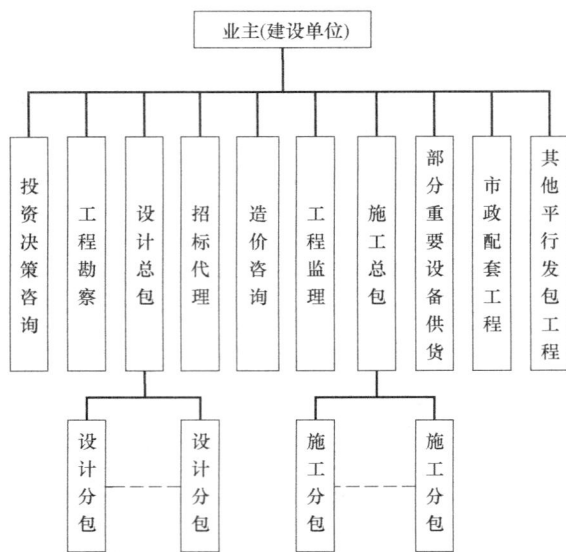

图 7-1 传统模式

二、工程总承包（EPC）模式架构

如图 7-2 所示。

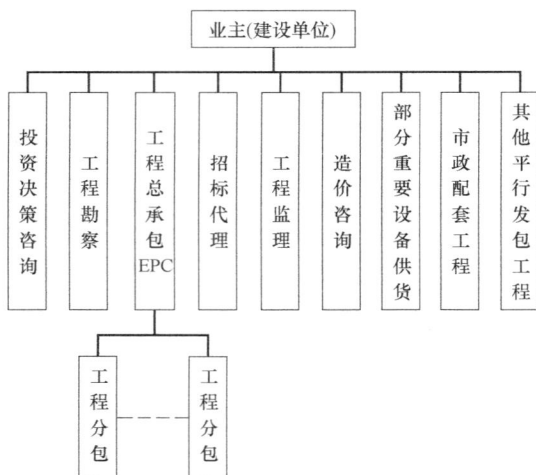

图 7-2 工程总承包（EPC）模式

三、委托全过程项目管理（PMA、PMC，代建）模式架构

全过程项目管理单位与各参建单位的关系，基本上是业主授权范围内的管理与被管理关系；业主与各参建单位签订合同，如图 7-3 所示。

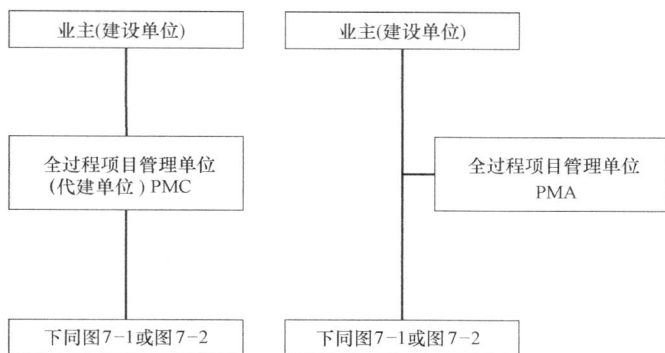

图 7-3　委托全过程项目管理（PMA、PMC，代建模式）

四、全过程工程咨询服务总包模式架构

1. 施工总承包制模式（全过程咨询招标不包括工程勘察、设计），如图 7-4 所示。

全过程咨询总包单位与其咨询分包单位签订咨询总分包合同，咨询分包包括投资决策咨询、招标代理、造价咨询、工程监理、BIM 咨询、绿色建筑咨询等，业主与其他参建单位签订合同。

2. 施工总承包模式（全过程咨询招标包括工程勘察、设计），如图 7-5 所示。

全过程咨询总包与其他咨询业务之间是联合体成员或咨询总分包关系，签订联合体协议或咨询总分包合同。其中全过程项目管理业务必须由全过程咨询总包承担，不得分包和转包。全过程咨询咨询业务包含但不限于：全过程项目管理、投资决策咨询、工程勘察、设计、造价咨询、招标代理、工程监理、BIM 咨询、绿色建筑咨询等。业主与其他参建单位签订合同。

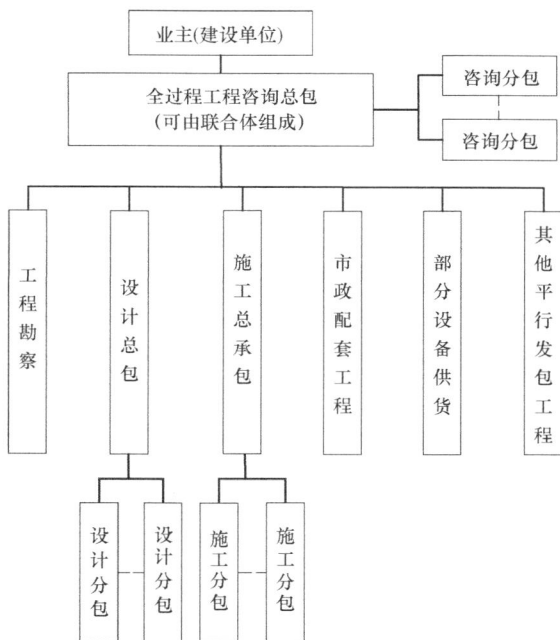

图 7-4　施工总承包制模式

3. 工程总承包（EPC）模式，如图 7-6 所示。

除全过程咨询业务不包括工程设计外，其他说明同图 7-5 所示。

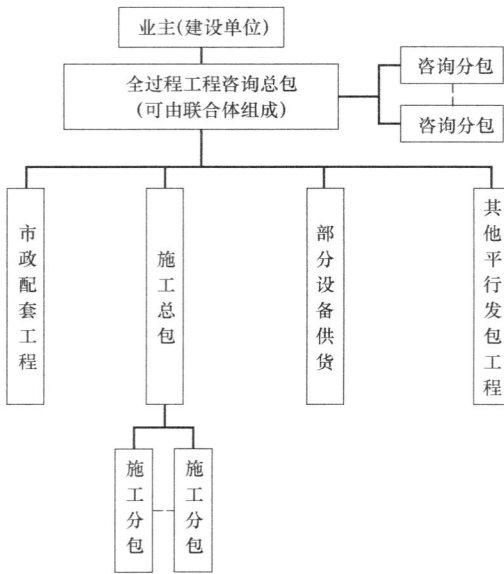

图 7-5　施工总承包模式

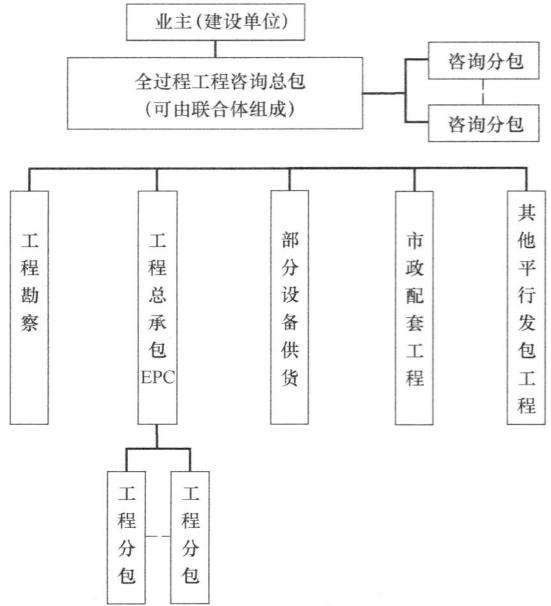

图 7-6　工程总承包（EPC）模式

第三节　全过程工程咨询组织模式和牵头单位

综上所述，全过程工程咨询的组织模式，主要取决于建设项目的投融资模式（如政府投资、PPP、国有投资、社会资本投资等）和项目的承发包模式，如采用传统的施工总承包还是工程总承包（EPC、DB 等）以及项目本身的性质（如重要性、专业性、特殊性和业主方的关注焦点）等诸多因素。由于目前全过程工程咨询尚处于推广和试点阶段，对其认识和理解因所处行业、专业和身份角色不同，很难统一，也没必要强行统一。笔者提出以下几点看法，抛砖引玉，使大家展开讨论，达到一定程度的共识。

一、全过程工程咨询属业主方项目管理范畴

前文已述，工程项目管理实际至少应区分业主方项目管理、勘察设计方项目管理、监理方项目管理、施工总承包方项目管理、施工专业分包方和材料设备供货方项目管理等，不能笼而统之，不加区分地称之为项目管理，这其中有些属于咨询服务性质，而其他则属于施工安装承包、供货等性质。比如工程设计本属于工程咨询行业，其接受业主委托为业主提供项目前期咨询、工程设计服务，则属于咨询服务无疑，但如其与施工总承包单位组成联合体（或其自身就具备相应设计、施工总承包资质）承接工程总承包（EPC、DB 等）业务，此时，该设计单位参与项目的身份已不属工程咨询服务行业，而是工程承包性质了。笔者曾参加某业主方召集的拟采用 EPC 模式的某新机场建设项目专家论证会，论证题目为项目是否有必要聘请全过程工程咨询或代建单位。一位设计专家发言，认为该项目

已采用 EPC，属于 Turnkey（交钥匙）工程，中标的设计单位一定会代表甲方管理好项目，甲方没必要再聘请咨询公司或代建管理公司。实际上，该专家可能没搞清楚，甲方拟聘请的管理咨询单位最主要的工作内容之一恰恰就是管理和协调工程总承包（EPC）单位。工程总承包的项目管理工作不属于业主方项目管理工作范畴。

二、全过程工程咨询的内容、服务范围和门槛

全过程工程咨询是对工程建设项目前期研究和决策以及工程项目实施和运营（运维）的全生命周期提供以全过程项目管理业务为核心，包含规划和设计在内的涉及组织、管理、经济和技术等各方面的工程咨询服务。全过程工程咨询可采用多种咨询方式组合，为项目决策、实施和运营持续提供局部或整体解决方案和管理服务。除全过程项目管理为核心业务外，专项咨询业务包括但不限于：投资决策研究、工程勘察、设计、工程监理、招标代理、造价咨询、BIM 咨询和绿色建筑咨询等。其中，设计、监理和造价为主要咨询业务。

其中有两个问题值得特别关注，一是所谓全过程本指项目包含运营（运维）期（含拆除）的全生命周期，但目前国内绝大多数工程项目全过程管理均不包含运营期，只有少数工业项目和 PPP 项目或可做到含运营运维期；二是全过程工程咨询既可以涵盖项目研究决策、实施和运营期的全生命周期，也可以是只包含某个或某几个阶段的几种专项咨询方式组合的咨询服务方式；既可以由一家各项咨询专业资质较齐全、咨询业绩良好且又具备较强组织管理、综合协调控制能力的工程咨询公司承担全过程咨询服务总包工作，也可以由多家咨询企业组成联合体或以咨询总分包形式承接全过程工程咨询业务。

三、全过程工程咨询服务总包和牵头单位

国务院国办〔2017〕19 号文在国内首次提出全过程工程咨询的概念，旨在打破和解决国内传统的工程项目管理零散化、碎片化问题和局面。如何打破和解决呢？19 号文提出通过并购重组、联合（合作）经营等方式，其主旨是要培育全过程工程咨询服务总包单位。由于传统体制的束缚和碎片化管理、条块分割、部门壁垒以及多头管理等弊端，造成我国大多数咨询企业资质单一、专业种类和咨询业务范围狭窄，综合型、复合型咨询管理人员匮乏；而真正咨询资质、业务种类齐全、全过程项目管理经验、业绩丰富，综合组织协调能力强的单位少之又少，可谓凤毛麟角。所以，国家才要大力提倡和鼓励具备较强实力的咨询企业做大做强，与国际接轨，走出国门，参与国际竞争和"一带一路"建设，创建若干个中国咨询行业的航母编队。

鉴于上述原因，国家倡导全过程工程咨询，并不是要大多数咨询企业均向成为全过程咨询总包单位方向发展，只有少数大型综合实力较强或通过并购重组、联合经营等方式成为大型综合企业的工程咨询企业才有必要和可能成为咨询行业的旗舰和航母，成为全过程工程咨询项目的咨询服务总包单位。

以我国已推行二十多年的施工总承包制的成功经验为例，或许更具借鉴意义。当初国家并不希望和要求所有施工企业都成为工程施工总承包单位和特级企业，而是让各企业根

据自身实际情况，发展成为施工总包或专业分包等各级各类施工安装企业。后来施工行业的发展和实际分布也证明这一设想和制度设计的正确性。全国8万多家工程施工单位，只有其中的600多家成为施工总承包特级企业。至于哪类咨询企业应成为咨询总包，现在各种论坛和研讨会很多，有说应推行建筑师负责制（民用建筑项目）；有说设计行业应成为工程咨询行业的主导；还有说工程造价控制很重要，工程项目应以造价控制为主线，造价咨询企业应成为主导企业；而众多的工程监理企业则认为，监理的施工现场管理经验最为丰富，只要将业务范围向项目前期和后期拓展延伸，则其应成为全过程工程咨询的主力军和领头羊。此外，还有全过程咨询是技术型咨询还是管理型咨询为主之争，设计单位当然成为前者的拥趸者；而以监理企业为代表的众多现场管理者则认为设计单位现场管理经验欠缺，全过程咨询应以管理型咨询为主导。总之，众说纷纭，莫衷一是。

其实，笔者前文已述，就目前状况而言，除极少数综合型工程咨询（项目管理）企业外，国内无论是设计还是造价、监理企业，大多处于业务链不齐的经营状态，要么大而不强，要么连规模和资质条件也不够，大都谈不上，更何谓强；要么某项业务突出，但其他业务生疏且综合控制、管理协调能力一般；要么现场管理能力（往往也只局限于质量和安全方面，比如大部分单纯监理业务企业）较强，但只局限于实施甚至施工阶段，而对项目前期和项目收尾、结算、决算、运维（运营）阶段则比较陌生。

因此，笔者认为，现在就断言或预言哪类企业将成为全过程工程咨询的主导为时尚早。除上述原因外，还有以下三方面原因：一是国家倡导全过程工程咨询后，若干企业通过并购重组、合作经营，经营模式和业务范围将发生较大变化，由某类型企业变成综合型咨询企业，从而不太容易将其归入某种行业或业务类型；二是项目实际情况、所属行业以及选择工程承包模式不同。如项目实行工程总承包（EPC）管理模式，设计单位成为工程总承包单位，则本项目全过程工程咨询总包任务不可能再由该设计单位承担；三是项目业主或建设单位不同，其对项目的关注点和侧重点不同，对项目全过程咨询服务和咨询总包单位的要求自然也会有所不同。如业主为政府，其对投资控制（是否超概等）、工期进度控制和安全生产、绿色环保设计、施工等很敏感，要求十分严格甚至到严苛的程度；而建设开发企业等则对工期和进度要求很严等。

综上所述，全过程工程咨询组织模式研究对于促进全过程工程咨询从理论务虚研讨向推进试点项目和其他全过程咨询项目实质性落地，具有十分重要的现实指导意义。多探讨、探索和创新，比起无休止的争论、空泛的理念炒作、一叶障目式的自我为中心以及旧瓶装新酒式、新瓶装旧酒式、简单叠加式的理解全过程工程咨询，应更具有积极的现实意义。

第四节　全过程工程咨询项目合同和组织架构

一、项目合同架构图

全过程工程咨询合同架构图，如图7-7所示。

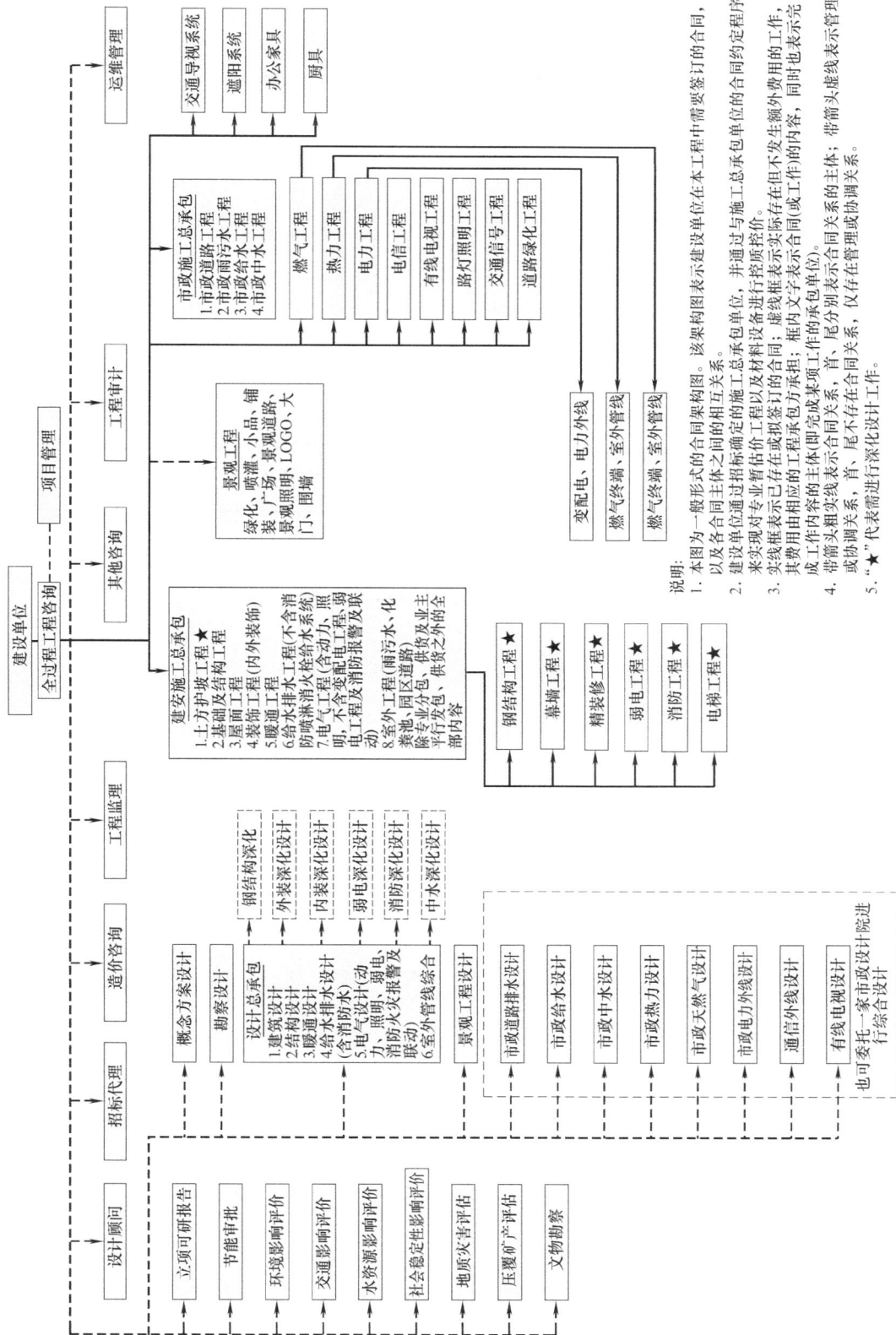

图 7-7 全过程工程咨询合同架构图

说明：

1. 本图主要为一般形式的合同架构图。该架构图表示合同主体之间的相互关系。
2. 建设单位通过招标确定的施工总承包单位以及材料设备进行定价或进行签订的合同，并通过与施工总承包单位的合同约定程序来实现对专业咨询单位本工程中需要鉴订的合同。
3. 实线框表示已存在或实际存在但不发生额外费用的工作，虚线框表示实际存在合同的内容，同也表示完成工作内容的主体（即完成或某项工作或完成工作的承担单位）。其费用由相应的工作表示合同或来项工作内容，框内文字表示完成工作内容的主体，带箭头虚线表示合同关系。
4. 带箭头相实线表示合同关系，首、尾分别表示合同关系的主体，尾不存在管理或协调关系。带箭头处虚线表示管理或协调关系，仅代表在管理或协调关系。
5. "★"代表需市政设计院进行深化设计工作。

75

二、项目组织架构

项目组织架构如图 7-8 所示。

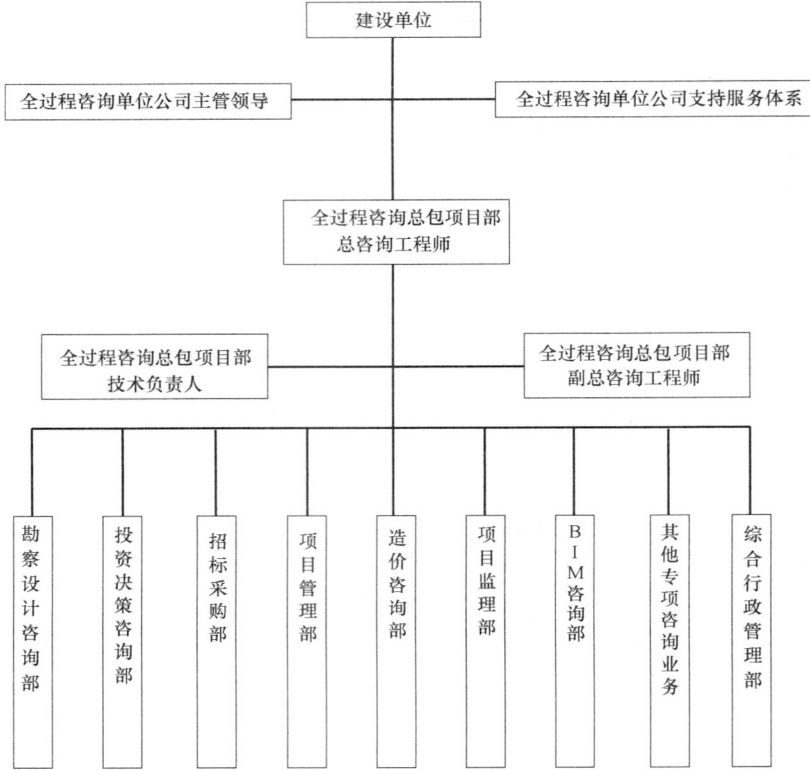

图 7-8 项目组织架构图

第八章　全过程工程咨询委托和招标模式研究

第一节　全过程工程咨询单位选择面临的问题

自从 2017 年 2 月工程咨询行业推行全过程工程咨询以来，无论是 10 省市自治区全过程工程咨询试点地区和 40 家试点企业，还是很多非试点地区的政府和企业，都纷纷积极响应国务院、国家发展改革委和住房城乡建设部号召，努力推行和开展全过程工程咨询，并落实到具体工程项目上。在实际项目操作过程中，大多数建设单位首先遇到的问题就是如何选择全过程工程咨询单位，也可以理解为选择全过程工程咨询服务总包单位。但是，全过程工程咨询单位选择在当前的政策法规环境下，实际执行过程中仍面临不少问题。

（1）选择和委托全过程工程咨询服务总包单位，不是一个简单的招标模式和方式选择问题。自 2017 年 2 月国务院办公厅发布《关于促进建筑业持续健康发展的意见》（国办发〔2017〕19 号）和同年 5 月住房城乡建设部颁发《关于开展全过程工程咨询试点工作的通知》（建市〔2017〕101 号）后，国家发展改革委、住房城乡建设部于 2019 年 3 月 15 日联合颁布《关于推进全过程工程咨询服务发展的指导意见》（发改投资规〔2019〕515 号）。但全过程工程咨询服务技术标准、合同体系、实施细则以及招标、委托模式等还未配套制订和编制完成。在这种情况下，要推进全过程工程咨询项目落地实施和进一步拓展，确实仍然面临不少困惑和困难。

（2）在缺少现成的配套政策和法规以及实施细则作为依据的条件下，只有充分领会国办发〔2017〕19 号和建市〔2017〕101 号以及发改投资规〔2019〕515 号文件精神，勇于创新、大胆探索和实践，有敢为天下先的勇气，先试先行，才有可能摸索出一条全过程工程咨询的正确道路。反之，总是乐于坐而论道，对先行者、实践者品头论足、不屑一顾，则可能永远也找不到正确的方向和道路。比如：没有成熟的全过程工程咨询服务模式和经验可以借鉴，我们可以通过研究分析与其相近的全过程项目管理和代建制（PMC）委托和选择模式，并加以改进和完善。

笔者认为：全过程工程咨询包含若干业务板块，如全过程项目管理、前期投资咨询、勘察、设计、工程监理、招标代理、造价、BIM 和绿色建筑咨询等，其中，全过程项目管理为全过程工程咨询的核心业务板块，任何上述专项业务单位，如不懂得项目管理、不具备全过程项目管理能力，则不太可能具备承担全过程工程咨询服务总包的资格和能力。换言之，目前为数众多的工程咨询行业的勘察、设计、监理和造价、招标代理等企业，除非原本就具有全过程项目管理能力，否则，首先应研究、学习和实践全过程项目管理业务，然后才可能循序渐进，逐步积累经验，具备承担全过程工程咨询服务总包和牵头单位的能力。否则，无论其在投资咨询、勘察、设计、监理和造价咨询方面能力如何强、业绩多么好，也只能证明你在全过程工程咨询全链条中的某一项或几项业务板块做得好，仍然无法证明你具备承担全过程工程咨询服务总包和牵头人的能力和资格，这个循序渐进、逐步积累的过程应无捷径可寻。

（3）只有少数既具备全过程项目管理能力、同时又具备其他专项业务资格（资质）和能力的单位和机构，才可以称得上基本具备全过程工程咨询服务总包或牵头人资格和能力。故此，国办发〔2017〕19号才会提出"鼓励投资咨询、勘察、设计、监理、招标代理、造价等企业采取联合经营、并购重组等方式发展全过程工程咨询，培育一批具有国际水平的全过程工程咨询企业"。因此，各工程咨询单位，首当其冲的是明确自身定位，明确自己在工程咨询行业全链条中的位置，找出自身优势和短板，才能取长补短，扬长避短。

第二节　"1＋1＋N"的业务组合模式

（1）采用前文已述的"1＋1＋N"（N≥0）公式，全过程工程咨询服务总包的基本轮廓和要求就被描述的比较清楚了。其中必要条件是其必须包含全过程项目管理业务，充分必要条件是除项目管理外还必须包含至少一项主要咨询业务板块（设计、监理、造价之一及以上）。

（2）上述充分必要条件也为定义和界定全过程工程咨询服务活动和项目提供了量化标准。比如：项目管理＋工程设计、项目管理＋工程监理（管监合一、管监一体化）、项目管理＋造价咨询等业务组合均可称为全过程工程咨询，以此为基础的更多业务板块组合，也就不言而喻、无须赘述了。

（3）反之，单一的咨询业务（包括项目管理），均不能称为全过程工程咨询，否则全过程工程咨询概念与项目管理就无法区分了，国务院也就没必要发文首提全过程工程咨询概念了。同理，不含项目管理的业务组合，项目管理与其他非主要业务组合，如"项目管理＋可研编制""项目管理＋招标代理""工程勘察＋设计""设计＋可研编制""设计＋监理"等组合，也不能称为全过程工程咨询，只能称为全过程工程咨询链条上的一或几个环节和业务板块组合，只有由业主自身承担项目管理，只委托其他专项业务的情况除外，但此种情况，可能又回到业主自管或碎片化管理范畴。

（4）前文已多次强调，在所有业务板块中，项目管理具有其他板块无法比拟的特殊性和重要性。首先，其受业主委托，在授权范围内行使对全部参建单位的组织、协调、指挥和控制职能，并承担相应的义务和责任。就像一个交响乐队，乐队指挥的角色是不可或缺的。其次，全过程项目管理对项目管理团队的综合素质要求很高。从纵向时间序列而言，其不但要熟悉从项目策划、立项、决策、实施、验收、移交、运维全建设周期各阶段、节点建设程序和管理业务，还要懂得横向业务板块序列中各项业务的专业知识和组织管理技能，如项目建议书、可研报告编制、前期建设手续办理、投资策划决策程序、勘察、设计协调管理、招标采购管理、合约管理、造价管理和实施期的安全、质量、信息资料、BIM、绿色环保施工管理以及验收、移交、结算、决算、后评价、固定资产移交等。所以，才会把全过程项目管理确定为全过程工程咨询的核心业务，且不能将其与其他业务板块等同视之。全过程项目管理工作性质的综合性、全局性、复杂性以及它的组织、协调和控制特点，决定了它的不可或缺性和在全过程工程咨询中的独特地位。

第三节 招标方式和服务取费

一、招标方式和门槛

目前，各地方政府对全过程工程咨询项目采用的招标和委托方式各不相同。有的省市名为全过程工程咨询招标，实则为全过程项目管理或项目管理加可研报告编制或加招标代理业务等招标；有些全过程工程咨询招标内容包含工程勘察、设计或工程监理业务，但由于勘察、设计和监理属于强制招标范围，因此，招标后又不得不另行进行设计或监理招标，否则不能办理工程规划和施工许可手续。

此外，对于全过程工程咨询服务总包的资质、人员和业绩等的要求也是五花八门。有些政府项目要求投标单位必须在住建部 40 家试点企业名录中；有些招标项目则要求企业必须有工程咨询行业双甲甚至更多甲级资质；对于项目负责人则大多要求工程技术、经济类注册执业资格或高级职称；515 号文已明确要求"工程建设全过程咨询项目负责人应当取得工程建设类注册执业资格且具有工程类、工程经济类高级职称，并具有类似工程经验"。对企业和个人业绩，则根据项目全过程工程咨询所含招标内容不同，主要要求设计、监理、项目管理和造价咨询等业绩。而对于全过程工程咨询服务的取费标准和适用合同文本，各地和不同项目也是各不相同，甚至差别很大。

笔者认为，关于全过程工程咨询招标方式，如果当地政府已出台有关全过程工程咨询的实施方案或相关配套政策法规，可依据这些政策法规，通过一次性全过程工程咨询招标，将项目管理、设计、监理和造价咨询等业务内容全部或部分涵盖，以节约招标费用和时间成本；如勘察、设计、监理等仍必须单独招标，则可以采用勘察设计招标含工程咨询或工程监理招标含工程咨询等方式进行，只不过须将监理招标时间从惯常的取得建设工程规划许可证（与施工总包招标同时）前移至设计方案阶段（取得规划意见书）甚至更早。

二、服务取费

发改投资规〔2019〕515 号文关于服务取费的指导意见

发改投资规〔2019〕515 号文"五、优化全过程工程咨询服务市场环境（二）完善全过程工程咨询服务酬金计取方式……投资者或建设单位应当根据工程项目的规模和复杂程度，咨询服务的范围、内容和期限等与咨询单位确定服务酬金。全过程工程咨询服务酬金可按各专项服务酬金叠加后再增加相应统筹管理费用计取，也可按人工成本加酬金方式计取。全过程工程咨询单位应努力提升服务能力和水平，通过为所咨询的工程建设或运行增值来体现其自身市场价值，禁止恶意低价竞争行为。鼓励投资者或建设单位根据咨询服务节约的投资额对咨询单位予以奖励"。

对于全过程工程咨询的取费标准，根据笔者对国家近几年陆续取消和放开各种咨询服务取费标准的作法和政府简政放权以及"放管服"政策的理解和推测，在发改投资规〔2019〕515 号文颁布后，政府应该不会再颁布新的全过程工程咨询具体的取费标准或价格指导意见之类。

那么，全过程咨询服务价格是否也会同传统碎片式各专项咨询服务一样，虽有取费标准或价格指导意见但却仍然只能放任市场无序竞争甚至低价恶性竞争呢？笔者倒不如此悲观。这几年国家虽然陆续放开了包括政府投资项目在内的咨询服务价格，如可研编制、设计、监理、招标代理等，但在项目建议书、可行性研究报告和初步设计概算编制和审批过程中，仍以原取费标准及价格指导意见作为编制和审批依据，只不过在招投标过程中允许在一定限度内进行价格竞争。而且国家最近已经明确发文不鼓励最低价中标，而是提倡和鼓励合理低价中标的综合评估法。

因此，笔者认为全过程咨询服务价格依据 515 号文的服务取费指导性意见，可以将初步设计概算中的相应二类费中如项目建议书、可研编制费、勘察、设计、项目建设管理费（项目管理费）、招标代理费、造价咨询费和工程监理费等，根据全过程咨询服务范围进行打包和组合，然后以此为基数按一定的组合系数或称整体服务调节系数（≤1），得出的服务价格（或费率）做为咨询总包招标的最高限价（费率），并允许投标单位在此限价（费率）以下一定幅度内良性、合理竞价。

关于全过程工程咨询服务取费，笔者有一点意见和建议，即：515 号文认为全过程咨询服务酬金可按各专项服务酬金叠加后再增加相应统筹管理费用。此项费用可以理解为有点类似施工总承包制中的总包管理费和总包配合费，只不过 515 号等文件将全过程工程咨询服务总包（全过程咨询总包）仍称为全过程咨询服务单位（只有组成联合体时才称为全过程咨询服务牵头单位），增加的统筹管理费用其实就是全过程咨询总包管理费。笔者认为：如果全过程咨询各专项业务由一家或主要由一家咨询单位承担，业主单位不但不会支付增加的统筹管理费用，相反，如将几项单项业务打包发包时还很可能会要求咨询单位进行整体打折优惠，即：将各项服务酬金叠加后乘以小于 1 的整体服务优惠系数。只有业主将单项咨询业务平行发包（或约定分包）的情况下，全过程咨询总包单位才可能收取咨询总包服务管理费。

此外，由于全过程工程咨询项目一般具有投资规模大、功能复杂、建设工期长、全过程咨询单位业务众多等特点，所以，笔者不赞成服务取费采用人工工日和人工成本加酬金的计取方式。而应该采取各专项业务服务酬金叠加的计费方式（即"1＋N"叠加计费模式，"1"为全过程项目管理，"N"为各单项业务）。因为各专项业务取费标准已实行多年，已经得到广大业主和咨询单位的广泛认可，得到市场的充分检验。

三、几种主要单项咨询业务的原取费依据

（1）工程勘察设计：《工程勘察设计收费管理规定》（计价格〔2002〕10 号）和《工

程勘察设计收费标准》（2018 年修订本）。

（2）工程监理：《建设工程监理与相关服务收费管理规定》（发改价格〔2007〕670 号）。

（3）工程造价咨询：按《关于规范工程造价咨询服务收费的通知》（中价协〔2013〕35 号）或各省市的规定计费（京价协〔2015〕011 号）。

北京市建设工程造价管理协会

京价协〔2015〕011 号

"关于调整北京市建设工程造价咨询服务参考费用及费用指数"后的解释和自律管理
根据《住房城乡建设部关于推进建筑业发展和改革的若干意见》（建市〔2014〕92 号）（简称若干意见）、《北京市工程造价咨询行业自律公约》（简称自律公约）的规定。北京市建设工程造价管理协会（简称京价协）于 2011 年发布的《关于公布北京市建设工程造价咨询参考费用及费用指数的说明》（简称参考费用及指数）至今已五年了，经过工程造价咨询市场对"参考费用及指数"的运用，参考费用获得了参与工程造价咨询各方主体的认可，有效地遏制了不合理的竞争行为。近年来北京市的物价均有上涨，特别是人工工资上涨幅度较大。因此，京价协经研究决定调整"参考费用及指数"。

一、调整参考"费用及指数"的依据

本次调整是在 2011 年参考费用及指数的基础上，根据本市工程造价咨询市场变化的情况，京价协跟踪了北京市工程造价咨询单位会员实际完成的各种类型的造价咨询服务所需要的人工费、软件使用费、办公场所费用、管理费、利润、税金等项目数据，结合北京市公布的社会平均工资，以及参考相关省市公布的工程造价咨询服务费用标准，京价协采用科学的方法综合测算后调整了"参考费用及指数"。本次测算的数据均来源于工程造价咨询单位会员。

二、调整后的"参考费用及指数"使用的解释

《北京市建设工程造价咨询参考费用》（见附件一）计算方法：

（一）采用差额定率分档累进方法计算工程造价咨询费用。

某工程建筑安装工程造价为 6000 万元，计算工程量清单编制费用如下：

200 万元×3.2‰＝0.64 万元

（500－200）×2.7‰＝0.81 万元

（2000－500）×2.4‰＝3.6 万元

（6000－2000）×2.1‰＝8.4 万元

合计费用＝0.64＋0.81＋3.6＋8.4＝13.45 万元

（二）对于小型咨询项目或专项工程造价咨询服务项目，采用上述办法不便计算的，可以参照《工程造价咨询日参考费用》（见附件二）由委托方与被委托方约定；

（三）对于工程结算审核的效益费用，建议谁受益，谁付费，费用由委托方负责将受益的第三方费用收取后与本方的费用一并支付给被委托方。

（四）通过对北京市建设工程造价资询市场的跟踪测算，对《北京市建设工程造价咨

询费用指数》（见附件三）做了相应调整，费用指数反映北京市建设工程造价咨询费用的变动及变动幅度。

三、注意事项

（一）被委托方应遵守国家法规和行业行为准则，按照《建设工程造价咨询合同（示范文本）》与委托方签订咨询服务合同，明确服务内、支付方式，并按照业务规程提供质量合格的服务；

（二）委托方应按合同约定及时向工程造价咨询企业提供开展咨询业务所必需的工作条件和资料；

（三）被委托方提交的工程造价咨询成果文件达不到合同规定工作内容、目的和要求的，应负责修改完善，委托方不另支付咨询费用；

（四）工程造价咨询合同履行过程中，由委托方或被委托方自身失误造成对方损失的，应按合同相应条款予以赔偿；

（五）涉外工程造价咨询业务，如有特殊要求的，被委托方可与委托方参照国外有关收费办法或按本次调整后"参考费用及指数"与委托方协商确定服务费用。

四、本"参考费用及指数"实行行业自律管理

住房城乡建设部下发的"若干意见"第五条二十三款规定"鼓励行业协会研究制定非政府投资工程咨询服务类收费行业参考价，抵制恶意低价、不合理低价竞争行为，维护行业发展利益"；以及京价协组织签订的"自律公约"第十条"签约企业应当按照国家或行业制定的工程造价咨询收费标准收取咨询服务费用，工程造价咨询服务费价格应当在《建设工程造价咨询合同》中约定。不得恶意压低服务费价格进行不正当竞争。不损害其他企业和咨询行业的合法权益"的规定。按照"若干意见"要求和"自律公约"规定，本次修改的"参考费用及指数"实行行业自律管理。

（一）京价协对北京市工程造价咨询服务收费市场的跟踪调研时，发现工程造价咨询服务成本随市场的变化在不断的变动。因此，京价协决定每年5月之前，各工程造价咨询单位会员应向京价协报送经测算的《北京市建设工程造价专业人员人工成本参数》（见附件四）、《北京市建设工程造价咨询企业经营管理成本参数》（见附件五），京价协将所报的数据作为跟踪市场调整"参考费用及指数"的重要依据要求数据真实可靠，并对所填报的数据负责。

（二）北京市工程造价咨询单位会员在承揽造价咨询业务时，需结合工程造价咨询服务范围及质量要求，依据"参考费用及指数"，含报价，不得低于工程项目服务成本价，不管采取任何方式收取费用，均不得低于工程项目服务成本价竞争；

（三）工程造价咨询企业非京价协单位会员的，不得使用或参考"参考费用及指数"收取工程造价咨调服务费用，且不接收所报的"人工和经营成本"数据。

（四）京价协将建立举报机制，工程造价咨询单位会员在承揽咨询业务时恶意压价、低于工程项目服务成本价竞标，扰乱工程造价咨询市场，任何单位和个人均有义务举报，京价协接到举报后将组织专家进行核实，经核实举报的事实成立、属实，按"自律公约"第四章惩戒与奖励第二十二条、第二十三条、第二十四条规定进行惩戒，并记入企业信用档案。

五、调整后的"参考费用"于2015年7月15日（包括15日）执行。

北京市建设工程造价咨询参考费用

序号	咨询项目名称	工作内容	费用基数	划分差额定率累进方法						测算时未包括的内容
				≤200万元	200~500万元	500~2000万元	2000~10000万元	10000~50000万元	≥50000万元	
1	工程概算编制	依据初步设计文件计算工程量、套用概算定额、编制工程概算	建设项目总投资	2.5‰	2‰	1.8‰	1.5‰	1.3‰	1.2‰	
2	工程量清单编制	依据施工图设计，工程量计算计算工程量，按工程量清单计价规范编制工程量清单，包括工程量清单和特征描述	建筑安装工程造价	3.2‰	2.7‰	2.4‰	2.1‰	1.9‰	1.6‰	
3	清单预算编制	依据发布的工程量清单编制清单预算	建筑安装工程造价	2.7‰	2.1‰	1.9‰	1.7‰	1.4‰	1.3‰	不含清单编制
4	定额预算编制	依据施工图设计计算工程量，套用预算定额，编制工程预算	建筑安装工程造价	4‰	3.5‰	3‰	2.5‰	2‰	1.5‰	
5.1	工程结算审查 (1)基本费用	依据发承包合同，进行工程量价调整，确定工程结算金额	建筑安装工程造价 |核增额+核减额|	4.5‰	4‰	3.5‰	3‰	2.5‰	2‰	
	(2)效益费用		|核增额+核减额|	5 至 10‰						
5.2	工程结算审查		建筑安装工程造价	8‰	7‰	6‰	5‰	4‰	3‰	
6	工程实施阶段全过程造价控制	编制工程量清单、清单预算，施工过程造价管理，进行工程结算审查	建筑安装工程造价	18‰	15‰	13‰	11‰	9.5‰	8‰	
7	工程造价纠纷鉴证	对判纷项目的工程造价以及由此纠纷而引起的经济问题，进行鉴别和判断并提供鉴定意见	鉴证标额	12.8‰	10.7‰	8.6‰	6.4‰	5.4‰	4.3‰	
8	竣工决算编制	依据工程结算成果文件和财务资料编制竣工决算	建设项目总投资	2‰	1.8‰	1.5‰	1.3‰	1.2‰	1.0‰	不含财务决算

说明：1. 工程主材和工程设备项目无论是否计入工程造价，均应计入取费基数；

2. 工程结算审查项目由5.1、5.2两种计费方式，由甲乙双方自行选择。其中5.1的计费方式按(1)+(2)计算，效益费用应由受益人支付；

3. 工程实施阶段全过程造价控制，不包括中标价的审核。图纸改版致版重新计量等工作，发生时由甲乙双方协商确定；其他咨询项目若发生此类情况，参照执行；

4. 单独委托的装饰工程、安装工程和修缮工程应在上述费用的基础上乘以1.2的系数；

5. 工程概算、工程量清单、清单预算、定额预算、竣工决算，按钢筋重量以14~16元/吨，另计费用；

6. 每单咨询合同按上述费用不足3000元时，按3000~3500元计取费用；

7. 凡要求分计计量的，按咨询工作的前期工作量，另计费用；

8. 建设项目前期咨询工作，包括建设项目建议书或者可行性研究报告、编制和评估项目建议书专题研究、限额设计、优化设计等，咨询费用由甲乙双方协商确定；

9. 工程设计阶段的前期咨询费用，根据咨询内容和工作量，咨询费用由甲乙双方协商确定；

10. 此表格费率上下浮动幅度为20%。

工程造价咨询日参考费用

序号	项目名称	金额(元/工日)
1	有高级职称或注册造价工程师的咨询人员	2000～3000
2	有中级职称和工程造价员的咨询人员	1280～1920
3	造价员	800～1200
4	其他人员	640～960

（4）可行性研究报告编制：《建设项目前期工作咨询收费暂行规定》（计价格〔1999〕1283号）（表8-1）。

按建设项目估算投资额分档收费标准　　　　　　　　　　　表8-1

咨询评估项目 ＼ 估算投资额	3000万元～1亿元	1亿元～5亿元	5亿元～10亿元	10亿元～50亿元	50亿元以上
一、编制项目建议书	6～14	14～37	37～55	55～100	100～125
二、编制可行性研究报告	12～28	28～75	75～100	110～200	200～250
三、评估项目建议书	4～8	8～12	12～15	15～17	17～20
四、评估可行性研究报告	5～10	10～15	15～20	20～25	25～35

（5）工程概算编制（表8-2）。

工程概算编制　　　　　　　　　　　　表8-2

咨询项目名称	收费基数	≤500万元	500～5000万元	5000～10000万元	10000～50000万元	≥50000万元	备注
工程概算编制	建设项目总投资	2.5‰	2.2‰	2‰	1.8‰	1.5‰	

（6）项目建设管理费：《基本建设项目建设成本规定》（财建〔2016〕504号）（表8-3）。

项目建设管理费总额控制数费率表　　　　　　　　　　表8-3

工程总概算（单位：万元）	费率(%)	算例	
		工程总概算	项目建设管理费
1000以下	2	1000	1000×2%＝20
1001～5000	1.5	5000	20＋(5000－1000)×1.5%＝80
5001～10000	1.2	10000	80＋(10000－5000)×1.2%＝140
10001～50000	1	50000	140＋(50000－10000)×1%＝540
50001～100000	0.8	100000	540＋(100000－50000)×0.8%＝940
100000以上	0.4	200000	940＋(200000－100000)×0.4%＝1340

（7）招标代理：《招标代理服务收费管理暂行办法》（计价格〔2002〕1980号）（表8-4）。

中标金额(万元)	货物招标	服务招标	工程招标
100 以下	1.5%	1.5%	1.0%
100~500	1.1%	0.8%	0.7%
500~1000	0.8%	0.45%	0.55%
1000~5000	0.5%	0.25%	0.35%
5000~10000	0.25%	0.1%	0.2%
10000~100000	0.05%	0.05%	0.05%
100000 以上	0.01%	0.01%	0.01%

第四节　招标文件和合同文本重要条款

关于全过程工程咨询服务标准合同或称合同范本问题，笔者认为，近期内其技术标准和合同范本、合同体系不会很快颁布出台。因此，应放弃"等靠要"的思想，大胆研究、创新和尝试。既然全过程工程咨询的概念是在全过程项目管理的概念基础上加以扩展和延伸而成，那么，全过程工程咨询的服务合同可否借鉴全过程项目管理服务合同，并将咨询服务总包的职责、管理范围以及对咨询分包的管理权限、连带责任等内容和条款以及自身承担的专项业务板块内容在合同中加以补充和完善，即可形成全过程工程咨询服务总包合同的主要内容。

对于全过程工程咨询总包的委托和管理模式，笔者认为可借鉴和参照施工总承包单位的选择和管理模式，全过程咨询服务总包单位对项目全部工程咨询业务进行承包式管理，包括但不限于与业主共同作为招标人或受业主委托作为单独招标人选择各咨询服务分包，对中标咨询分包承担连带责任。对于招标文件和合同中约定的在咨询总包资质范围内并由其自行完成的咨询业务，如招标代理、造价咨询和工程监理等业务，由于其专业性较强，可将原单独招标时的合同专用条款部分内容经修改后作为全过程工程咨询服务总包合同附件或专项约定条件归入。

此外，业主还可参照施工总承包招标和合同文件中关于施工总承包单位不得将主体结构等工程主要内容进行分包的规定，规定咨询服务总包单位不得将全过程工程咨询业务中的项目管理及其他一项或几项主要业务（工程设计、工程监理和全过程造价咨询）进行分包或转委托，否则视为违约。

对于全过程工程咨询服务总包招标中对企业资质、项目负责人资格以及对企业和个人各咨询业务板块业绩等方面的要求及打分权重分配，则应根据 515 号文的要求和项目性质、特点、委托范围和阶段、业主关注焦点等多因素综合考量后确定。

近期以来，广西、陕西、湖南、江苏、浙江和广东等省和自治区陆续出台了全过程工程咨询服务招标文件、服务导则和合同示范文本等。其中合同示范文本主要有两种作法：一种是将所有单项业务集成到一个合同文本中加以描述；另一种是虽然将各单项业务在一个合同中描述，但只包括项目概况、合同协议书、通用条款部分；而各单项业务的技术、专业要求等以专业技术条件、专用条款和合同附件形式分别进行专项描述。笔者认为后一种作法比较好。首先，其可借鉴原各单项合同示范文本的条款和内容，能将该项工作内容描述的更专业更清楚；其次，由于全过程工程咨询招标和委托内容，不同地区、不同项目很可能是不同的，采用分项以技术、专业条件、附件方式，进退自如、增项减项都很方便，也便于随时查阅合同各单项业务的具体内容和条款。而第一种方式的缺点在于，想把八、九项单项业务描述清楚且专业，不太容易做到，且不便于查阅检索。

第五节　全过程工程咨询主要招标委托模式

一、几种主要招标委托模式

（1）由一家具有综合能力的咨询单位承担项目全部咨询工作；

（2）由两家及以上咨询单位组成联合体承担项目全部咨询工作；

（3）由一家咨询单位承担其资质和能力范围内的项目咨询工作，其不具备资质和能力的其他单项咨询业务按合同约定由其分包或转委托；

（4）工程勘察、设计业务不与其他全过程工程咨询业务一起打包招标、委托，而是平行发包、另行委托。但将其列入全过程工程咨询中标单位（全过程咨询总包）的协调管理范围；

（5）对单项咨询业务，业主可视项目具体情况，既可以允许投标人采用联合体、咨询分包（转委托）方式，也可以由业主采用平行发包方式，另行发包和委托。

二、几种招标委托模式的优缺点

（1）由一家咨询单位承担项目全部咨询工作，优点是工作业务界面少，业主管理工作量小，所有咨询工作均在一家咨询单位内部范围便可完成，真正是"变外部协调为内部管理"，管理力度大，效率高。

但是，一般全过程工程咨询业务包括但不限于：全过程项目管理、投资决策咨询，工程勘察、设计、招标代理、造价咨询、工程监理和 BIM 咨询等。能同时具备如此多项资质和能力（对于大型项目，还要求为甲级甚至综合甲级资质）的咨询企业很少。即使同时有这么多资质，一般也不可能其咨询业务能力在行业内都是最强和较强的。所以，全过程工程咨询单位的业主或建设单位一般不会把所有咨询业务均委托给一家咨询单位承担。通常会将中标单位最擅长的一项或几项核心、主要业务交给其完成，而其他单项咨询业务则会本着优中选优、强强联手、优势互补的原则，要求其以联合体或约定咨询分包、转委托等方式选择优秀的专项咨询业务单位。

所以，除非业主只选择少数几项单项咨询业务作为全过程咨询招标范围，其他咨询业务则列入平行发包范围，否则，由一家咨询单位承担项目全部咨询业务的可能性在实际全过程咨询招标中出现的概率比较小。

（2）笔者认为：全过程咨询招标委托模式可能主要有两种：

第一种是包含工程勘察、设计在内的允许联合体投标的招标模式。这种模式一般可允许两家（大型、复杂项目可允许两家及以上）组成联合体，且同时允许在甲乙方事先约定的条件下，可转委托或分包。对于一些重要、特殊和业主认为有必要的专项咨询业务，业主可平行发包。正如施工总承包所走过的历程一样，全过程工程咨询总包发包也将经历业主指定分包、独立发包，到平行发包、约定分包，最后全部交由全过程咨询总包进行转委托和分包的过程。

第二种是不包含工程勘察和设计的全过程咨询招标。其中既可能是工程采用工程总承包（EPC）模式，工程设计本已不在全过程咨询服务范围，也可能就是将工程勘察和设计以业主平行发包的方式选择和确定。其他如联合体、转委托和分包、平行发包等同第一种。

第九章 全过程工程咨询之工程监理

第一节 工程监理制度的由来

中国的改革开放始自 1978 年底的十一届三中全会，而中国的工程监理制度始自十年后的 1988 年。当时的实际状况是，国家刚开始由计划经济向市场经济迈进，两种模式还在不断博弈、反复争论之中。应该说计划经济还处于强势和主导地位，建设生产模式也还同样处在计划经济体制边缘。固定资产投资由原国家计委统一计划并拨款建设，采用行政式直线管理，上级下达施工任务，按需调拨施工材料，工程费用实报实销，"投资大，工期长，见效慢"是当时建设项目的真实写照。而与此同时，国际建设市场已经过上百年的发展，从业主方自管模式中分化出专门从事工程项目的专业公司，受托或受雇于业主，以项目为对象，通过对工程建设项目实施全过程的策划、管理、控制和组织协调，使项目目标得以实现。这种"项目管理"方式相较于我国的"行政管理"方式，生产效率和投资效益可谓是天壤之别。

随着改革开放和对外交流的不断深化和发展，经过"走出去，请进来"的考察和研究，当时的建设部决定改革工程管理体制，推行国际通用的"工程建设项目管理"，并于 1988 年 7 月 25 日颁布《关于开展建设监理工作的通知》（建设部（88）建建字第 142 号）和 1988 年 11 月 28 日印发《关于开展建设监理试点工作的若干意见》。《通知》明确"参照国际惯例，建立具有中国特色的建设监督制度，以提高投资效益和建设水平，确保国家建设计划和工程合同的实施，逐步建立起建设领域社会主义商品经济的新秩序"。工程监理的内容，可以是全过程的，也可以是勘察、设计、施工、设备制造等的某个阶段；《若干意见》确定北京、上海、天津、南京、宁波、沈阳、哈尔滨、深圳八市和能源、交通两部的水电和公路系统作为全国开展建设监理工作的试点地区和部门。

看到 1988 年颁布和印发的关于建设监理的《通知》和《若干意见》两个文件，使笔者马上联想到 2017 年关于全过程工程咨询的两个文件：《关于促进建筑业持续健康发展的意见》（国办发〔2017〕19 号）和《关于开展全过程工程咨询试点工作的通知》（建市〔2017〕101 号）。两相对照：一个是关于推行建设监理制度的，一个是推行全过程工程咨询服务的；两个均以《通知》和《意见》的形式颁发，只不过 1988 年时颁发部门为建设部，而 2017 年已提升到国务院办公厅和住房城乡建设部先后发文；同样是有关推进和改革工程建设管理模式的，但两者已相距近 30 年。历史总是似曾相识，甚至惊人的相似。但愿全过程工程咨询的命运和发展虽不会一帆风顺，却也别像工程建设监理一样命运多舛。

1988年关于建设监理的两个文件颁发后，"监理"这个带有中国特色的名词就在中国诞生了。其字面意思是"监督管理"（Supervision and management），但其被引进和推行的本意和初衷却应是"工程项目管理"（Project management）。望文生义，"监理"这个词很容易让人认为它是代表政府和业主对工程项目进行监督和管理，是政府质量监督部门和机构职能的延伸和细化。笔者20世纪90年代在北京从事工程项目管理时，北京建设行政主管部门就曾规定，委托了监理的工程项目的政府质量监督收费标准是未委托监理项目的三分之一，旨在鼓励项目业主积极委托监理。这从另一个侧面说明当时监理确实是政府对项目监督管理职能的一部分或延伸，当时称之为政府质监部门宏观控制，而监理是中微观控制。

"监理"这个词让人很难理解为是从项目策划、决策、设计到施工和运维各阶段的全过程管理，相反倒是特别容易理解为项目实施阶段的监督管理。不知是当时翻译和定义不准、不慎（也有可能先有中文"监理"后译为英文），还是引入国内后被国内现实和实际需求带动而偏离了原本设计的轨道？还是恰好验证了"存在的就是合理的"，公有制、国有体制为主的中国工程管理行业就需要这样的监理制度，其是应运而生？

监理行业30年的发展轨迹，恰恰证明和见证了"监理"定义"误导"中国工程管理行业所造成的影响甚至危害。首先是监理工作范围和内容被局限在施工阶段，按照国家发改委和住建部2007年670号的说法，其他阶段的监理工作不叫工程监理而称为相关服务。一度曾推行过的设计阶段监理服务，称之为设计监理，也因各种原因或被归入相关服务而消亡。其次是即便监理被定义为实施（施工）阶段的监督管理，即所谓的"三控两管一协调"（投资控制、质量控制、进度控制和合同管理、信息管理以及施工现场全面组织协调），被社会和业主方认可的似乎只有质量控制，其他方面做不到的主要原因是业主不放权和监理取费问题以及监理公司人员配置和管理问题。

监理制度从1988年试点起步，于1992年在全国范围内推行，到1996年起开始了全面发展。1997年《中华人民共和国建筑法》以法律制度的形式做出规定，"国家推行建筑工程监理制度"，从法律上明确了监理制度的法律地位。随后，2000年《建设工程质量管理条例》做出规定，5大类工程必须实行监理。自此，"强制监理"正式执行。

第二节　工程监理的发展和现状

"不忘初心，牢记使命"这句话，对于监理行业来说似乎有深远意义，走得太远就容易忘记来时路，忘记初心。我们的初心是实行"项目管理"，作为一种管理方法和模式，是否必须通过强制制度推行？"理想很丰满，现实很骨感""强扭的瓜不甜"。既然政府强制要求委托监理，建设单位也就只能听命，但由于很多业主并非心有所愿，所以委托全过程项目管理的极少，即便施工期的项目管理（三控两管一协调）也做不到，只好委派监理承担现场管理施工单位，尤其是质量管控任务。

而此时正处于建设项目激增，大量从未受过建筑业基本技能知识训练的农民工涌进建筑工地做工，导致工程质量、安全事故频发，政府建设行政主管部门和安全质量监督部门为了缓解自身的巨大压力，便顺势把施工质量、安全的监督管理责任推给了监理，并于2002年推出，至今仍在试行饱受诟病的监理"旁站"制度，使监理由项目管理彻底沦为有责无权的"监工"，甚至成为替施工单位担责的"质检员"和"安全员"，成为建设工程质量安全责任事故的"替罪羊"和"背锅侠"。

工程监理，名义是"三控两管一协调"，是项目实施乃至全过程的管理者，实际上只是执行施工阶段现场的质量、安全监管；名义上是接受业主委托，按监理合同做监理，实际上还得直接听从政府质量安全监督部门的指令；名义上是按委托监理合同行使权利、承担责任，实际上还得承担政府强加的、超过合同范围的社会责任。正所谓"一仆二主"，左右为难，不知所措。业主、政府两头都不能得罪，谁也惹不起。

此外，因为不少项目的业主方并非出于主动意愿委托监理，致使监理招投标过程中低价中标、阴阳合同盛行，监理薪资比其他咨询行业、施工单位低很多。工资低而责任大，致使优秀人才纷纷逃离，而较为优秀的后继人才又不愿意进入监理行业，监理行业从业人员的整体素质逐年下滑，广受业内和社会诟病。在业主眼里，监理只能管一管质量和安全，其他方面根本指望不上；在施工单位眼里，业务、技术不精，还存在"吃拿卡要"；在政府部门眼里就是安全质量责任的"替罪羊、背锅侠"；在社会上看来，监理可有可无，既把不住安全质量关，甚至屁股还坐在施工方一边，与其串通损害甲方利益；在监理自身眼里，却是"有苦难言""监理是只筐，啥责任都往里装"。真有点"墙倒众人推、破鼓万人捶"的架势。

其实，平心而论，广大的监理从业者30年来为国家的工程建设行业做出了巨大的贡献，付出了辛勤的劳动和汗水，监理行业走到今天非改革不可的地步，责任不在他们，他们当中很多人投身监理行业前都曾经是所在行业，如科研、设计、施工单位的精英和翘楚。当年响应政府号召，投身监理行业，也是一腔热血、满腔热情，并将自己的青春岁月奉献给了中国的监理事业。由于制度设计、机制和体制等错综复杂的因素，才使监理走到今天有些尴尬的地步。

此外，由于我们身处监理行业内部，对自家的缺点和难处比别人看得更清。但是，"不识庐山真面目，只缘身在此山中"，身在其中，也并不一定能够客观、准确的评价和认识自己。中国还有句老话"家家有本难念的经"，其实业主、设计、造价和施工单位也有自身的难处和短板，甚至困境，只是我们只顾关注自身了，没有置身其中的感触而已。"距离产生美""别人家的日子好过"就是这个道理。

第三节　工程监理的出路

当全过程工程咨询一路高歌猛进，建设行业人士言必谈工程总承包（EPC）和全过程工程咨询，不谈都不好意思跟同行打招呼之时，受冲击最大、受伤最严重之一的恐怕有同样具有工程咨询性质的工程监理。加之最近上海、北京等地先后"取消强制监理"的消息，更使得唱衰工程监理之声又一度甚嚣尘上。

与项目法人负责制、项目招投标制、合同管理制一起并称我国工程建设管理"四制"的工程监理制度，是我国在改革开放后建设行业率先改革创新、与国际接轨过程中建立起来的工程管理强制制度。截至2019年，国家实施工程监理制度已达31年之久。

三十多年来，工程监理从无到有、从小到大，一路艰苦跋涉，时至今日，却从国家最初倡导的工程咨询之全过程或阶段性项目管理，逐渐退化、沦落为"现场监工型劳务监理"。不仅在职能上囿于旁站监理、安全监理等单一职能监理，在实际操作中也多局限于质量控制，实际上却失去了进度、投资控制和合同、信息管理以及对施工现场全面组织协调工作的权限或只流于形式，成为程序或流程上的"名义监理"，而非实际上进行控制和管理的真正监理。工程监理在北京、上海、广州、深圳和若干一线城市、沿海发达地区地位和作用尚可，在很多其他地区和省市则多沦为其主要工作就是履行规定的建设程序和签署文件，成为名副其实的"签字监理"。

2014年，深圳率先开展了非强制监理改革试点，后又逐渐将试点范围由社会工程扩大至政府项目。随后天津、山东、湖南等地也相继加入非强制监理的试点行列。2018年3月和4月，以改善营商环境为名义，上海和北京也相继取消了中小型项目的强制监理，加之全过程工程咨询和工程总承包的宣贯和推广落地，更令监理行业感到风声鹤唳、草木皆兵，不寒而栗。

面对如此严峻的形势，不禁让人发问：监理行业还有存在的必要吗？工程监理的出路在哪里？

笔者认为答案是肯定的，不必如此悲观。相反，结论是前途光明，道路曲折。这个结论不仅对监理行业适用，同样适用于勘察、设计、投资咨询、造价咨询和招标代理等行业和专项业务，因为"家家都有一本难念的经"，上述其他行业均存在创新经营管理模式，甚至并购重组等开拓生存和发展空间问题。关于工程监理的生存和发展出路，笔者提出如下思路：

一、大型监理企业走发展全过程工程咨询之路

首先需说明一点，所谓走全过程工程咨询之路，是指做项目全过程工程咨询服务的牵头单位，或称全过程工程咨询服务总包单位，而非只是参与全过程工程咨询某项专项业务。2017年7月，住房城乡建设部发布《关于促进工程监理行业转型升级创新发展的意见》（建市〔2017〕145号），鼓励大型（而非所有）监理企业发展全过程工程咨询，并提出积极开展培育全过程工程咨询服务试点工作。而此前的2017年5月2日，住房城乡建设部已发布《关于开展全过程咨询试点工作的通知》。

工程监理如何转型全过程工程咨询呢？笔者认为有几点思路和切入点：

1. 监理单位在发展全过程工程咨询中具有天然优势。因为施工阶段在整个项目建设全过程中是工作周期最长、资源投入量最大的阶段，一般占到全部建设周期的起码70%

以上。而贯穿于施工全阶段的工程监理，除全过程项目管理外，相较于工程勘察、设计、造价咨询和招标代理等业务，不仅能够参与工程建设全周期的更长过程，而且具备施工阶段全天候现场项目管理能力和经验。

2. 工程监理的职能向"两头"延伸有据可依。2007 年国家发展改革委和住房城乡建设部制定《建设工程监理与相关服务收费管理规定》（发改价格〔2007〕670 号）和 2014 年 3 月起实施的《建设工程监理规范》（GB 50319—2013）均明确规定，建设单位可将投资咨询、勘察、设计、造价、保修阶段等相关服务一并委托给工程监理单位。这在某种意义上可以理解为就是全过程工程咨询的雏形和伏笔。

3. 住房城乡建设部《关于开展全过程工程咨询试点工作的通知》中确定的 40 家全过程工程咨询试点企业中，共有 2 家勘察类企业、22 家设计类企业和 16 家监理类企业。其中 22 家设计企业除参与建筑师负责制试点项目外，鲜有以全过程工程咨询服务总承包身份参与全过程咨询试点项目的。大多数设计单位参与工程总承包（EPC、DB）的热情很高，而对全过程工程咨询，大都持观望态度。而 16 家监理试点企业则不同，这批率先参加试点的监理企业，在开始试点的一年多时间里均已向住建部上报了试点项目。目前经住房城乡建设部批准确定的试点项目共计 67 个，其中不乏投资和建设规模巨大的大型公共建筑项目。部分项目已进入实施期并开工建设，使得全过程工程咨询模式首先在试点地区和监理试点企业的建设项目上成功落地、开花结果。

4. 工程监理向纵横扩展和延伸。对于监理企业而言，发展全过程工程咨询不仅意味着咨询服务内容和时间的纵向延伸，即向前延伸至投资策划、决策、勘察、设计和招标采购等的建设前期阶段，向后延伸至工程保修、结算、决算、培训、运维、运营甚至拆除等全生命周期；而且也还已经意味着监理的咨询服务类型向横向扩展，因为不仅跨越了阶段，而且也超越了监理业务的本身，故称之为工程监理的纵横扩展和延伸。同时这种延伸、扩展和跨越，更深层次可能还意味着监理行业的合作、联合经营以及并购重组等的组织架构整体重塑。届时，我们可能无法简单地称某个企业为某某监理公司，因为其不但可以承担监理业务，还可以承担全过程项目管理、前期投资咨询、勘察设计、造价咨询和招标采购等专项业务。那时，监理公司就真正成了与国际接轨的工程咨询或顾问公司了。

5. 正确的市场定位和人才升级战略是转型成功的关键。从单一性的施工监理到综合性、集成化的全过程工程咨询，绝非一日之功，也绝不可能毕其功于一役、一蹴而就。由于全过程项目管理是最接近于全过程工程咨询的工程建设项目管理方式和模式，也是全过程工程咨询的基本方法和基础，任何想绕过全过程项目管理而试图走捷径开展全过程工程咨询的想法和作法，注定是逃避现实、一厢情愿的幼稚幻想，也必然是行不通、注定要失败的错误作法。这也是工程咨询行业前段时间一直为全过程工程咨询"1＋N"模式中的"1"而争论不休的原因。好在现在基本已尘埃落定，大家比较一致认为"1"一定是全过程项目管理，这也说明"真理越辩越明"，全过程项目管理在全过程工程咨询中具有不可动摇的核心地位。

目前有一种观点，对全过程项目管理在全过程工程咨询中的核心地位产生怀疑或干脆不予认可，认为在业主团队管理业务熟练、管理力量强大的情况下，项目管理不再具有核心地位。笔者认为：如果业主方有自己的管理团队且不再委托项目管理，则可由业主方承担起全过程项目管理的职责，管理投资咨询、勘察设计、造价咨询、工程招标采购、工程监理等专项咨询业务以及施工和项目其他各项工作，而此项目已不再是委托全过程项目管理或全过程工程咨询项目，不在本书讨论的重点和主要内容范围之内，因为本书的主题是研究全过程工程咨询。况且只有房地产开发企业等少数单位具备项目自管能力。所谓全过程工程咨询的定义必须是业主方将全过程项目管理和上述各专项业务一起委托专业的咨询公司来做，这才是所谓的"1＋N"模式。全过程项目管理不管是业主委托给专业公司做，还是自己亲自做，其均在项目的管理和咨询业务中具有核心地位。

6. 有了正确的市场定位，才能找到自身发展的优势和短板。大型监理企业才能以施工阶段监理为基础和起点，在此基础上全力学习和实践全过程项目管理，逐步发展特色专业服务，并可通过联合经营、合作、并购重组等方式实现较快转型，在监理和咨询市场走出属于自己的道路。

7. 全过程工程咨询包括工程专业技术和工程项目管理两大咨询模块，即我们通常说的技术咨询和管理咨询，其如鸟之双翼，车之两轮，不可偏废。两模块所需要的技术、管理和人才本身都体现出综合化、系统化特征，而全过程工程咨询又要求咨询企业提供标准化、统一化和流程化的综合服务。因此，监理企业一方面应升级专业技术服务标准，如打造基于建造全过程的BIM、绿色建筑等技术应用管理的全过程工程咨询服务体系，引入工程保险助力工程咨询等；另一方面则应主动招募和引进具有较高职业素养、具备跨领域、跨专业知识结构的复合型人才；让人才和专业技术、综合管理发挥最大的作用，为全过程工程咨询服务保驾护航，成为咨询业发展壮大的核心竞争力。

二、其他监理企业的发展之路

由国务院办公厅〔2017〕19号文指引下的咨询行业发展规划，直接给出了监理行业必然要走建设项目全过程管理之路，亦即在现有监理咨询服务基础之上，拓展监理服务范围，多元化的监理咨询服务必然成为今后监理行业的发展趋势。监理企业不应仅仅局限于施工阶段的监理服务，而应扩展到从项目立项开始直到竣工交付使用的全建设周期，少数项目甚至到包括运维（运营）阶段的项目全生命周期。

但是，可以肯定的是，受传统建设行业和工程咨询行业的条块管理、部门壁垒以及企业自身条件的限制，监理企业必须经过一段甚至较长时期的整合和自我完善，才能成为不同层次上的多元化咨询企业。在接下来的行业整合中不是所有的监理企业都需要和能够发展成为全面型的咨询服务企业，即全过程工程咨询服务总包单位。与施工行业具有特级资质的施工总承包单位是极少数同样道理，监理行业按其发展规律必然也只有极少数行业领头羊、大型企业才能成为全过程工程咨询总包单位（或称总负责单位、牵头单位）；而大部分监理企业还是以常规的监理业务模式生存和发展。但是这些企业如果没有创新、特色和做专做精，所谓"千招会不如一招灵"，则只能参加同质化竞争，生存和发展的空间会越来越小，甚至有些企业在新一轮的行业变革过程中存在被淘汰出局的风险。中小型和专业、行业型监理企业如何转型发展呢？笔者认为应做到如下几点：

1. 充分认识和利用监理行业的特色和特点。首先是监理与勘察和设计行业一样，承担工程建设过程中的法律主体责任。在工程建设项目五方责任主体中，除了建设单位、施工总承包单位，就是勘察单位、施工图设计单位和工程监理单位；而其他咨询单位如投资咨询、造价咨询、招标代理、BIM 咨询、绿建咨询等单位则均不具备这样的法律主体责任地位。

2. 自从 1998 年 3 月 1 日《中华人民共和国建筑法》颁布，确立建设工程监理制度的法律地位并相应出台了行业规范标准。有了法律的保障，工程监理可以按政府和社会需求被增减其法律责任和义务之外的职责，但却不能随意取消其法律职责。此轮国家清理整顿行业资质过程中并没有涉及工程监理资质，说明其所承担的法律责任是目前政府和社会需求所必不可少的。正是由于法律赋予工程监理企业承担的特殊职责，使得监理企业在一定程度上赢得了转型升级的宝贵时间和空间，为下一步的发展奠定了基础。

此外，虽然《中华人民共和国建筑法》中未明确规定工程监理须承担施工现场安全生产管理责任，但 2004 年 2 月 1 日实施的《建设工程安全生产管理条例》却规定了工程监理企业的安全生产管理责任。除建设过程中的安全生产需要监理作为政府延伸职能加以管控外，社会发展过程中出现新的社会需求，如施工现场绿色环保施工、大气污染源（扬尘、PM2.5 等）管理和控制，甚至施工人员生活区域的卫生和安全监管、农民工工资发放等，凡涉及可能发生社会群体事件的隐患管理，均作为施工过程监理服务的法律职责之外的社会职责加以实施和强化。

3. 监理行业戏称上述情况为："监理是个筐，啥都往里装"。但凡事有一弊，必有一利。正是由于监理企业承担了其法律职责之外众多的社会职责，尤其是安全生产的监管职责，有时甚至充当"背锅侠"的角色，才使得政府、行业和社会虽对工程监理行业多有诟病，但短时间内离不开监理，工程监理资质也不会被取消。

4. 工程监理行业和企业应充分利用和抓紧目前工程监理具有法律职责和社会职责这一独特的优势和宝贵时机，锐意进取和改革，早日完成转型升级和创新发展。

5. 今后相当长一段时期内，监理行业将像其他咨询行业和业务一样，一直处于不断创新而又不断变化的状态之中。围绕监理的"三控两管一协调一履行"和建设项目的"六统一"（投资、工期、质量、安全、绿色环保和使用功能的协调统一），进行多元化、差别化的监理咨询服务。整合自有业务，使自有业务不断细分成具备精细化的专业和管理水平。拓展和开创新的业务，拓宽生存和发展空间，避免低水平、同质化、低价竞争。

综上，当监理行业面临产业断层阵痛之时，也是求变蜕化之日。危机之中有危险也有机遇，但机遇是留给有准备的人的。监理行业只要审时度势，大胆创新和进取，就会迎来光明的前程。

第十章 全过程工程咨询面临的问题

自从 2017 年 2 月国务院国办 19 号文颁布，首次提出全过程工程咨询概念至今已有两年多时间，住房城乡建设部为响应国务院 19 号文而颁布的《住房城乡建设部关于开展全过程工程咨询试点工作的通知》（建市〔2017〕101 号）规定的两年试点时间（2017 年 5 月 2 日－2019 年 5 月 1 日）也已到期。

2019 年 3 月 15 日，国家发展改革委、住房城乡建设部联合颁布《关于推进全过程工程咨询服务发展的指导意见》（发改投资规〔2019〕515 号）。

各地试点地区政府和企业、行业协会为响应国务院、国家发展改革委和住房城乡建设部推进和落实全过程工程咨询的号召，迅速行动起来，加强宣传培训、制订试点工作方案、完善各项管理制度、推进全过程咨询项目落地。不少省份还积极制订全过程咨询服务导则、招标文件和合同示范文本等，并进一步选择本试点省份内符合条件的咨询企业，作为本省推行全过程工程咨询的试点企业，做了大量推广、落实工作。

一些非试点省份也积极响应国家号召，推行全过程工程咨询在本地区落地，并积极选择本地企业做为全过程咨询试点单位，先试先行，不等靠要，积极大胆创新实践，为下一步全过程咨询的全面铺开、发展积累经验教训。据不完全统计，截至 2019 年 3 月，全国已有 970 家全过程工程咨询试点单位。

目前，除住房城乡建设部 40 家试点企业上报的 67 个全过程工程咨询试点项目外，随着全过程咨询不断推广和落实并向纵深发展，又有一批全过程咨询项目落地并开始实施，其中不乏大型和超大型的公建项目。

随着试点地区、试点企业和试点项目数量的不断增加、试点工作的不断深入开展，各种矛盾和问题也不可避免的相伴而来。笔者根据自身参与全过程咨询项目的经历，并收集了一些试点地区、企业和项目的问题和困惑，对其共性部分加以整理和梳理，以期找到解决的办法和途径。

第一节 官方定义问题

国家迄今为止尚未给出一个全过程工程咨询的官方准确定义，笔者认为可能有以下几种原因和考虑。

1. 全过程咨询尚处于试点期，属新生事物，国家各主管部委之间对此认识也未完全统一，故尚不能给出准确定义；

2. 全过程咨询虽属国际通行作法，但要将其成功引入国内，不能照搬照抄，生搬硬套，需要结合中国国情和特色，加以改进，故也不能完全采用 FIDIC 等标准和定义；

3. 全过程咨询包含咨询范围很广泛，国家不想过早下定义圈定范围和内容，从而限制某些行业、专业咨询企业参与全过程咨询。而要通过试点积累经验和教训，总结理论探讨和项目推进实践的得失后，再给出官方解释和定义，明确全过程咨询的性质，如为制度设计还是模式创新、业务范围和内容以及对全生命周期的定位等。

虽鉴于以上情况，但笔者依然建议国家主管部委、部门应该给出一个官方对全过程咨询的解释和定义，以利下一步编制和制订全过程咨询的工作标准、合同体系、服务导则和实施方案等。目前不少试点省市按照各自对全过程咨询的解读制订服务导则、招标文件和合同文本，故有必要在两年试点期结束后出台国家层面对全过程工程咨询官方的统一解释和定义。

此外，笔者强烈建议，在定义中强调以全过程项目管理作为全过程工程咨询的核心、基础业务。

第二节　取费问题

515 号文对于全过程咨询服务取费，是这样描述的：可根据所包含的具体服务事项，通过项目投资中列支的投资咨询、招标代理、勘察、设计、监理、造价、项目管理等费用进行支付。投资者或建设单位应当根据工程项目的规模和复杂程度，咨询服务的范围、内容和期限等与咨询单位确定服务酬金。全过程工程咨询服务酬金可按各专项服务酬金叠加后再增加相应统筹管理费用计取，也可按人工成本加酬金方式计取。

仔细研读上述指导意见，会发现存在不少困惑和疑问，有待进一步深入研究和探讨。

1. 国家实行"放管服"政策后，实际上各类咨询业务的取费标准和价格指导意见基本上均已废止。换言之，全过程咨询招标时，投标单位无法依据已经废止的原取费标准进行报价。至于项目投资（可研报告或项目初步设计概算）中列支的各专项咨询业务费用，除非招标人在招标文件中列明，否则投标人是无法知晓的。而且招标人很可能将上述费用截留一部分作为预留金或不可预见费使用。

2. 政府投资项目中，项目投资中列支的项目管理费用往往是依据财政部财建〔2016〕504 号文计算出来的项目建设管理费，即原 394 号所称的"建设单位管理费"。大量建设项目实践证明，用这项费用聘请全过程咨询公司开展全过程项目管理业务是远远不够的。勉强招进来的咨询公司，为了避免亏损，其人员、资源投入和工作质量必然会大打折扣，最终造成的后果还是业主方买单。

此外，前文已叙，全过程项目管理在全过程工程咨询中的重要地位和跨越全部阶段的工作周期以及繁杂的工作内容。如果 504 号不适用，那么全过程项目管理的取费应依据什么呢？这是全过程工程咨询取费中最难、最棘手的问题。因为其他各专项咨询业务均有以前的取费标准和价格指导意见可以参照，唯独全过程项目管理没有。而对于大型、复杂的全过程咨询项目，笔者认为人工工日计费法、人工成本加酬金等方式均不太适用。

因此，国家、地方政府或行业协会应该出台全过程咨询服务中全过程项目管理的计费（取费）指导性意见。笔者见到有些试点省份已关注此问题，并已出台了项目管理取费指导意见。

3. 全过程工程咨询单位的选择主要有公开招标、邀请招标、谈判和直接委托几种方式。如采用谈判和直接委托方式，业主方与咨询方可能有机会相互协商、洽谈而确定服务酬金；而对于通过招标方式选择全过程咨询单位，一般没有机会通过协商确定服务价格。而目前大多数全过程工程咨询项目均为政府和国有投资，采用招标方式应为主流。

4. 随着全过程工程咨询的不断深入开展，必然会从以政府投资项目为主向社会投资项目占比越来越多的方向发展，而全过程咨询服务取费也必然会成为全过程咨询发展一道绕不过去的坎儿。"市场的事交由市场这只看不见的手去解决"的说法没有问题，但政府必要的指导和引导也是必要和必需的，这样会使全过程咨询的发展少走很多的弯路，更加健康、有序地推进。

第三节　法律地位和责任主体问题

1. 多部门管理。现阶段建设工程政府管理部门分别有发展改革委、住房城乡建设厅（委）、财政厅、交通、水利、能源等多个政府部门，存在条块分割、职权交叉、行业壁垒、政出多门等矛盾。515 号文目前把全过程咨询范围划定在房屋建筑和市政基础设施领域，政府主管部门起码包括发展改革委、住房城乡建设厅（委）和财政部门。随着全过程咨询的进一步推广和深入开展，必然涉及其他工业领域和行业，多部门管理、交叉管理、政出多门的现象势必愈发严重。

2. 法律地位和责任体系不明晰。全过程咨询招标和委托，称中标单位为全过程工程咨询单位、全过程咨询总负责单位或全过程咨询牵头单位。

笔者认为，从称呼就可以看出，从政府到咨询行业尚未对全过程咨询的法律和合同地位有一个清晰的认识和定位。首先，任何一个参与全过程咨询的单位均可称为全过程咨询单位，就像无论施工总包、专业分包、劳务分包等均可称为施工单位一样，无法区分其在全过程咨询中的角色和地位；其次，称为全过程咨询总负责单位，从法律角度，其负什么责？最后，全过程咨询牵头单位，一般只有联合体才称牵头单位。如未以联合体方式投标，理论上不应称其为牵头人。

笔者所在单位率先提出全过程工程咨询总包概念和模式，是基于 PMC 模式（承包型项目管理）予以拓展外延，并借鉴已经发展成熟的施工总承包模式。在全过程咨询总包模式下主要有联合体模式、咨询总分包模式并配之以特殊咨询业务的业主平行发包模式。如此，全过程咨询总分包单位、联合体成员单位、平行发包中标单位等的法律地位、关系和责任主体以及合同各方的责权利均清楚明晰。笔者在论述全过程咨询总包模式时，没有讨论由一家咨询单位承担全部咨询业务的模式。因为在社会化分工越来越细的今天，无论施工、设计和咨询行业，很少也不应该由一家单位承担项目全部业务。

3. 没有统一的《全过程工程咨询合同（示范文本）》和技术标准体系。理顺了上述法律和合同主体责任关系后，合同和技术标准问题也就比较好解决。主要是协调统一和抓紧时间编制和发布的问题。

第四节　市场准入门槛和咨询企业内功不足的问题

1. 在全过程工程咨询模式下，要求企业拥有的资质条件较多。很多企业资质不全，不够条件参加全过程咨询的招投标，从而限制了企业参与全过程咨询的积极性。

目前，国家对全过程咨询业务资质的要求主要有工程勘察、设计、监理、造价咨询，加上工程咨询资信评价，共五项资质。一般来讲，同时具备这五项资质的咨询单位很少。其中的工程勘察资质，建设单位一般只对具体从事工程勘察业务的咨询单位，依据国家的资质管理规定提出相应资质要求，而不会对全过程咨询总包单位提出必须具备工程勘察资质的要求。在剩下的四项资质中，同时具备资质和相应专项能力的咨询单位其实也很少。因此，如果招标时提出三项甚至全部四项资质要求，能同时满足资质要求的可能会有若干家，但其单项业务能力也同时满足项目要求与否就不得而知了。

因此，笔者认为：除国家对各单项咨询业务有资质要求的以外，建设单位对全过程咨询总包单位资质要求以不多于两项为宜。其余资质允许以组成联合体和咨询分包的方式解决。这样既解决了招标门槛过高不能充分竞争的问题，又避免了唯资质论的缺点，充分体现重点考察投标单位业务能力和业绩、强强联合、择优选用的原则。一般而言，工程咨询咨信评价和工程设计资质二者之一为必选项。如由一家咨询单位承担全部咨询工作（业主不接受联合体和分包），则该单位应具备上述全部五项资质；如可接受联合体，则可要求联合体至少具备工程咨询资信评价和工程设计两项资质，其他如工程监理和造价咨询等，可以采用咨询分包的方式；如果工程设计单独发包招标，则全过程咨询招标至少应要求投标单位具备工程咨询咨信评价资质加工程监理、造价咨询资质中的一项。

2. 咨询企业内功不足问题。咨询企业普遍存在项目管理能力不强、资质单一、资质等级和范围不够、专业覆盖不全和内部管理制度、组织架构、管理体系不健全以及复合型人才队伍储备不足等问题。人才首先是招不进来，即便招进来也留不住。尤其缺乏全过程工程咨询项目负责人（项目经理、总咨询工程师）等领军人物和核心骨干。

第五节　思想认识不统一的问题

《国务院办公厅关于促进建筑业持续健康发展的意见》（国办发〔2017〕19号）颁布至今已两年多时间，全国各地、各系统举办了不少论坛和培训班进行推广和培训，也陆续出台和颁布了一些服务导则、招标文件和合同示范文本，一些试点项目也开始落地实施。但实际上全过程工程咨询试点工程项目进展情况并不是很理想和顺利，不少政府和业主人员瞻前顾后，对全过程咨询仍然存在不少疑虑，有多一事不如少一事的不作为思想。为什么推进全过程咨询如此之难？究其原因，既有观念上、思维方式和惯性方面的原因，同时也有建设领域现行体制和机制直接或间接影响导致的问题，最严重的还是思想认识不统一的问题。

1. 政府部门和社会各界认识不统一。有些政府部门（甚至发展改革委）和建设单位不敢试、不敢闯，没有形成政府各部门之间的工作合力，没有形成政府和政府投资项目带头推动和实行全国程工程咨询的良好氛围，实际是一种不作为的懒政行为；部分建设单位和业主对全过程咨询相关政策、具体要求不甚了解，也没有了解的兴趣和愿望，沉湎于传统和既有模式而不自知，更谈不上认识到推行全过程咨询的紧迫性。还有一些政府官员和建设单位是出于不愿冒风险和部门、单位乃至个人利益等因素考虑而不愿意推行全过程咨询。

2. 另外，不少咨询企业对全过程咨询的认识不够充分，存在观望、"等靠要"的思想，或认为全过程咨询只是简单地把工程建设各环节的咨询服务叠加在一起，对全过程咨询的综合性、跨阶段、一体化、一站式服务的性质和优势没有深刻的认识。

第十一章　与全过程工程咨询相关的
概念和模式概述

在开展全过程工程咨询服务过程中，我们经常会遇到工程总承包、EPC、DBB、DB、PM、PMA、PMC、PPP、BOT 和绿色建筑、LEED 认证等概念和模式，本章将对上述这些概念和模式及其优缺点逐项予以介绍和概述。下图为常见项目建设管理模式图示，如图 11-1 所示。

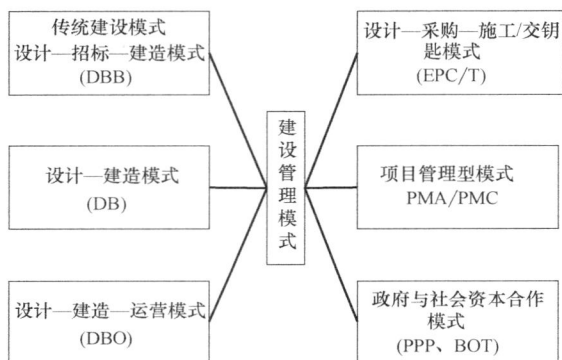

图 11-1　常见项目建设管理模式示意图

第一节　工程总承包（Project General Contracting）

工程总承包模式可按照过程内容与融资运营两种方式划分。

一、按过程内容划分

（一）E＋P＋C、EPC/T 模式（设计采购施工/交钥匙总承包）

设计采购施工总承包〔EPC：即 Engineering（设计）、Procruement（采购）、Construction（施工）的组合〕是指工程总承包企业按照合同约定，承担工程项目的设计、采购、施工、试运行服务等工作，并对承包工程的质量、安全、工期、造价全面负责，是我国目前推行工程总承包模式最主要的一种。交钥匙总承包（EPC/T，T：Turn-Key）是设计采购施工总承包业务和责任的延伸，最终向业主提交一个满足使用功能、具备使用条件的工程项目。

（二）E＋P＋CM 模式

设计采购与施工管理总承包〔EPCM：即 Engineering（设计）、Procruement（采购）、

Construction Management（施工管理）的组合］是国际建筑市场较为通行的项目支付与管理模式之一，也是我国目前推行工程总承包模式的一种。EPCM 承包商是通过业主委托或招标而确定的，承包商与业主直接签订合同，对工程的设计、材料设备供应、施工管理进行全面的负责。根据业主提出的投资意图和要求，通过招标为业主选择、推荐最合适的分包商来完成设计、采购、施工任务。设计、采购分包商对 EPCM 承包商负责，而施工分包商则不与 EPCM 承包商签订合同，但其接受 EPCM 承包商的管理，施工分包商直接与业主具有合同关系。因此，EPCM 承包商无须承担施工合同风险和经济风险。当EPCM 总承包模式实施一次性总报价方式支付时，EPCM 承包商的经济风险被控制在一定的范围内，承包商承担的经济风险相对较小，获利较为稳定。

（三）D＋B 模式

设计—施工总承包模式［DB：即 Design（设计）、Building（建造）的组合］是指工程总承包企业按照合同约定，承担工程项目设计和施工，并对承包工程的质量、安全、工期、造价全面负责。

（四）其他

根据工程项目的不同规模、类型和业主要求，工程总承包还可以采用设计—采购总承包（E-P）、采购—施工总承包（P-C）等方式。

二、按融资运营划分

（一）项目 BOT 模式

BOT（Build-Operation-Transfer）即建设—经营—移交，指一国政府或其授权的政府部门经过一定的程序并签订特许协议，将专属国家的特定的基础设施、公用事业或工业项目的筹资、投资、建设、运营、管理和使用的权利，在一定时期内赋予本国或/和外国民间企业，政府保留该项目、设施以及相关的自然资源永久所有权；由民间企业建立项目公司并按照政府与项目公司签订的特许协议，投资、开发、建设、运营和管理特许项目，以营运所得清偿项目债务、收回投资、获得利润，在特许权期限届满时将该项目、设施无偿移交给政府。有时，BOT 模式被称为"暂时私有化"过程（Temporary Privalization）。

BOT 可演化的方向：

1. BOO（Build-Own-Operate），即：建设—拥有—经营。

项目一旦建成，项目公司对其拥有所有权，当地政府只是购买项目服务。

2. BOOT（Build-Own-Operate-Transfer）即：建设—拥有—经营—转让。

项目公司对所建项目设施拥有所有权并负责经营，经过一定期限后，再将项目移交给政府。

3. BLT（Build-Lease-Transfer）即：建设—租赁—转让。

项目完工后一定期限内出租给第三者，以租赁分期付款方式收回工程投资和运营受益，以后再将所有权转让给政府。

4. BTO（Build-Transfer-Operate）即：建设—转让—经营。

项目的公共性很强，不宜让私营企业在运营期间享有所有权，须在项目完工后转让所有权，其后再由项目公司进行维护经营。

5. ROT（Rehabilitate-Operate-Transfer）即：修复—经营—转让。

项目在使用后，发现损毁，项目设施的所有人进行修复、恢复、整顿—经营—转让。

6. DBFO（Design-Build-Finance-Operate）即：设计—建设—融资—经营。

7. BOOST（Build-Own-Operate-Subsidy-Transfer）即：建设—拥有—经营—补贴—转让。

8. ROMT（Rehabilitate-Operate-Maintain-Transfer）即：修复—经营—维修—转让。

9. ROO（Rehabilitate-Own-Operate）即：修复—拥有—经营。

（二）项目 BT 模式

BT 是 Building（建造）和 Transfer（移交）的缩写形式，意即"建设—移交"，是政府或开发商利用承包商资金来进行融资建设项目的一种变换形式；指一个项目的运作通过项目公司总承包、融资、建设验收合格后移交给业主，业主向投资方支付项目总投资加上合理回报的过程。

采用 BT 模式筹集建设资金成了项目融资的一种常见模式。

第二节　EPC、DB 和 DBB 模式

一、EPC 模式（Engineering Procurement Construction）

（一）EPC 模式又称设计、采购、施工一体化模式

含义是指公司受业主委托，按照合同的约定对工程建设项目的设计、采购、施工、运行等实行全过程或若干阶段的承包。通常公司在总价合同条件下，对其所承包工程的质量、安全、费用和进度以及使用功能等进行负责。

EPC 是一种国际通用的工程总承包模式。自 20 世纪 80 年代起在国际工程承包市场上逐渐兴起，主要运用于石油、化工、加工制造、供水、交通运输、电力等技术复杂、投资巨大、设备采购量众多、管理难度大的领域。

推行 EPC 模式的初衷，最重要的一点就是，提供全过程的集成管理，实现工程建设整体效益的最大化。

（二）E 与 D 的不同

首先需要解释和强调的是 EPC 中的设计为何是 Engineering 而不是我们通常认为的 Design，采购为何是 Procurement 而不是 Purchasing？

先解释 Procurement 和 Purchasing 的区别。Procurement 的释义为获得、取得、采购；Purchasing 的释义为购买、采购。在业务上，Procurement 在形式上会包含更多程序，如寻找材料源等，此外，就是在规模上听起来比 Purchasing 要大一些。实际应用中，很多行业和场合，两者是通用的。设计用 Engineering 而不用 Design，其意义相比 Procruement 和 Purchasing 就要复杂和深远多了。

关于 EPC 中的 E，指的是工程化，是指将设计成果工程化，用于指导施工作业。我们经常听到很多人把 EPC 解释为工程总承包，这实际上如上节所述，是不准确的。应该说，工程总承包模式不只包括 EPC，还包括 DB、DBO 等模式。此外，虽将 EPC 中的 E 翻译成设计，但其与传统的平行发包模式下的工程设计（Design）相比较，E 实际有更高、更深的要求。归纳起来，E 与传统模式的 D 比较，其内涵起码有三点不同：

1. 可施工性设计

EPC 设计要结合现场的地形、地质条件，考虑现场的施工方案，保证设计的可施工性。

2. 限额设计

在满足工程项目使用功能、质量、安全的前提下，EPC 设计人员与经济管理人员密切配合，统筹进行技术、经济分析，进行多方案比较，以控制工程造价。

3. 优化设计

EPC 设计人员转变传统模式下的设计观念，对项目的设计、采购、施工等进行全面细致的分析比较，树立成本意识，全阶段考虑成本的最佳平衡点，以优化设计方案为龙头和重点，对设计、采购、施工安装、调试方案等进行优化，以创造更大效益。

业主为何愿意采用 EPC 模式？

因为在 EPC 模式下，业主可以按照合同通用条件的风险分配机制，把较多的风险不平衡地分配给承包商。

EPC 模式的特点：1. E≠D；

2. EPC≠E＋P＋C；

3. EPC 的重点是 E。

E 应广义地理解为 PMBOK 项目管理与五大过程组中的规划。即明确项目范围、优化目标、为实现目标制定行为方案的一组过程。

在 EPC 模式中，E（Engineering）虽然翻译为设计，但它不止于设计，它比传统的平行发包的设计有更高、更深的要求；同时，E 不仅包括具体的设计工作，而且还可能包括整个建设工程内容的总体策划以及整个建设实施组织管理的策划和具体工作。

所以，在 EPC 模式中，要实现从 D（Design）→E（Engineering）观念上的改变和转变。

（三）EPC 模式的主要优缺点

1. 优点

（1）业主把工程设计、采购、施工和开工服务工作全部托付给 EPC 工程总承包负责组织实施；业主只负责整体的、原则的、目标的管理和控制；总承包更能发挥主观能动性，能运用其先进的管理经验为业主和承包商自身创造更多的效益；提高了工作效率，减少了协调的工作量；

（2）设计变更少，工期较短；

（3）由于采用的是总价合同，基本上不用再支付索赔和追加项目费用；项目的最终价格和要求的工期具有更大程度的确定性。

2. 缺点

（1）业主方主要通过 EPC 合同对 EPC 承包商进行监管，对工程实施过程参与程度低，控制力度较低；

（2）业主方将项目建设风险转移给 EPC 承包商，因此对承包商的选择至关重要，一旦承包商的管理或财务出现重大问题，项目也将面临巨大风险；

（3）EPC 承包商责任大、风险高，因此承包商在承接总承包工程时会考虑管理投入成本、利润和风险等因素，所以 EPC 总包合同的工程造价水平一般偏高；

（4）与传统的建设模式区别较大，传统行业的业主比较难以理解和配合承包商的工作。

二、DB 模式

（一）DB 的基本含义

DB 即设计—建造模式（Design and Build），在国际上也称交钥匙模式（Turn-Key-Operate）。在中国称设计—施工总承包模式（Design-Construction）。是在项目原则确定之后，业主选定一家公司负责项目的设计和施工。这种方式在投标和订立合同时是以总价合同为基础的。设计—建造总承包商对整个项目的成本负责，其首先选择一家咨询设计公司进行设计，然后采用竞争性招标方式选择分包商，当然也可以利用本公司的设计和施工力量完成一部分工程。

自从改革开放以来，我国长期采用了设计、施工分离的承发包模式，由于设计、施工分离模式不符合一般工业产品的生产组织方式，存在内耗严重、责任不清，业主合同管理和组织协调工作量大和难度高等诸多弊端，从而严重影响了工程项目建设的整体效益。随着建设体制的不断完善，工程总承包模式应运而生。DB 模式成为最基本的两种模式之一（另一种模式为 EPC 模式）。

DB 避免了设计和施工的矛盾，可显著降低项目的成本和缩短工期。然而，业主关心的重点是工程按合同竣工交付使用，而不在乎承包商如何实施。同时，在选定承包商时，把设计方案的优劣作为主要的评标因素，可保证业主得到高质量的工程项目。

（二）DB 模式与 EPC 模式的区别

DB 模式和 EPC 模式在总承包的目的和方式上有工程总承包的共同特点，即设计、施工一体化，总价固定、交付成品；但也有几点不同：

1. DB 模式中设计（Design）主要针对的是单一专业方面的结构设计、外观设计、功能设计；而 EPC 的设计（Engineering）除了包括 DB 中的设计（Design）内容外，还包括整个工程的整体策划、各阶段的管理策划、跨专业、跨功能的联动设计、组合设计、生产工艺流程设计，要求各专业产品的功能配套，并密切整合、发挥最佳功效。

2. 在设计比选阶段，一般 DB 合同签订之前业主已有较为明确的设计要求和总体规划，DB 承包商一般只需对方案进行细化和优化，以满足施工要求；而 EPC 项目，则是在 EPC 合同签订以前，业主只对项目提出概念性的、功能性的要求，承包商要能站在业主的角度上，提供选择并给出最优的设计方案。

3. 两者范围大小不同。当一个项目不能同时整体以 EPC 模式承包给同一家建筑承包商的时候，可考虑将项目分专业拆成若干个 DB 项目来实施。一般中型的、功能单一、涉及专业较少的项目多采用 DB 模式。

4. DB 模式与 EPC 相比少了一个采购环节（Procurement）。

（三）DB 模式的优缺点

1. DB 模式的优点

（1）业主和承包商密切合作，完成项目规划直至验收，减少了协调的时间和费用；

（2）承包商可在参与初期将其材料、施工方法、结构、价格和市场等知识以及经验融入设计中；

（3）有利于控制成本、降低造价。经验表明，实行 DB 模式，平均可降低造价 10%左右；

（4）有利于进度控制，缩短工期；

（5）责任单一。从总体来说，建设项目的业主和承包商之间是合同关系，业主的责任是按合同规定的方式付款，总承包商的责任是按时提供业主所需要的产品，总承包商对于项目建设的全过程负有全部的责任。

2. DB 模式的缺点

（1）业主对最终设计和细节控制能力较低；

（2）承包商的设计对工程经济性有很大影响，在 DB 模式下承包商承担了更大的风险；

（3）质量控制主要取决于业主招标时功能描述的质量标准，而且总承包商的水平对设计质量有较大的影响；

（4）工程建设周期较短，缺乏特定的法律法规约束；缺乏专门的险种使工程参与各方的权益得到保障；

（5）项目招标和实施方式操作复杂、竞争性较小，不利于充分竞争，使业主得到最优化的结果。

三、DBB 模式

（一）DBB 的含义

DBB 模式即设计—招标—建造模式（Design-Bid-Build），它是一种在国际上比较通用且应用最早的工程项目发包模式之一。指由业主委托建筑师或咨询工程师进行前期的各项工作（如进行机会研究、可行性研究等），待项目评估立项后再进行设计。在设计阶段编制施工招标文件，随后通过招标选择承包商；而有关单项工程的分部和设备、材料的采购一般都由承包商与分包商和供应商单独订立合同并组织实施。在工程项目实施阶段，咨询工程师则为业主提供施工管理服务。

这种模式最突出特点是强调工程项目的实施必须按照 D-B-B 的顺序进行，只有一个阶段全部结束另一阶段才能开始。实际上，我国现在绝大多数工程建设项目还是按照 DBB 这一传统模式实施的。

（二）DBB 模式的优缺点

1. DBB 模式的优点

（1）管理方法比较成熟，各方对有关程序都很熟悉，业主可自由选择咨询设计单位和人员，对设计要求可控制，可自由选择咨询、管理和监理工程师；

（2）可采用各方均熟悉的标准合同文本，有利于合同管理、风险管理和减少投资。

2. DBB 模式的缺点

（1）项目周期较长，业主和设计、施工分别签约，自行管理项目，管理费较多；

（2）设计的可施工性差，业主控制项目目标能力不强；

（3）不利于工程事故的责任划分，由于图纸问题产生的争端多、索赔多等。

该管理模式在国际上最为通用，以世行、亚行贷款项目和国际咨询工程师联合会（FIDIC）的合同条件为依据的项目均采用这种模式。中国目前普遍采用的"项目法人责任制""招标投标制""建设监理制"和"合同管理制"基本上参照世行、亚行和 FIDIC 这种传统模式。

综上，虽然 DBB 模式具有以上三项缺点，但其优点也很突出，所以这种传统管理模式在国际、国内依然很有市场，很受欢迎。

（三）DBB 模式与 DB 模式的区别和比较

（1）严格讲，DBB 模式不属于工程总承包模式范畴，其仍属于传统项目管理模式。

（2）国内建设工程管理模式较单一，基本均采用传统管理 DBB 模式，只是近年来才逐渐引进和采用 EPC、DB 模式等。而在国外，尤其是发达国家，多种工程管理模式均得到广泛应用，采用最多的是 DB 和 EPC 模式。

（3）随着现代工程建设项目的发展，建设工程规模越来越大，复杂度越来越高，管理界面越来越复杂，业主对工程项目的要求越来越高，即低费用、短工期和高质量。传统的 DBB 管理模式不再具备优越性，而工程总承包模式逐渐为业主接受，DB 模式作为工程总承包模式的经典模式之一，在国外的使用比例已经超过 DBB 模式，在我国也成功实施试点项目，但多为公共项目。虽然国家大力推广 DB 模式，但是由于业主尚未充分了解和明确该模式的特点和优点，所以，DB 模式尚未得到广泛应用。因此，更有必要对 DB 模式进行深入研究，明确其优势和适用工程范围，加快在国内工程建设领域中的推广。

（4）在业主大多不具备专业管理水平的背景下，以及国内建设项目日趋复杂的趋势下，DB 模式在复杂工程中显示出不可替代的优越性，加快工程管理 DB 模式在我国建设项目中的普及是建设水平整体提升的必然要求。

第三节　PPP 模式

一、PPP 模式的含义

PPP 模式即（Public-Private-Partnership）的字母缩写（公私合营模式）。是指政府与私人组织之间，为了合作建设城市基础设施项目，或是为了提供某种公共物品和以特许权协议为基础，彼此之间形成一种伙伴式的合作关系，并通过签署合同来明确双方的权利和义务，以确保合作的顺利完成，最终使合作各方达到比预期单独行动更为有利的结果。

一般而言，PPP 融资模式主要应用于基础设施等公共项目。首先，政府针对具体项目特许新成立一家项目公司，并对其提供扶持措施；然后，项目公司负责进行项目的融资和建设，融资来源包括项目的资本金和贷款；项目建成后，由政府特许企业进行项目的开发和运营；而贷款人除了可以获得项目经营的直接收益外，还可以获得通过政府扶持所转化的效益。

PPP 模式是一种优化的项目融资与实施模式，以各参与方的"双赢"或"多赢"作为合作的基本概念。其典型的结构为：政府部门或地方政府通过政府采购的形式，与中标单位组建的特殊目的的公司签订特许合同（特殊目的公司一般由中标的建筑公司、服务经营公司或对项目进行投资的第三方组成的股份有限公司），由特殊目的的公司负责筹资、建设和经营。政府通常与提供贷款的金融机构达成一个直接协议，这个协议不是对项目进行担保的协议，而是一个向借贷机构承诺将按与特殊目的的公司签订的合同支付有关费用的协议，这个协议使特殊目的的公司能比较顺利地获得金融机构的贷款。采用这种融资形式的实质是：政府通过给予私营公司长期的特许经营权和收益权来加快基础设施建设及有效运营。

二、PPP 模式的特点

（1）PPP 模式是一种新型的项目融资模式。PPP 融资是以项目为主体的融资活动，是项目融资的一种实现形式，主要是根据项目的预期收益、资产以及政府的扶持力度而不是项目投资人或发起人的资信来安排融资。项目经营的直接收益和通过政府扶持所转化的效益是偿还贷款的资金来源，项目公司的资产和政府给予的有限承诺是贷款的安全保障。

（2）PPP 融资模式可以使更多的民营资本参与到项目中，以提高效率，降低风险，这也正是现行项目融资模式所鼓励的。政府的公共部门与民营企业以特许权协议为基础进行全程合作，双方共同对项目运行的整个周期负责。PPP 融资模式的操作规则是民营企业能够参与到城市基础设施项目的确认、设计和可行性研究等前期工作中来，这不仅降低了民营企业的投资风险，而且能将民营企业的管理方法与技术引入项目中来，还能有效地实现对项目建设与运行的控制，从而有利于减低项目建设投资的风险，较好地保证国家与民营企业各方的利益。这对缩短项目建设周期、降低项目运作成本甚至资产负债率都有值得肯定的现实意义。

（3）PPP模式可以在一定程度上保证民营资本"有利可图"。私营机构的投资目标是寻求既能够还贷又有投资回报的项目，无利可图的基础设施项目是吸引不到民营资本投入的。而采取PPP模式，政府可以给予私人投资者相应的政策扶持作为补偿，如税收优惠、贷款担保等。通过实施这些政策可提高民营资本投资城市基础设施项目的积极性。

（4）PPP模式在减轻政府初期建设投资负担和风险的前提下，提高城市基础设施项目服务质量。在PPP模式下，公共部门和民营企业共同参与城市基础设施项目的建设和运营，由民营企业负责项目融资，有可能增加项目的资本金数量，进而降低资产负债率，还可以将项目的一部分风险转移给民营企业，从而减轻政府的风险。同时双方可以形成互利的长期目标，更好地为社会和公众提供服务。

三、PPP模式的组织形式

PPP模式的组织形式非常复杂，既可能包括私人营利性企业、私人非营利性组织，同时还可能包括公共非营利组织（如政府）。合作各方之间不可避免地会产出不同层次、类型的利益和责任上的分歧。只有政府与私人企业形成相互合作的机制，才能使得合作各方的分歧模糊化，在求同存异的前提下完成项目的目标。

（1）PPP模式的机构层次就像金字塔一样，金字塔顶部是政府，是引入私人部门参与基础设施建设项目的有关政策的制定者。

（2）金字塔中部是政府有关机构，负责对政府指导方针进行解释和运用，形成具体的项目目标。

（3）金字塔的底部是项目私人参与者，通过与政府的相关部门签署一个长期的协议或合同，协调本机构目标、政策目标和政府有关机构的具体目标之间的关系，尽可能使参与各方在项目进行中达到预定的目标。

（4）PPP模式组织形成示意图如图11-2所示。

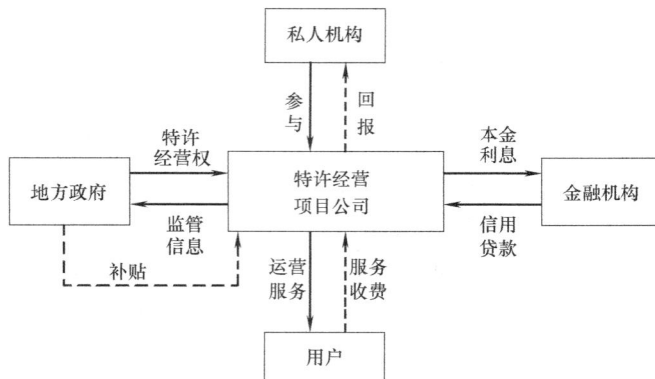

图11-2　PPP模式组织形成示意图

四、PPP 模式的优缺点

（一）PPP 模式的优点

1. 公共部门和私人企业在初始阶段就共同参与论证，有利于尽早确定项目融资可行性，缩短前期工作周期，节省政府投资；

2. 可以在项目初期实现风险分配，同时由于政府分担一部分风险，使风险分配更合理，减少了承建商和投资商的风险，从而降低了融资难度；

3. 参与项目融资的私人企业在项目前期就参与进来，有利于私人企业一开始就引入先进技术和管理经验；

4. 公共部门和私人企业共同参与建设和运营，双方可以形成互利的长期目标，更好地为社会和公众提供服务；

5. 使项目参与各方整合组成战略联盟，对协调各方不同的利益目标起关键作用；

6. 政府拥有一定的控制权。

（二）PPP 模式的缺点

1. 对于政府来说，如何确定合作公司是一件比较有难度的事情，而且在合作中要负有一定的责任，增加了政府的风险负担；

2. 组织形式比较复杂，增加了管理上协调的难度；

3. 如何设定项目的回报率可能成为一个颇有争议的问题。

综上，PPP 模式适用于投资额大、建设周期长、资金回报慢的项目，包括铁路、公路、桥梁、隧道等交通部门，电力、煤气等能源部门以及电信网络和通信行业等。

PPP 无论在发达国家或发展中国家，应用越来越广泛。项目成功的关键是项目的参与者和股东都已经清晰了解了项目的所有风险、要求和机会，其才有可能充分享受 PPP 模式带来的收益。

第四节　BOT、BT、TOT 和 TBT 模式

一、BOT 模式

（一）BOT 模式定义

BOT 模式是基础设施投资、建设和经营的一种方式，以政府和私人机构之间达成协议为前提，由政府向私人机构颁布特许，允许其在一定时期内筹集建设某一基础设施并管理和经营该设施及其相应的产品与服务。

政府对该机构提供的公共产品或服务的数量和价格可以有所限制，但应保证私人资本具有获取利润的机会。整个过程中的风险由政府和私人机构分担。当特许期结束时，私人机构按约定将该设施移交给政府部门，转由政府指定部门经营和管理，如图 11-3 所示。

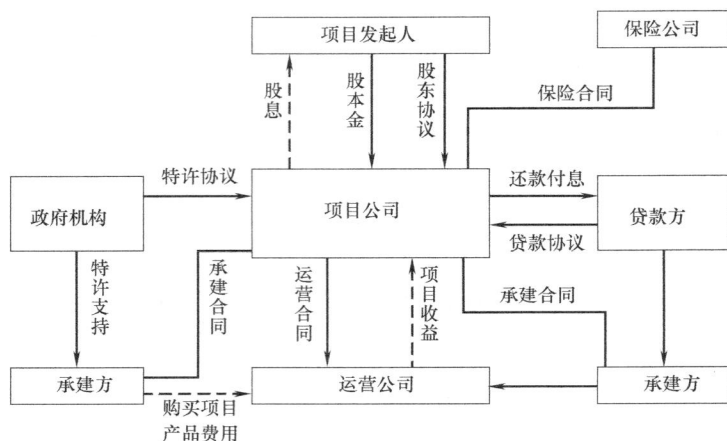

图 11-3 BOT 融资模式示意图

BOT（Build-Operate-Transfer），即建造—运营—移交方式，这种方式最大的特点就是将基础设施的经营权有期限的抵押以获得项目融资，或者说是基础设施国有项目民营化。在这种模式下，首先由项目发起人通过投标从委托人手中获得对某个项目的特许权，随后组成项目公司并负责进行项目的融资、组织项目的建设、管理项目的运营、在特许期内通过对项目的开发运营以及当地政府给予的其他优惠来收回资金以还贷，并取得合理的利润，特许期结束后，应将项目无偿地移交给政府。在 BOT 模式下，投资者一般要求政府保证其最低收益率，一旦在特许期内无法达到该标准，政府应给予特别补偿。

（二）BOT 模式的特点

1. 能够保持市场机制发挥作用。BOT 的大部分经济行为都在市场上进行，政府以招标方式确定项目公司的做法本身也包含了竞争机制。

2. 为政府干预提供了有效的途径，这就是和私人机构达成的有关 BOT 的协议。尽管 BOT 协议的执行全部由项目公司负责，但政府自始至终都拥有对该项目的控制权。

（三）BOT 模式优缺点

1. BOT 模式的优点

（1）可以减少政府主权借债和还本付息的责任；

（2）可以将公营机构的风险转移到私营承包商，避免公营机构承担项目的全部风险；

（3）可以吸引国外投资，以支持国内基础设施的建设，解决了发展中国家缺乏建设资金的问题；

（4）BOT 项目通常都由国外的公司来承包，这会给项目所在国带来先进的技术和管理经验，既给本国的承包商带来较多的发展机会，也促进了国际经济的融合。

2. BOT 模式的缺点

（1）在特许期限内，政府将失去对项目所有权和经营权的控制；

（2）参与方多，结构复杂，项目前期过长且融资成本高；

（3）可能会造成设施的掠夺性经营；

（4）在项目完成后，会有大量的外汇流出；

（5）可能导致大量的税收流失；

（6）风险分摊不对称等。政府虽然转移了建设、融资等风险，却承担了更多的其他责任与风险，如利率、汇率风险等。

二、BT 融资模式

（一）BT 模式的定义

BT 模式是 BOT 模式的一种变换形式，即 Build-Transfer（建设—转让）。政府通过特许协议，引入国外资金或民间资金进行专属于政府的基础设施建设，基础设施建设完之后，该项目设施的有关权利按协议由政府赎回。通俗地说，BT 投资也是一种"交钥匙工程"，社会投资人投资、建设，建设完成以后"交钥匙"，政府再回购，回购时考虑投资人的合理收益。

（二）BT 融资模式示意图

如图 11-4 所示。

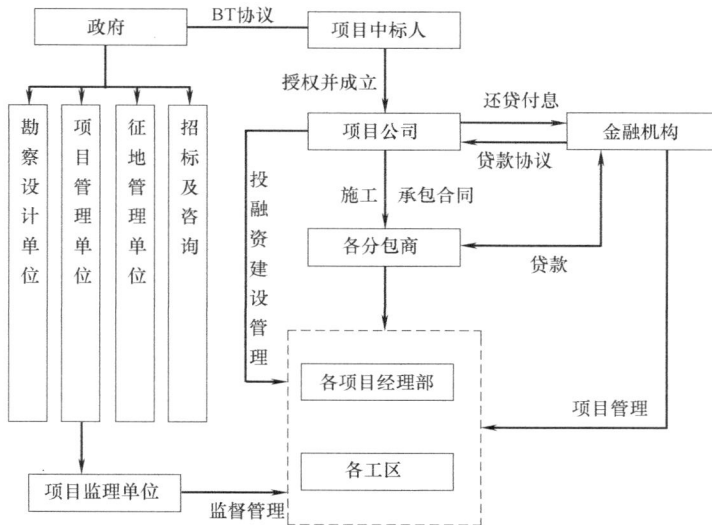

图 11-4　BT 融资模式示意图

（三）BT 融资模式的优点

1. BT 模式风险小

对于公共项目来说，采用 BT 方式运作，由银行或其他金融机构出具保函，能够保证项目投入资金的安全，只要项目未来收益有保证，融资贷款协议签署后，建设项目基本上没有资金风险。

2. BT 模式收益高

体现在三个方面：首先，BT 投资主体通过 BT 投资为剩余资本找到了投资途径，获得可观的投资收益；其次，金融机构通过为 BT 项目融资贷款，分享了项目收益，能够获得稳定的融资贷款利息；最后，BT 项目顺利建成移交给当地政府（或政府下属公司），可为当地政府和人民带来较高的经济效益和社会效益。

3. BT 模式能够发挥大型建筑企业在融资和施工管理方面的优势

采用 BT 模式建设大型项目，工程量集中、投资大，能够充分发挥大型建筑企业资信好、信誉高、易融资及善于组织大型工程施工的优势。大型企业通过 BT 模式融资建设项目，可以增加在 BT 融资和施工方面的业绩，为其提高企业资质和今后打入国际融资建筑市场积累经验。

4. BT 模式可以促进当地经济发展

基本建设项目特点之一是资金占用大，建设期和资金回收过程长，银行贷款回收慢，投资商的投资积极性和商业银行的贷款积极性不高。而采用 BT 模式进行融资建设，未来具有固定的项目收益，可以发挥投资商的投资积极性和项目融资的主动性，缩短项目的建设期，保证项目尽快建成、移交，能够尽快见到效益，解决项目所在地就业问题，促进当地经济的发展。

（四）BT 融资模式的缺点

1. BT 项目建设费用过大

采用 BT 方式必须经过确定项目、项目准备、招标、谈判、签署与 BT 有关的合同、移交等阶段，涉及政府许可、审批以及外汇担保等诸多环节，牵扯的范围广、复杂性强、操作的难度大、障碍多、不易实施，最重要的是融资成本也因中间环节多而增多。

2. BT 方式中的融资监管难度大

目前，我国尚没有相应的 BT 模式方面的法律法规，而 BT 模式中的法律关系、合同关系的特殊性和复杂性，导致融资监管难度大。例如银团是以政府或政府机构的全额付款保证作为担保，而不是 BT 出具抵押作为担保，未来的责任主体难以界定。

3. BT 项目的分包情况严重

由于 BT 方式中政府只与项目总承包人发生直接联系，指令和建议由项目企业直接落实，因此，项目的落实可能被细化，建设项目的分包将愈加严重。

4. BT 项目质量安全难以得到应有的保证

在 BT 项目中，政府虽规定督促和协助投资方建立三级质量保证体系，实施政府质量监督，健全各项管理制度，抓好安全生产和绿色环保施工。但是，投资方出于其利益考虑，在建设标准、建设内容、施工进度等方面存在问题，建设质量、安全生产得不到应有的保证。

三、TOT 模式

（一）TOT 模式含义

TOT（Transfer-Operate-Transfer）即转让-经营-转让模式。是一种通过出售现有资产以获得增量资金进行新建项目融资的一种新型融资方式。在这种模式下，首先私营企业用私人资本或资金购买某项资产的全部或部分产权或经营权，然后购买者对项目进行开发和建设，在约定的时间内通过对项目进行经营收回全部投资并取得合理的回报，特许期结束后，将所得到的产权或经营权无偿交给原所有人。

（二）TOT 融资模式示意图

如图 11-5 所示。

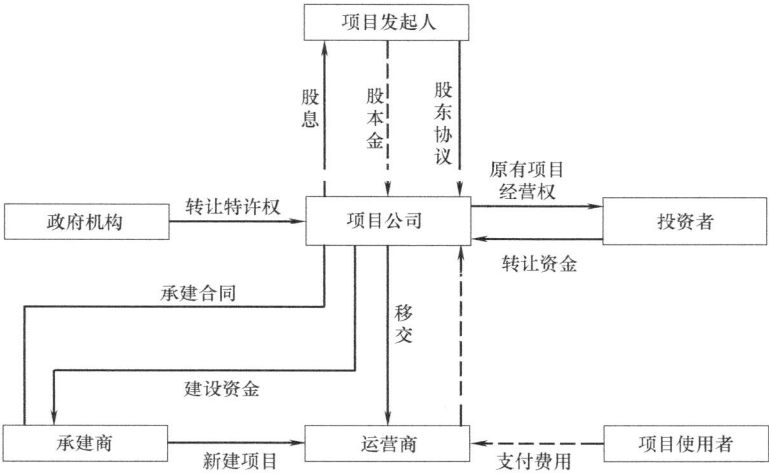

图 11-5　TOT 模式示意图

四、TBT 模式

（一）TBT 模式的含义

TBT（Transfer-Build-Transfer）模式即转让-建造-转让模式。TBT 就是将 TOT 与 BOT 融资方式组合起来，以 BOT 为主的一种融资模式。在 TBT 模式中，TOT 实施是辅助性的，采用它主要是为了促成 BOT。

TBT 的实施过程为：政府通过招标将已经经营一段时间的项目和未来若干年的经营权无偿转让给投资人；投资人负责组建项目公司去建设和经营待建项目；项目建成开始经营后，政府从 BOT 项目公司获得与项目经营权等值的收益；按照 TOT 和 BOT 协议，投资人相继将项目经营权归还给政府。实质上，政府是将一个已建项目和一个待建项目打包处理，获得一个逐年增加的协议收入（来自待建项目），最终收回待建项目的所有权益。

（二）TBT 模式的特点

1. 从政府角度讲，TOT 盘活了固定资产，以存量换增量，可将未来的收入现在一次性提取。政府可将 TOT 融得的部分资金入股 BOT 项目公司，以少量国有资本来带动大量民间资本。众所周知，BOT 项目融资的一大缺点就是政府在一定时期对项目没有控制权，而政府入股项目公司可以避免这一点。

2. 从投资者角度讲，BOT 项目融资的方式很大程度上取决于政府的行为。而从国内外民营 BOT 项目成败的经验看，政府一定比例的投资是吸引民间资金的前提。在 BOT 的各个阶段，政府会协调各方关系，推动 BOT 项目的顺利进行，这无疑减少了投资人的风险，使投资者对项目更有信心，对促成 BOT 项目融资极为有利。TOT 使项目公司从 BOT 特许期一开始就有收入，未来稳定的现金流使 BOT 项目公司的融资变得较为容易。

第五节　绿色建筑评价和认证

一、绿色建筑认证的定义

是指依据《绿色建筑评价标准》和《绿色建筑评价技术细则（试行）》，按照《绿色建筑评价标识管理办法（试行）》，确认绿色建筑等级并进行信息性标识的一种评价活动。

二、绿色建筑认证管理文件

目前，开展绿色建筑认证所依据的管理文件，一个是《绿色建筑评价标价管理办法（试行）》，另一个是《一二星级绿色建筑评价标识管理办法（试行）》。目前，开展绿色建筑认证所依据的技术文件，依次为《绿色建筑评价技术细则（试行）》《绿色建筑评价技术细则补充说明（规划设计部分）》和《绿色建筑评价技术细则补充说明（运行使用部分）》。

国内已有专业的咨询机构可以进行绿色建筑认证。

三、背景和意义

2009 年 8 月 12 日，国务院常务会议研究部署应对气候变化有关工作，提出大力发展绿色经济，紧密结合扩大内需、促进经济增长的决策部署，培育以低碳排放为特征的新的经济增长点，加快建设以低碳排放为特征的工业、建筑、交通体系。发展绿色建筑，是建设领域统筹经济社会发展、人与自然和谐发展的重要举措；是转变城镇建设模式的重要途径；是当前扩内需、调结构、保增长、惠民生的重要手段。

为贯彻执行资源节约和环境保护的国家发展战略，引导绿色建筑健康发展，住建部自 2018 年 4 月委托住建部科技发展促进中心成立绿色建筑评价标识管理办公室负责具体工作。

四、申请流程

开展规划设计阶段和运行试用阶段的绿色建筑认证的流程是一样的，主要包括以下七个环节：

（1）申报单位提出申请和缴纳注册费；

（2）申报单位在线填报申报系统；

（3）绿色建筑评价标识管理机构开展形式审查；

（4）专业评价人员对通过形式审查的项目开展专业评价；

（5）评审专家在专业评价的基础上进行评审；

（6）绿色建筑评价标识管理机构在网上公示通过评审的项目；

（7）住房城乡建设部公布获得标识的项目。

五、标识标志

按照《绿色建筑评价标准》（GB/T 50378—2019），按满足控制项和评分项的程度，绿色建筑认证划分为三个等级。三个等级的绿色建筑均应满足《绿色建筑评价标准》（GB/T 50378—2019）所有控制项的要求，且每类指标的评分项得分不应小于 40 分。当绿色建筑总得分分别达到 50 分、60 分、80 分时，绿色建筑等级分别为一星级、二星级、三星级。

六、评价等级划分

（1）绿色建筑评价指标体系由节地与室外环境、节能与能源利用、节水与水资源利用、节材与材料资源利用、室内环境质量和运营管理（住宅建筑）或全生命周期综合性能（公共建筑）六类指标组成。每类指标包括控制项、一般项与优选项。

（2）绿色建筑的评价原则上以住宅小区、区域公共建筑为对象，也可以单栋住宅为对象进行评价。评价单栋住宅时，凡涉及室外环境的指标，以该栋住宅所处住宅小区环境的评价结果为准。

（3）对新建、扩建与改建的住宅建筑或公共建筑的评价，在其投入使用一年后进行。

（4）绿色建筑评价的必备条件应为全部满足《绿色建筑评价标准》（GB/T 50378—2019）第四章住宅建筑或第五章公共建筑中控制项要求。按满足一般项数和优选项数的程度，绿色建筑划分为三个等级。根据住宅建筑所在地区、气候与建筑类型等特点，符合条件的一般项数可能会减少，表中对一般项数的要求可按比例调整。

（5）《标准》中定性条款的评估结论为通过或不通过；对有多项要求的条款，各项要求均满足要求时方能评为通过。定量条款的要求由具有资质的第三方机构认定。

七、各国认证体系

（一）中国的标准

中国的标准为《绿色建筑评价标准》（GB/T 50378—2019），是中国自己的绿色建筑评价标准。目前，获得绿色建筑认证可以获得国家相应的补贴。

（二）美国的标准

LEED 评价体系是美国推出的绿色建筑评价标准，可以说是国际上商业化运作最成功的标准。

（三）英国的标准

BREEAM 评价体系是英国推出的绿色建筑评价标准，是国际上最早的绿色建筑评价标准。

（四）法国的标准

HQE 评价体系是法国推出的绿色建筑评价标准，也是一个活跃在国际市场上的绿色建筑评价标准。

（五）另外还有一些评价体系

例如日本的 CASBEE、澳大利亚的 GREEN STAR、荷兰的 GREENCAK、德国的 DGNB、新加坡的 GREENMARK、印度的 GRIHA（National Green Rating）、芬兰的 PromisE，加拿大的 Green Globes、巴西的 AQUA、中国香港的 HKBEAM、意大利的 Protocllo Itaca、葡萄牙的 Lider A、西班牙的 VERDE、中国台湾的 EEWH 等。

八、中美绿色建筑评价比较

我国的绿色建筑认证和美国的 LEED 认证项目，各有特色。主要看项目定位，外资企业对 LEED 比较认可，国内绿标由于发展较晚，对外资企业影响较弱。但我国政府层面对国内绿标还是比较认可，全国各地都在大力推广绿标认证，一些地方也出台了一些财政补贴政策，而 LEED 认证则无法享受财政补贴。

第十二章　全过程工程咨询项目实践

第一节　××纪念馆全过程工程咨询服务案例

一、项目概况

项目建设地点位于北京市，占地 2.4 公顷，另有 4 公顷为项目配套环境整体提升项目。项目主体建设总投资为 2.2 亿元，总建筑面积 1.8 万 m²，使用性质为纪念性展览陈列项目。项目为政府投资，采用"一会三函"模式。建设周期为 14 个月，含前期拆迁、树木伐移、建设手续办理、文物勘察、工程勘察、工程设计、招标采购、建设实施期和工程竣工验收以及收尾阶段各项工作。

建设内容包括纪念馆主体建设、展览陈列、信息化建设和电力外线工程及配套环境整体提升工程。建设内容繁多庞杂、任务艰巨、工作量巨大，且建设工期要求十分紧张，实施期仅 12 个月，建安工程施工期不足 8 个月时间，期间还要配合信息化、展陈和室内精装修、预留预埋和穿插施工作业。

二、主体参建单位招标比选情况

1. 全过程工程咨询单位通过市重大工程项目办公室组织考察、邀请比选方式确定，参加比选的咨询单位必须为住建部全过程工程咨询 40 家试点企业名录成员。

全过程工程咨询主要服务内容：

（1）全过程项目管理；

（2）项目建议书（代可研性研究报告）编制；

（3）全过程造价咨询（前期投资估算、工程量清单、控制价编制；过程造价控制、询价、审价、工程变更审核；结算、决算文件编制和审核等）；

（4）招标比选和采购；

（5）工程监理。

2. 设计单位由市规划与自然资源管理委员会通过设计方案征集、考察和比选确定；

3. 施工总承包单位由市重大工程项目办公室组织考察、邀请比选方式确定。

三、"一会三函"简介

"一会三函"即北京市公共服务类建设项目投资审批改革试点。

2016 年 8 月，市政府印发了《北京市公共服务类建设项目投资审批改革试点实施方案》（京政发〔2016〕35 号），适用范围包括城市副中心的道路、停车设施、垃圾和污水处理设施以及教育、医疗、养老等公共服务类建设项目，中央国家机关在京重点建设项目参照执行。其中"一会"是指市政府召开会议集体审议决策；"三函"是指市发改委出具的前期工作函（简称"一函"）、市规委出具的设计方案审查意见（简称"二函"）和市住建委出具的施工意见登记书（简称"三函"）三份文件。项目单位只需满足"一会三函"4 项前置条件即可开工建设，其他各项法定审批手续和建设手续在竣工验收前完成即可。

2016 年 11 月，市政府又发文提出扩大"一会三函"改革试点，使更多的市属、区属重点公共服务类建设项目能够采用"一会三函"模式。

本项目经北京市委、市政府研究批准，列为"一会三函"项目。

四、全过程工程咨询项目组织架构

如图 12-1 所示。

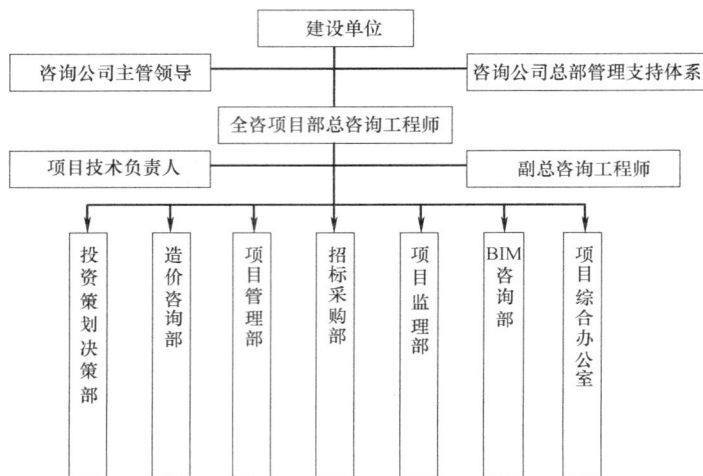

图 12-1　组织架构图

五、全过程咨询实施方案（目录）

1. 总体实施方案（目录）

第一部分　全过程咨询管理总体思路

　第一章　项目概况

　第二章　项目重点、难点分析

　第三章　全过程咨询服务范围和内容

　第四章　组织机构图

第二部分　前期工作实施方案

　第一章　前期工作总论

六、项目一级进度总控计划

如图 12-2 所示（详见 296 页后）。

进度总控计划编制说明：国金公司全过程咨询项目部组织施工总包、展陈、信息化、电力外线、开办费可研编制等相关单位召开本项目进度总控计划专题会。本项目工期异常紧张，为确保进度目标，所有参建单位必须明确总体进度安排和相互配合关系。

全过程咨询项目部详细介绍了项目当前进度和总控计划安排，施工总包汇报了下步施工计划、验收时间，外电源、展陈、信息化、厨房设备、报告厅精装修等相关单位分别对总控计划中各自单位的进度节点安排表态，各方进行讨论，最终达成一致意见，初步确定了各控制节点。

控制节点如下：

1. 主体结构完成时间 2018 年 12 月 31 日，二次结构完成时间 2019 年 4 月 15 日，机电安装完成时间 2019 年 6 月 15 日，幕墙完成时间 2019 年 4 月 30 日，内装修工程完成时间 2019 年 6 月 20 日，工程竣工验收时间为 2019 年 6 月 30 日。

2. 电力外线设计 2019 年 2 月 28 日完成，电力外线施工 2019 年 5 月 30 日完成并发电。

3. 信息化设计 2018 年 12 月 31 日初步设计及概算编制完成，2019 年 1 月 1 日开始预留预埋施工，信息化施工 2019 年 5 月 30 日安装调试完成。

4. 展陈设计 2019 年 2 月 28 日完成，2019 年 8 月 31 日展陈全部完成，具备展览开展条件。

5. 厨房深化设计 2019 年 1 月 15 日完成并通过卫生防疫部门审核，2019 年 6 月 30 日前完成厨房设备安装。

6. 开办费可研编制单位 2018 年 12 月 31 日前书面提交序厅、报告厅、接待室精装修设计，厨房设备设计的具体界面（如墙、顶、地做到什么程度）。

以上确定的每个时间节点都是工程进度总控计划的关键节点，处于计划的关键线路。如果不能按时完成不仅仅影响某一单项工程的时间，而且直接影响其他相关单位的施工进度安排，故所有参建各方应严格执行。

××纪念馆工程

项目管理手册

北京国金管理咨询有限公司
××纪念馆全过程咨询项目部
二○一八年八月

说　　明

为加强项目管理工作、明确各单位职责、规范工作程序、提高工作效率，特制定《××纪念馆项目管理手册》以下简称"项目管理手册"。

本项目管理手册在全过程咨询合同、施工总包合同、审计合同等基础上，结合纪念馆筹备办公室有关要求编制整理形成，是对各项合同的补充、完善与调整。

随工程项目的进展，本项目管理手册将不断完善。

一、项目主要参建单位及职责

1. 项目主要参建单位

（1）建设单位：××纪念馆筹备办公室

（2）全过程工程咨询单位：北京国金管理咨询有限公司

（3）设计单位：××设计院

（4）施工总承包单位：北京 ××建设集团

（5）审计单位：××审计公司

（6）专业工程分包单位：××公司

2. 各主要参建单位职责

××纪念馆筹备办公室：本项目建设单位，负责项目总体建设管理和协调。

北京国金管理咨询有限公司：全过程工程咨询单位，负责项目全过程工程咨询管理工作。包括但不限于：可研报告编制、全过程项目管理、工程监理、全过程造价咨询和招标采购。

设计单位：负责项目建筑、结构、电气、智能化、暖通空调、室外工程等全面设计和专业设计协调。

施工总承包单位：施工总承包单位，负责项目建筑和安装工程施工及整体工程施工总体协调管理。

审计单位：负责项目全过程跟踪审计工作。

专业工程分包单位：在施工总承包单位统一管理下进行专业工程施工工作。

二、项目管理基本制度

1. 项目会议制度

（1）项目管理例会制度

时间：每周一次。

地点：建设单位会议室（或工地会议室）。

主持单位：全过程工程咨询项目管理部。

参加单位：项目筹备办、市重大办、全咨项目部、审计单位、设计院、施工总包、展陈单位、信息化单位、电力外线施工单位及其他设计和施工分包单位。

会议主要内容：与项目相关的事项，包括但不限于以下内容：

1）建筑方案、功能需求、标准定位、设计变更等问题；

2）规划、施工许可等行政报批及市政咨询等手续问题；

3）需要管理例会解决的涉及项目投资、计划、质量、安全、绿色环保施工等重要事项；

4）招标采购、合约规划、风险控制等重要事项；

5）总包施工、现场安全、专项工程施工等重要问题；

6）项目的其他重要事项。

拟定事项：明确事项、落实责任、确认时间。

会议纪要：由全过程咨询项目管理部负责整理分发。

（2）监理例会制度

时间：每周一次（暂定每周三下午 2：00）。

地点：施工现场会议室。

主持单位：全过程咨询项目监理部。

参加单位：建设单位、全过程咨询项目管理部、施工总承包单位、全过程咨询项目监理部、全过程咨询项目造价咨询部、审计单位。（根据需要其他列席的单位）。

会议主要内容：与项目相关的事项，包括但不限于以下内容：

1）检查上次例会议决事项落实情况，分析未完成事项的原因；

2）检查工程进度计划完成情况，分析施工进度滞后或超前的原因；

3）确定下一阶段进度目标，研究落实总承包单位实现进度目标措施；

4）材料、构配件和设备供应情况及存在的质量问题和改进要求；

5）工程安全、质量、绿色环保施工方面的有关问题，明确主要改进措施；

6）分包单位的管理及协调问题；

7）工程变更的主要原因；

8）工程量核定及工程款支付中的有关问题；

9）违约、争议、工程延期、费用索赔的意向及处理情况；

10）其他有关事项。

议决事项：明确事项、落实责任、确认时间；

会议纪要：由全过程咨询项目监理部负责整理分发。

（3）安全例会制度

时间：暂定每周四下午 2：00。

地点：施工现场。

主持单位：全过程咨询项目监理部。

参加单位：建设单位、全过程咨询项目管理部、全过程咨询项目监理部、施工总承包单位（根据需要其他列席的单位）。

会议主要内容：与工程安全相关的事项，包括但不限于以下内容：

1）各单位的安全管理体制是否健全；

2）检查各单位的安全生产责任制的落实情况；

3）检查承包方现场各项安全措施到位情况，检查关键工序的安全防护措施；

4）"三宝""四口"防护措施是否到位；

5）通过检查消除现场人的不安全行为，物的不安全状态；

6）起重机械设备、施工机具和电器设备等设置是否符合规范要求；

7）各种（防触电、防坍塌、防高处坠落、防火等）应急预案审查、备案落实情况；

8）其他与安全生产相关的问题；

议决事项：明确安全事项、落实安全责任、确认整改时间；

会议纪要：由全过程咨询项目监理部负责整理分发。

（4）专题会议制度

1）专题会议主要类型

设计管理方面：方案汇报（评审）会、设计问题专题会、专业设计协调会、其他与设计相关的协调会、评审会；

招标采购方面：答疑会、答辩会、评标会、合同评审、洽谈专题会；

工程管理方面：专业施工配合协调会、质量问题专题会、进度问题专题会、安全问题专题会、批价问题专题会；

竣工验收准备会：通电（水、气、暖）启动会、联合调试准备会、竣工验收启动会、竣工验收专题会；

竣工验收后专题：竣工移交、结算专题会、竣工资料专题会。

2）方案汇报（评审）专题会

会议目的：对阶段性成果性进行评审、确认，是否满足设计任务书的要求，提出改进方案。

组织者：根据需要评审方案的类型不同，由全过程咨询单位负责组织。

与会人员：全过程咨询单位、方案设计单位、建设方。

会前准备：组织者在会前应做好各项准备工作，需要了解设计任务书的要求、本次方案设计应达到的阶段性要求。对需要进行技术经济分析的项目，还需进行必要的市场调研。

会议内容：方案设计单位进行汇报、针对汇报的情况进行评价、确认，对方案进行技术经济分析、提出修改意见或作出决策意见。

议定事项：作出决策或对需调改的内容落实责任人及完成时间。形成会议纪要分发给与会各方。

3）专题协调会

会议目的：解决项目管理中遇到的技术、经济、进度、质量、合同、组织等需协调的问题。

组织者：根据需协调的问题类型不同，分别由项目经理、项目总工、造价主管、市政主管、专业工程师等组织。

与会人员：组织者、需协调的各方、视情况请建设方参加。

会前准备：组织者在会前应做好各项准备工作，需要了解工程进展状况、相关的合同、数据、市场调研等相关信息。分析会议出现的多种可能性，每种可能性的应对措施。必要时与各方进行会前沟通，避免因矛盾激化而导致局面失控。

会议内容：分析技术、经济、进度、质量、合同、组织等需协调问题产生的原因、矛盾焦点、讨论解决方案。

议定事项：落实责任人、落实完成时间。形成会议纪要分发给各参与方。

2. 项目月报制度

（1）施工总承包、全过程咨询项目监理部等参建单位应根据合同服务内容及建设单位与全过程咨询项目管理部要求于每月 25 日前向全过程咨询项目管理部上报本月工作完成情况。

（2）全过程咨询项目管理部应于下月 5 日前提交项目管理月报，月报应包括以下主要内容：

1）项目概况；

2）本期项目管理工作综述：

① 前期手续和市政条件办理情况；

② 招标及合同管理；

③ 设计管理；

④ 造价管理；

⑤ 项目现场施工管理；

⑥ 其他。

3）下月项目管理重点工作：

① 前期手续和市政条件办理；

② 招标及合同管理；

③ 设计管理；

④ 项目现场施工管理；

⑤ 下月进度计划。

3. 项目周报（周计划）制度

（1）施工总承包、全过程咨询项目监理部等参建单位应根据合同服务内容及建设单位与全过程咨询项目管理部要求于每周五向全过程咨询项目管理部上报施工周报、周计划、监理周报。

（2）全过程咨询项目管理部于每周一提交全过程咨询项目管理部周报，周报应包括以下主要内容：

1）本周各项工作完成情况；

主要内容：设计工作进展、招标工作进展、手续办理、工程施工进度、合同管理、有关会议、项目日常管理工作及相关事项等；

2）下周工作计划；

3）需要协调解决工作。

4. 项目文件流转制度

全过程咨询项目管理部负责建设单位与各单位之间的文件流转；

全过程咨询项目监理部负责各总分包、分包等施工单位间的文件流转；

由施工单位至建设单位的上报文件均需经过全过程咨询项目监理部和项目管理部到达

建设单位；

建设单位与各参建单位文件下发与上报通过全过程咨询项目管理部及项目监理部完成；

各单位均应指定一名专职的资料员负责文件的接收与分发，各单位应制定文件内部流转制度，确保文件迅速高效的传递到需求部门（图1）。

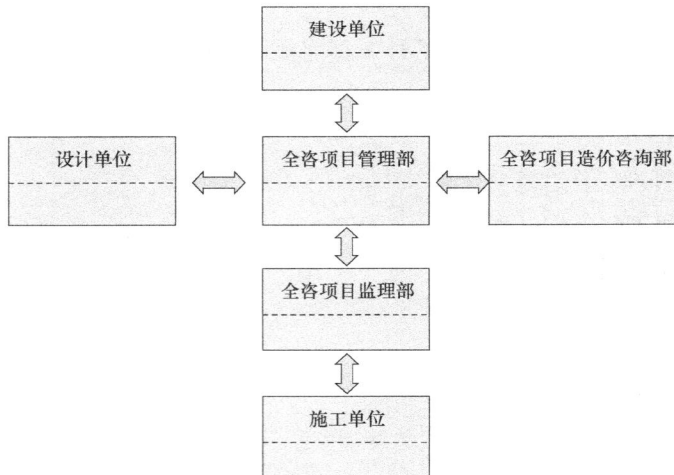

图1　建设单位与参建单位之间下发与上报文件流程图

三、项目管理基本流程

1. 工程变更流程

根据变更性质按施工单位提出工程变更和建设单位（设计单位）提出变更制定工作流程。

根据项目管理需要，进一步补充、完善"变更洽商费用申报审批流程"会签流程。

（1）施工单位提出的一般工程变更流程

如图2所示。

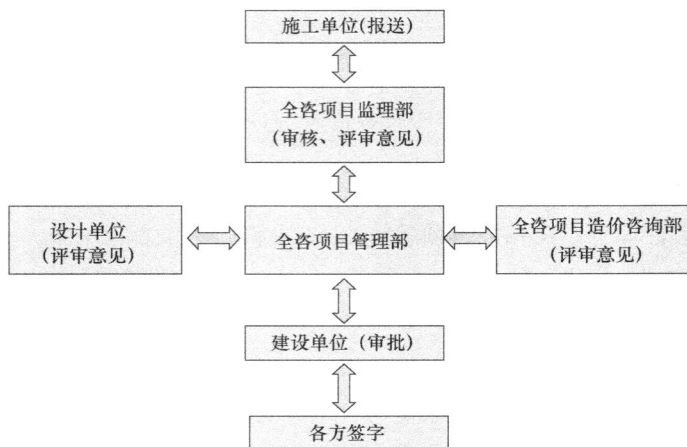

图2　一般工程变更流程

（2）施工单位提出的重大工程变更流程

如图 3 所示。

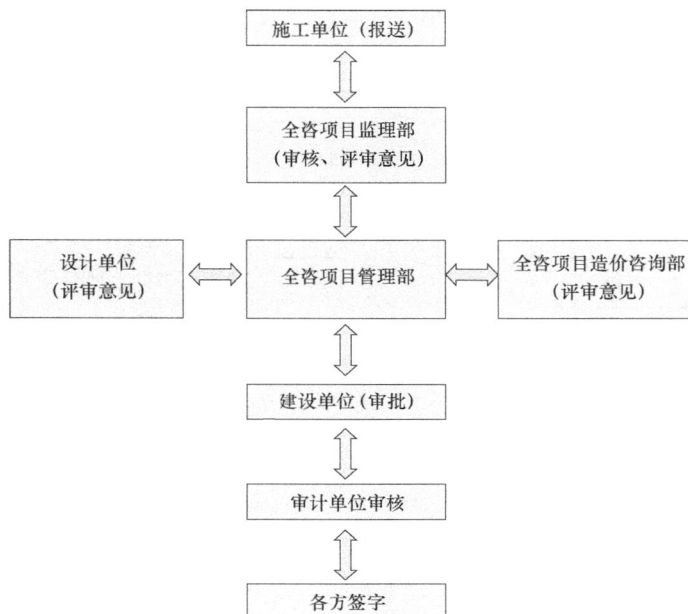

```
            ┌─────────────────┐
            │  施工单位（报送） │
            └─────────────────┘
                    ↕
            ┌─────────────────┐
            │  全咨项目监理部   │
            │ （审核、评审意见）│
            └─────────────────┘
                    ↕
┌──────────┐   ┌─────────────┐   ┌──────────────┐
│ 设计单位  │↔ │ 全咨项目管理部 │ ↔│ 全咨项目造价咨询部│
│（评审意见）│   └─────────────┘   │  （评审意见）  │
└──────────┘         ↕          └──────────────┘
            ┌─────────────────┐
            │  建设单位（审批） │
            └─────────────────┘
                    ↕
            ┌─────────────────┐
            │   审计单位审核    │
            └─────────────────┘
                    ↕
            ┌─────────────────┐
            │    各方签字      │
            └─────────────────┘
```

图 3　重大工程变更流程

注：重大工程变更是指工程建设过程中，工程的建设任务、工程规模、设计标准、总体布局、工程布置、主要建筑物结构、重要机电、设备、重大技术问题的处理措施等方面发生较大变化，对工程的工期、安全、投资、效益产生重大影响的设计变更。

施工单位提出工程变更事项同时附变更费用，并一式七份报全过程咨询项目监理部、项目管理部，非紧急变更应提前七日提出。全过程咨询项目监理部将留存一份进行评审，其余六份立即报全过程咨询项目管理部。

1）全过程咨询项目管理部接到项目监理部转来的变更资料立即电话通知设计单位领取，同时报送建设单位，对于重大工程变更同时通知审计单位。

2）各单位自接到领取工程变更电话通知即开始计算起算时间，紧急变更两日内反馈评审意见（限于下午三点前接到领取通知），非紧急变更四日内给出评审意见，重要、重大工程变更五日内给出工程变更评审意见。

3）工程变更洽商记录同时需附工程变更评审意见表（详见本章附件），其中工程变更内容、原因由施工单位填写，全过程咨询项目监理部、全过程咨询项目造价咨询部、全过程咨询项目管理部、建设单位等意见各自填写。所有单位意见签署通过后，各方在工程洽商记录上签字，工程变更才有效。

4）必要时，建设单位和全过程咨询单位组织专题会议就变更事项进行讨论。讨论通过后签署会签单，工程变更才有效。

5）所有工程变更，必须由建设单位作出同意变更的决策后，工程变更才有效，各单位才能按照工程变更执行。

6）重大工程变更需经过审计单位同意后才能签署。

（3）建设单位（设计单位）提出工程变更流程

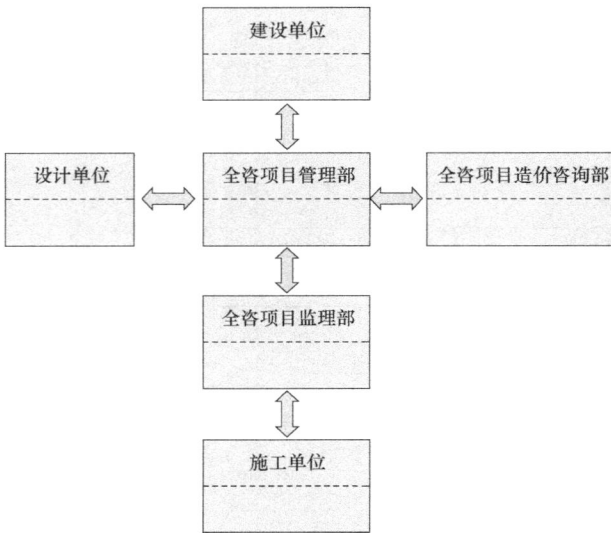

图4　建设单位（设计单位）提出工程变更流程

如图4所示。

1）建设单位（设计单位）提出工程变更意向，并将变更意向传达项目管理单位。

2）全过程咨询单位收到变更意向后根据工程变更性质有选择的电话通知各单位领取变更意向。

3）各单位自接到领取工程变更意向电话通知即开始计算起算时间，紧急变更二日内反馈评审意见（仅限于下午三点前接到领取通知），非紧急变更四日内给出评审意见，重要、重大变更五日内给出评审意见，评审意见反馈项目管理单位。

4）全过程咨询单位收到各方评审意见后在规定的时限内反馈建设单位（仅限于下午三点前接到全部反馈意见），建设单位依据各方意见和事项性质在规定的时限内给予决策。

5）建设单位做出同意变更的决策后，各单位应按规程要求在工程变更会签栏内会签。

2. 工程款支付流程

如图5所示。

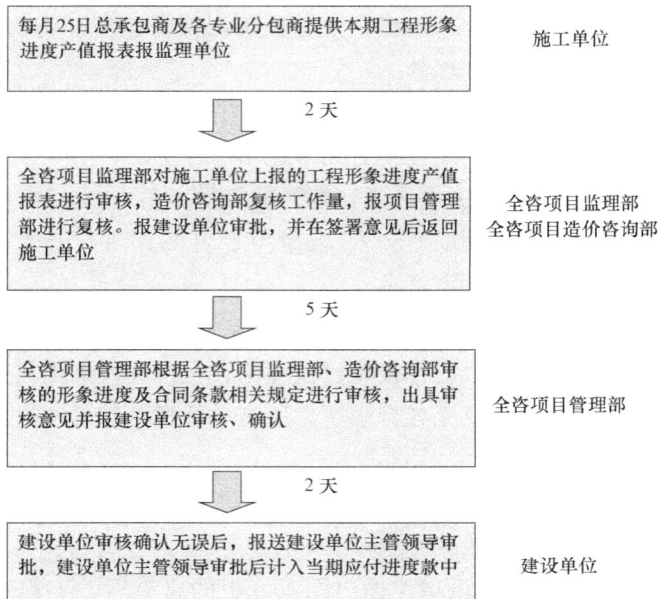

图5　工程款支付流程

134

3. 工程延期管理程序

如图 6 所示。

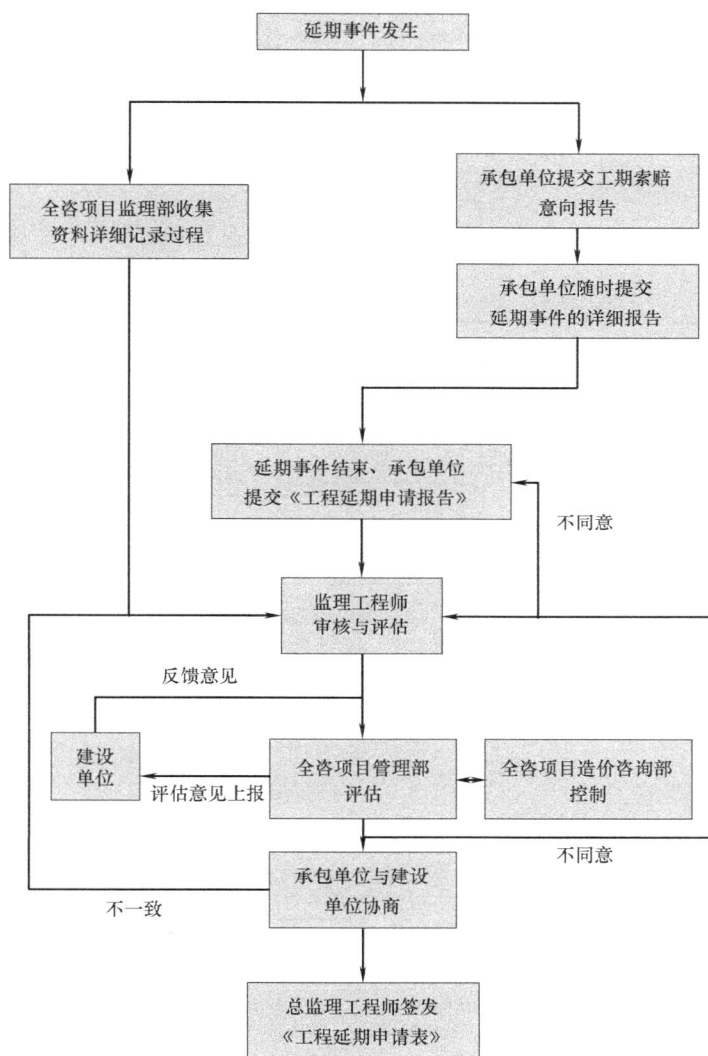

图 6 工程延期管理程序

4. 费用索赔管理程序

如图 7 所示。

5. 工程质量控制程序

（1）工程材料、构配件、设备质量控制基本程序

如图 8 所示。

```
                    ┌──────────────┐
                    │  延期事件发生   │
                    └──────┬───────┘
          ┌────────────────┴──────────────┐
          │                               │
┌──────────────────┐          ┌──────────────────┐
│  全咨项目监理部收集  │          │  承包单位提交工期索赔 │
│  资料详细记录过程   │          │  意向报告          │
└────────┬─────────┘          └─────────┬────────┘
         │                    ┌──────────────────┐
         │                    │  承包单位随时提交    │
         │                    │  延期事件的详细报告   │
         │                    └─────────┬────────┘
         │          ┌──────────────────────┐
         │          │  延期事件结束、承包单位    │        不同意
         │          │  提交《工程延期申请报告》  │─────────┐
         │          └──────────┬───────────┘         │
         │          ┌──────────────────┐              │
         │   ┌──────│  监理工程师        │              │
         │   │      │  审核与评估        │              │
         │   │      └──────┬───────────┘              │
         │ 反馈意见        │                          │
 ┌─────────┐ │  ┌──────────────────┐ ┌──────────────────┐
 │ 建设     │ │  │  全咨项目管理部     │ │  全咨项目造价咨询部 │
 │ 单位     │◄┘  │  评估            │◄►│  控制            │
 └─────────┘评估意见上报└────┬──────────┘ └──────────────────┘
         │          ┌──────────────────┐         不同意
         │          │  承包单位与建设     │
         │   不一致   │  单位协商         │
         └──────────┴────┬─────────────┘
                    ┌──────────────────┐
                    │  总监理工程师签发    │
                    │  《工程延期申请表》   │
                    └──────────────────┘
```

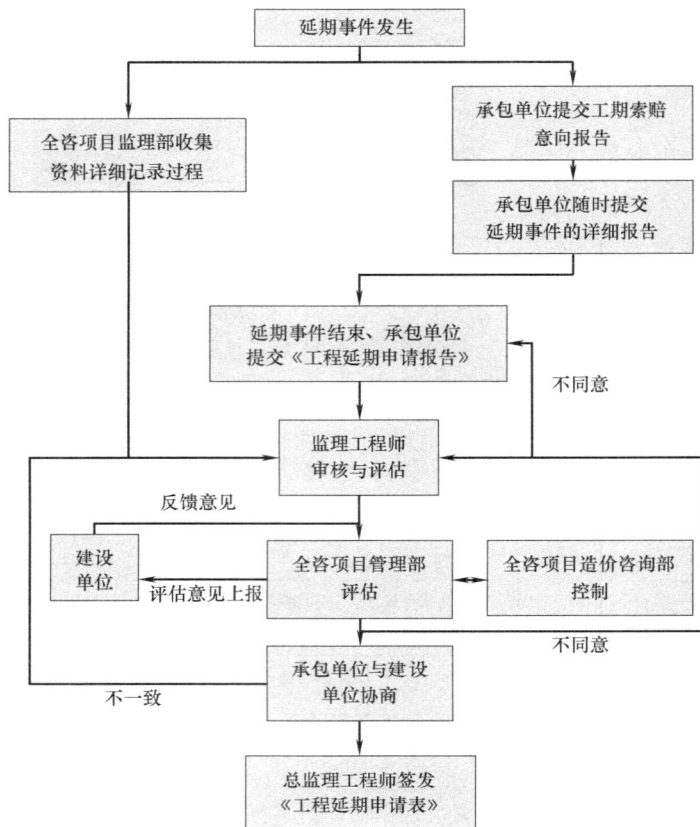

图 7　费用索赔管理程序

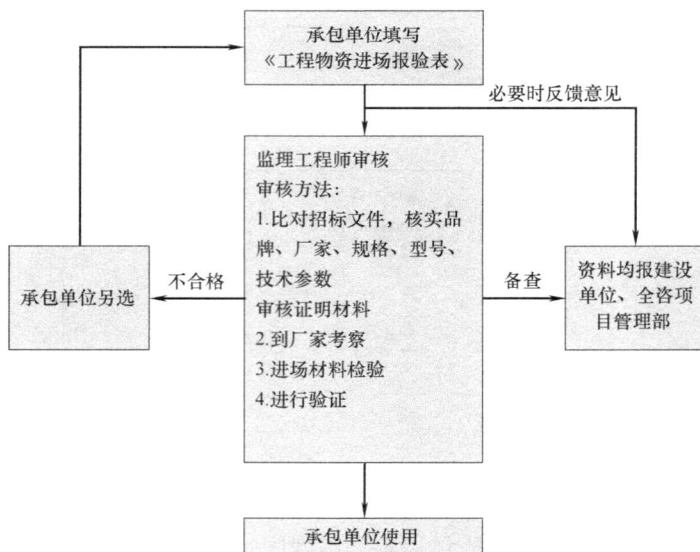

```
                    ┌──────────────────┐
              ┌─────│  承包单位填写       │
              │     │  《工程物资进场报验表》│
              │     └─────────┬────────┘
              │               │      必要时反馈意见
              │     ┌──────────────────┐─────────┐
              │     │ 监理工程师审核       │         │
              │     │ 审核方法：          │         │
              │     │ 1.比对招标文件，核实品 │         │
 ┌─────────┐  │不合格│  牌、厂家、规格、型号、 │  备查  ┌──────────────────┐
 │承包单位另选│◄─────│  技术参数          │───────►│ 资料均报建设       │
 └─────────┘  │     │  审核证明材料       │         │ 单位、全咨项      │
              │     │ 2.到厂家考察        │         │ 目管理部         │
              │     │ 3.进场材料检验       │         └──────────────────┘
              │     │ 4.进行验证         │
              │     └─────────┬────────┘
              │     ┌──────────────────┐
              │     │  承包单位使用       │
              │     └──────────────────┘
```

图 8　工程材料、构配件、设备质量控制基本程序

（2）分包资质审查基本程序
如图9所示。

（3）分项、分部工程签认基本程序

由全过程咨询项目监理部编制，全过程咨询项目管理部、建设单位审核、批准后实施。

6. 安全绿色施工管理流程

由全过程咨询项目监理部编制，全过程咨询项目管理部、建设单位审核批准后实施。

附件：××纪念馆工程变更评审意见表（表1）

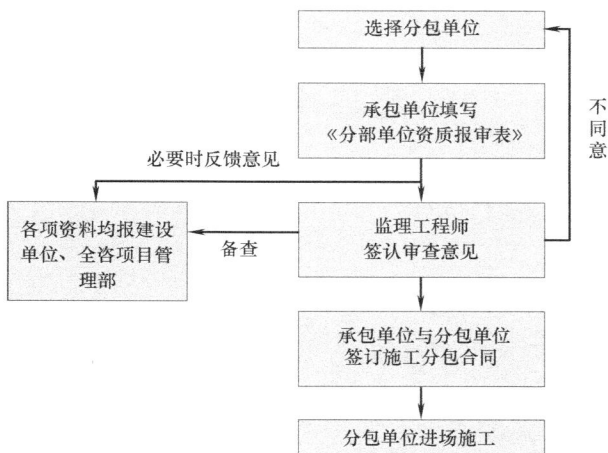

图9　分包资质审查基本程序

| | 选择分包单位 | 不同意 |
| 承包单位填写《分部单位资质报审表》 | | |

附件：××纪念馆工程变更评审意见表（表1）

××纪念馆工程变更评审意见表　　　　　　　　　　　　　　表1

工程变更原因和主要内容	
全过程咨询项目监理部意见	签字： 日期：
全过程咨询项目造价咨询部意见	签字： 日期：
全过程咨询项目管理部意见	签字： 日期：
审计单位意见	签字： 日期：
建设单位意见	签字： 日期：

第二节 ×××软件园孵化加速器和云计算创新示范基地项目全过程工程咨询服务案例

一、项目概况

图 10 ×××软件园孵化加速器

图 11 云计算创新示范基地项目

1. ×××软件园孵化加速器项目

总建筑面积58000m²，总投资人民币50000万元；地下一层，地上五层，钢筋混凝土框架结构，建设工期：2013年9月—2014年12月（图10）。

2. 云计算创新示范基地项目

总建筑面积20000m²，总投资人民币19000万元；地下一层，地上三层。钢筋混凝土框架结构，建设工期：2013年8月—2014年10月（图11）。

二、全过程工程咨询服务范围

国金管理公司中标承担如下全过程工程咨询服务内容：

1. 可行性研究（项目申请报告）报告编制；

2. 全过程项目管理；

3. 工程监理；

4. 受×××发展集团委托，承担软件园建设项目的安全评估工作（第三方检测和评估）；

5. 工程决算。

三、项目组织架构

如图12所示。

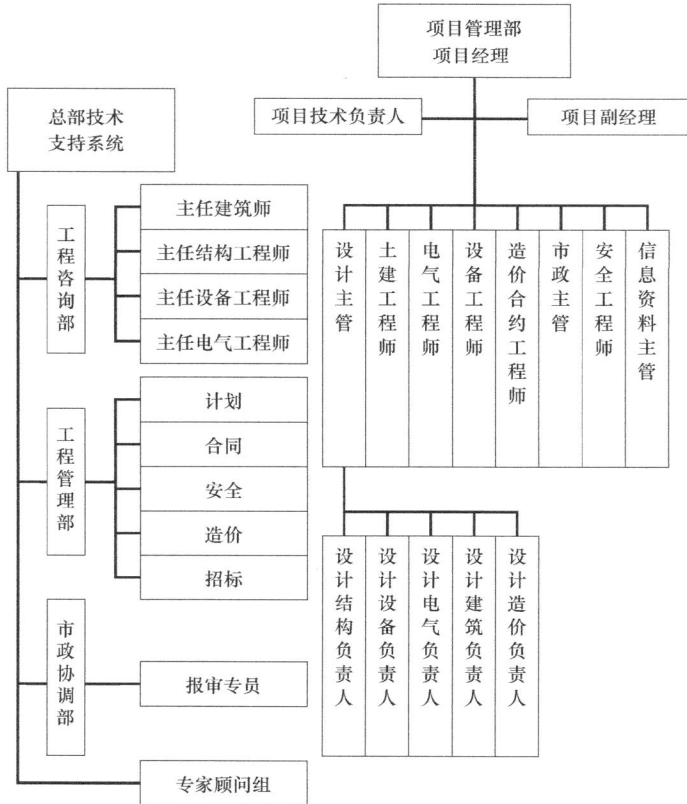

图12　项目组织架构图

四、项目合同架构图

如图 13 所示。

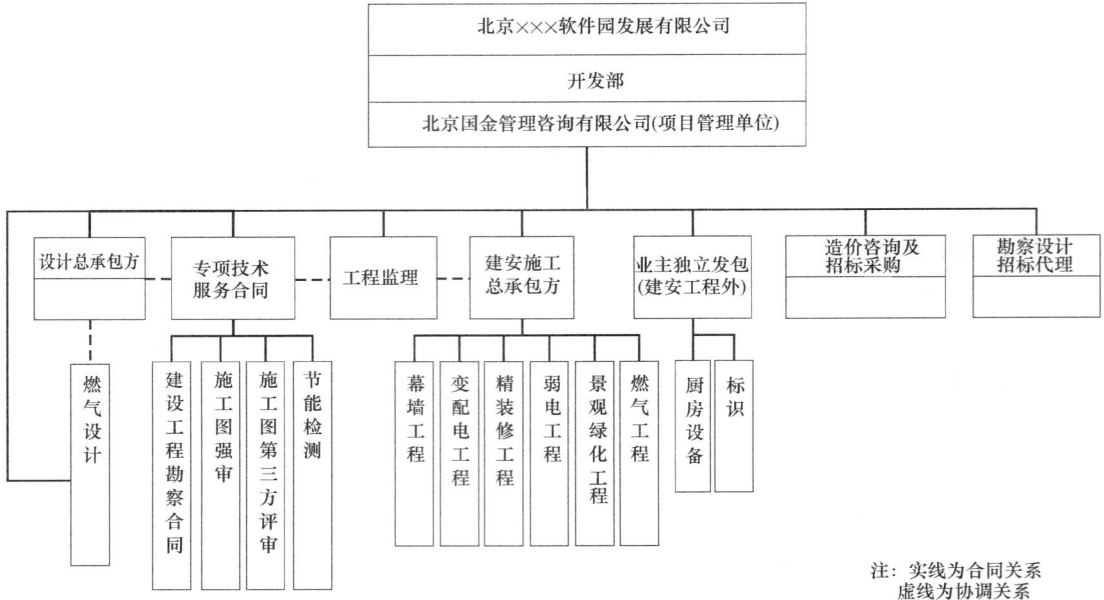

图 13 项目合同架构图

五、项目招标方案

×××软件园孵化加速器项目招标方案

"×××软件园孵化加速器"项目招标方案

根据"×××软件园孵化加速器"项目进度计划要求，结合本工程设计、业主有关管理规定及项目具体情况，项目管理部编制"×××软件园孵化加速器"项目招标方案，主要内容如下：

（一）招标条件落实情况

1. 招标条件：立项批复、规划许可证、委托招标代理协议、招标备案表盖章；

2. 招标条件落实情况：本项目具有立项备案文件、规划条件、委托招标代理协议，暂不具备规划许可证、施工许可证，经招标代理公司、业主有关部门与建设工程招标主管部门沟通落实，具备总包、分包、监理条件。

（二）合同规划及招标有关内容

1. 综合分析本项目建设总体要求，并结合项目实际情况，编制本项目合同规划，合同规划及招标有关的主要内容列表如表 2 所示。

合同规划（类别、数量、金额）及招标方式、资质要求、资格审查方式汇总表

表2

序号	合同名称	合同估算金额（万元）	拟采用招标方式及招标组织方式	主要资质要求	资格审查方式	备注
一	监理类					
1	施工监理合同	436	公开招标/委托	房建工程监理甲级或综合资质	资格预审	约估算80%
二	施工类					
1	总承包合同	22755	公开招标/委托	施工总承包一级及以上	资格预审	约估算80%
2	幕墙专业分包工程	1536	公开招标/委托	幕墙专业承包一级及以上	资格预审	约估算80%
3	变配电专业分包工程	800	公开招标/委托	变配电专业承包二级及以上	资格预审	估算80%
4	精装修专业分包工程	1536	公开招标/委托	精装修二级及以上	资格预审	估算80%
5	弱电专业分包工程	1382	公开招标/委托	智能化专业承包一级	资格预审	估算80%
6	燃气工程	115	邀请招标/委托	/	/	估算
7	景观绿化工程	690	公开招标/委托	园林绿化二级及以上	资格预审	估算80%
三	咨询服务类					
1	施工图审查	16	邀请招标/委托	房屋建筑审图一类	/	与云计算合并
2	其他（检测等）	根据工程进度，进一步确定				
四	业主独立发包类					
1	厨房设备	240	公开招标/委托	/	资格预审	估算80%
2	标识	47	邀请招标/委托	/	/	估算80%

合同规划有关情况说明：

A. 编制原则

合同规划的制定以具有可操作性、便于协调管理、利于项目整体进度、降低投资为原则。

B. 现行规定情况分析

（1）现行规定：分包工程合同等暂估价不得超过总包合同价的30%；

（2）情况分析如表3所示。

情况分析表　　　　　　　　　　　　　　　　　　　　　表3

序号	项目		暂估合同金额(万元)	30%比例(万元)	备注
		×××软件园孵化加速器			
1	总包工程		22755	6826	约估算80%
2	其中：分包工程	外幕墙工程	1536	5369	约估算80%
		变配电工程	800		约估算80%
		燃气工程	115		估算价
		精装修工程	1536		估算80%
		弱电工程	1382		估算80%
		地源热泵工程	885	不设置	估算80%
		消防工程	829	不设置	估算80%
		电梯工程	320	不设置	估算80%
3	园林绿化工程		690		估算80%
4	厨房设备(业主发包)		240	/	估算80%
5	标识(业主发包)		47	/	估算80%

C. 地源热泵工程招标组织方式经与业主汇报沟通后，根据业主有关意见，按地源热泵工程纳入总承包自行实施范围组织招标相关工作，使地源热泵工程与总包同步进场，由总包合理进行组织并实施，基本满足整体计划要求。

D. 本工程施工采用施工总承包合同管理，总包自行组织实施完成的工程内容主要包括：建筑、结构、电气、给排水、暖通（含地源热泵工程）、电梯、消防工程、小市政及道路等工程。

E. 幕墙工程、变配电工程、精装修工程、弱电工程、燃气工程、景观绿化工程施工采用总包（专业）分包工程合同管理。

将外幕墙工程、变配电工程、精装修工程、弱电工程、燃气工程按总包暂估价分包工程划分；将消防、电梯工程、地源热泵工程等纳入总包自行承包范围情况说明：

（1）前提：行业管理要求、项目进度要求及业主要求等。

（2）外幕墙工程按专业分包设置，主要原因：

主要从业主对外立面要求较高、工程界面划分满足施工进度要求两方面综合考虑，利用总包招标的时间，完善图纸、招标文件等，更好地选择专业承包单位。

（3）变配电工程按专业分包设置，主要原因：

主要从业主变配电工程相对独立、界面划分满足施工进度要求考虑，利用总包招标的时间，完善图纸、招标文件等，更好地选择专业承包单位。

（4）室内精装修工程、弱电工程按专业分包设置，主要原因：

主要结合项目进展，从设计图纸出图条件、施工组织有利于工程进展等方面综合考虑，可节省精装修等设计出图时间并可利用总包招标的时间，完善图纸、招标文件等，更好地选择专业承包单位。

（5）将消防、电梯、地源热泵工程等纳入总包自行承包范围，主要情况分析：

1）优点：

a. 符合现行招标制度；

b. 实行总承包管理，减少暂估项、暂估价，有利于组织管理及协调；

c. 节省部分分包招标工作，有利于进度推进；

d. 纳入总包的专业工程将无总包管理配合服务费用、招标代理服务费用。

2）缺点：

a. 将受图纸深度影响；

b. 总包招标阶段清单、控制价编制等工作量将有所增加。

3）措施方法：拟在总包标文件中进行相关约定，可以满足进度、质量要求并合理优选专业工程承包单位。如：上述专业工程，在总包招标文件中约定品牌、档次及有关技术要求，并从总包选择专业承包单位资质申报要求等方面在符合建委有关规定的前提下进行约定等。

园林绿化工程按建委有关要求，由招标人在园林一级市场组织招标。

4）材料及设备的采购：原则上材料设备不设置暂估价，在总包及专业分包招标时，根据业主批复投资估算中有关材料设备标准档次，在招标文件中进行相关约定，可以满足进度及合理控制投资要求。

5）厨房设备、标识工程可按建安工程外项目，由业主独立发包组织实施。

6）项目管理部将根据设计图纸深度及业主要求等实际情况（如室外小市政等），进一步补充、调整、完善专业分包工程及材料设备采购合同体系。

综上所述，本项目按上述合同规划进行招标组织。

（三）总体招标工作计划和单项招标工作计划

根据进度总控计划、设计图纸进展，结合招标有关流程，制定本项目总体招标工作计划和单项招标工作计划。

1. "×××软件园孵化加速器"项目招标总体工作计划（表4）。

项目招标总体工作计划表

表4

序号		×××软件园孵化加速器项目			备 注
			开始时间	完成时间	
1	监理招标	办理招标入场	2013年2月18日		提前完成文件编制审核
		资格预审工作完成	2013年2月25日	2013年3月18日	至投标人资格登记
		招标投主要工作完成	2013年3月19日	2013年4月12日	至完成评标
2	施工总包招标	办理招标入场	2013年3月18日		
		资格预审工作完成	2013年3月27日	2013年4月15日	至投标人资格登记
		工程量清单、控制价编制及审核完成	2013年3月8日	2013年4月15日	施工图纸完成后的主要工作
		招标投主要工作完成	2013年4月15日	2013年5月8日	至完成评标
3	（幕墙、变配电、精装修、弱电）工程专业分包及业主独立发包工程	办理招标入场	2013年5月22日		
		资格预审工作完成	2013年5月27日	2013年6月14日	至投标人资格登记
		工程量清单、控制价编制及审核完成	2013年4月15日	2013年5月19日	
		招标投主要工作完成	2013年6月14日	2013年7月15日	至完成评标
4	（园林、燃气）工程专业分包及业主独立发包工程		根据工程进展，后续组织确定		

2. "×××软件园孵化加速器"项目监理招标工作计划（表5）。

项目监理招标工作计划表

表5

序号	工作内容	招标时间	招标时限	备 注
一	前期准备			立项批复、规划意见书、委托招标代理协议、招标备案表盖章
二	招标阶段			
1	招标代理编制完成资格预审文件	1月28日—2月1日	5个工作日	
2	国金公司完成资格预审文件评审	2月4日—2月6日	3个工作日	

序号	工作内容	招标时间	招标时限	备注
3	招标人完成资格预审文件评审	2月7日—2月18日	5个工作日	春节放假7日历天
4	办理招标人场	2013年2月18日	1个工作日	项目入场通过
5	发布招标公告	2月19日—2月23日	5个日历天	
6	资格预审文件备案	2月25日—2月27日	3个工作日	经招标人确认的文件
7	发放资格预审文件	2月28日—3月4日	5个日历天	
8	资格预审文件递交	3月5日—3月11日	5个日历天	结束日为工作日
9	资格预审评审	3月12日—3月13日	2个工作日	评审前1天抽取评审专家
10	评审报告结果招标人盖章确认	3月14日—3月15日	2个工作日	
11	投标人资格条件登记	3月18日	1个工作日	
12	招标代理编制完成招标文件	2月4日—2月8日	5个日历天	
13	国金公司完成招标文件评审	2月16日—2月20日	5个日历天	
14	招标人完成招标文件评审	2月21日—2月27日	5个工作日	发放招标文件
15	招标文件备案	3月19日—3月21日	3个工作日	
16	投标单位编制投标文件	3月21日—4月10日	20个日历天	包括:现场踏勘,答疑,澄清
17	开标,评标	4月11日—4月12日	2个工作日	
18	编制评审报告	4月15日	1个工作日	
19	评审结果招标人确认盖章	4月16日—4月17日	2个工作日	招标人确认评审结果
20	中标结果公示	4月18日—4月22日	5个日历天	
21	中标通知书备案	4月23日	1个工作日	招标人确认中标通知书及及评标报告
22	招标人与中标人签订合同办理合同备案	视甲、乙双方签订合同时间	视甲、乙双方签订合同时间	招标人及中标人向招标办缴纳交易服务费

3. "×××软件园孵化加速器"项目施工总包招标工作计划（表6）。

项目施工总包招标工作计划表

表6

序号	工作内容	招标时间	招标时限	备注
一	前期准备	立项批复、规划意见书、委托招标代理协议、招标备案表盖章		
二	招标阶段			
1	招标代理编制完成总包施工资格预审文件	3月14日—3月18日	5个日历天	
2	国金公司完成施工资格预审文件评审	3月19日—3月21日	3个工作日	
3	招标人完成施工资格预审文件评审	3月22日—3月26日	3个工作日	
4	办理招标入场	2013年3月18日	1个工作日	项目入场通过
5	发布招标公告	3月19日—3月25日	5个日历天	经确认的文件
6	资格预审文件备案	3月27日—3月29日	3个工作日	
7	发放资格预审文件	3月29日—4月2日	5个日历天	
8	资格预审文件递交	4月3日—4月8日	5个日历天	结束日为工作日
9	资格预审评审	4月9日—4月10日	2个工作日	评审前1天抽取评审专家
10	评审报告结果甲方盖章确认	4月11日—4月12日	2个工作日	
11	投标人资格条件登记	4月15日	1个工作日	
12	招标代理编制完成施工招标文件	3月19日—3月28日	10个日历天	
13	国金公司完成施工招标文件评审	3月29日—4月7日	10个日历天	
14	招标人完成施工招标文件评审	4月8日—4月14日	5个工作日	
15	造价公司编制工程量清单、控制价	3月8日—3月28日	20日历天	
16	国金公司核审（造价公司调整）完成清单、控制价	3月29日—4月5日	8个日历天	3月7日取得施工图
17	招标人核审（造价公司调整）完成清单、控制价	4月8日—4月15日	6个工作日	
18	施工招标文件备案	4月15日—4月17日	3个工作日	发放招标文件

序号	工作内容	招标时间	招标时限	备注
19	投标单位编制投标文件	4月17日—5月6日	20个日历天	包括:现场踏勘、答疑、澄清
20	开标、评标	5月7日—5月8日	2个工作日	
21	编制评审报告	5月9日	1个工作日	
22	评标结果甲方确认盖章	5月10日—5月13日	2个工作日	招标人确认评标结果
23	中标结果公示	5月14日—5月20日	5个日历天	
24	中标通知书备案	5月21日	1个工作日	招标人确认中标通知书及评标报告
25	招标人与中标人签订合同办理合同备案	视甲、乙双方签订合同时间	视甲、乙双方签订合同时间	招标人及中标人向标办缴纳交易服务费

4. "××××软件园孵化加速器"项目专业分包工程招标工作计划（表7）。

项目专业分包工程招标工作计划表

表7

序号	工作内容	招标时间	招标时限	备注
一	前期准备			
二	招标阶段		总包招标文件、总包中标通知书、委托招标代理协议、招标备案表盖章	
1	招标代理编制完成分包施工资格预审文件	3月29日—4月12日	各5个工作日	幕墙、变配电等4个标
2	国企公司完成施工资格预审文件评审	4月3日—4月17日	各3个工作日	
3	招标人完成施工资格预审文件评审	4月8日—4月22日	各3(5)个工作日	
4	办理招标入场	2013年5月22日	1个工作日	项目人场通过
5	发布招标公告	5月22日—5月27日	5个工作日	

序号	工作内容	招标时间	招标时限	备注
6	资格预审文件备案	5月27日—5月29日	3个工作日	经确认的文件
7	发放资格预审文件	5月29日—6月2日	5个工作日	结束日为工作日
8	资格预审文件递交	6月3日—6月7日	5个工作日	结束日为工作日
9	资格预审评审	6月10日—6月11日	2个工作日	评审前1天抽取评审专家
10	评审报告结果甲方盖章确认	6月12日—6月13日	2个工作日	
11	投标资格条件登记	6月14日	1个工作日	
12	招标代理编制完成分包施工招标文件	4月3日—4月19日	各5个工作日	幕墙、变配电等4个标
13	国金公司完成施工招标文件评审	4月10日—4月26日	各5个工作日	
14	招标人完成施工招标文件评审	4月17日—5月5日	各5个工作日	
15	造价公司编制工程量清单、控制价	4月15日—4月30日	16日历天	幕墙、变配电等4个标编制工程量清单
16	国金公司核审（造价公司调整）完成清单、控制价	5月4日—5月10日	7个日历天	清单项目管理公司核审
17	招标人核审（造价公司调整）完成清单、控制价	5月13日—5月19日	7个日历天	
18	招标文件备案	6月14日—6月19日	4个工作日	发放招标文件
19	投标单位完成编制投标文件	6月20日—7月9日	20个日历天	包括：现场踏勘，答疑，澄清
20	开标、评标	7月10日—7月15日	4个工作日	
21	编制评审报告	7月16日	1个工作日	
22	评审结果甲方确认盖章	7月17日—7月18日	2个工作日	招标人确认评标结果
23	中标结果公示	7月19日—7月23日	5个日历天	
24	中标通知书备案	7月24日	1个工作日	招标人及中标人确认中标通知书及评标报告
25	招标人与中标人签订合同办理合同备案	视甲、乙双方签订合同时间	视甲、乙双方签订合同时间	招标人及中标人向办缴纳交易服务费

(四) 风险评估

1. 手续风险

按本项目工作推进计划，在计划招标（含分包招标）阶段将暂不具备规划许可证、施工许可证，虽经招标代理公司、业主有关部门与建设工程招标主管部门沟通落实，在现有立项备案、规划条件情况下可开展总包、分包、监理招标，但均为口头认可，存在不确定因素，如需增加申请、批准等程序将在时间上存在影响进度的风险。

对策：进一步提前沟通落实，如需办理申请批准等情况，招标代理应提前1周时间进行准备。

2. 设计进度、深度影响整体进展、合同规划等风险

（1）当前施工图设计工作已出现滞后情况，投资问题及设计单位自身组织等将影响设计工作进展；

（2）设计图纸（含专业工程施工图纸）应满足招标文件编制要求，特别是界面范围、工程量清单编制。根据以往工程管理经验，存在设计图纸深度影响合同规划风险。同时，因工期要求较紧，本方案计划中设计单位提交的施工图纸按与施工图强审、人防、消防、供电等有关部门审核同步进行考虑，将存在图差及造价控制风险。

对策：

1）尽快确定总投资；

2）要求加强设计管理并及时与有关部门沟通协调，满足进度计划、质量要求；

3）根据设计图纸实际情况，补充、调整合同规划体系，最大限度满足总进度计划要求。

3. 业主审批流程较长影响计划完成时间的风险

资格预审文件、招标文件（条款部分）、招标控制价均为招标重要内容，业主讨论、审批时间较长将影响本招标计划的完成。

对策：业主及时进行讨论、审批和决策。

（五）"×××软件园孵化加速器"项目专业分包工程招标总体工作计划

（1）"×××软件园孵化加速器"项目专业分包工程招标总体工作计划（表8）。

项目专业分包工程招标总体工作计划表   表8

		×××软件园孵化加速器项目专业分包工程		备注
		开始时间	完成时间	
外幕墙工程、消防工程	办理招标入场	2013年7月22日	2013年7月29日	
	资格预审工作完成	2013年7月30日	2013年8月19日	至投标人资格登记
	工程量清单、控制价编制及审核完成	2013年7月14日	2013年8月16日	施工图纸完成后的主要工作
	招投标主要工作完成	2013年8月27日	2013年9月17日	至完成评标

	×××软件园孵化加速器项目专业分包工程			备注
		开始时间	完成时间	
弱电工程、地源热泵工程、变配电工程	办理招标入场	2013 年 8 月 20 日	2013 年 8 月 26 日	
	资格预审工作完成	2013 年 8 月 27 日	2013 年 9 月 18 日	至投标人资格登记
	工程量清单、控制价编制及审核完成	2013 年 7 月 31 日	2013 年 9 月 17 日	施工图纸完成后的主要工作
	招投标主要工作完成	2013 年 9 月 27 日	2013 年 10 月 22 日	至完成评标
精装修工程、园林景观工程、燃气工程	办理招标入场	2013 年 9 月 10 日	2013 年 9 月 16 日	
	资格预审工作完成	2013 年 9 月 17 日	2013 年 10 月 12 日	至投标人资格登记
	工程量清单、控制价编制及审核完成	2013 年 9 月 2 日	2013 年 10 月 12 日	施工图纸完成后的主要工作
	招投标主要工作完成	2013 年 10 月 22 日	2013 年 11 月 13 日	至完成评标

（2）×××软件园孵化加速器项目外幕墙工程、消防工程招标工作计划（表 9）。

项目外幕墙工程、消防工程招标工作计划表　　　　　表 9

序号	工作内容		招标时间	招标时限	备注
一	前期准备		总包中标通知书、总包招标文件或施工合同、招标代理协议、入场表格、承诺书		
二	招标阶段				
1	完成施工资格预审文件评审	编制文件	7 月 8 日—7 月 12 日	5 个工作日	
		报管理公司审核	7 月 15 日—7 月 17 日	3 个工作日	
		报甲方审核	7 月 17 日—7 月 19 日	3 个工作日	
2	办理招标入场		2013 年 7 月 22 日	1 个工作日	
3	发布招标公告		7 月 23 日—7 月 29 日	5 个工作日	项目入场通过
4	资格预审文件送审		7 月 23 日—7 月 29 日	5 个工作日	经确认的文件
5	发放资格预审文件		7 月 30 日—8 月 5 日	5 个工作日	
6	资格预审文件递交		8 月 6 日—8 月 8 日	3 个工作日	
7	资格预审评审专家抽取表、报名表、资审文件领取表、递交表盖章及抽取评标专家		8 月 9 日—8 月 13 日	3 个工作日	
8	资格预审评审		8 月 14 日—8 月 14 日	1 个工作日	
9	评审报告结果甲方盖章确认		8 月 15 日—8 月 16 日	2 个工作日	
10	投标人资格条件登记		8 月 19 日	1 个工作日	招标人盖章确认
11	完成招标文件审核	编制招标文件	8 月 6 日—8 月 12 日	5 个工作日	
		报管理公司审核	8 月 9 日—8 月 13 日	3 个工作日	
		报甲方审核	8 月 14 日—8 月 16 日	3 个工作日	
12	造价公司编制工程量清单		7 月 14 日—8 月 2 日	20 日历天	7 月 14 日取得施工图

序号	工 作 内 容	招标时间	招标时限	备注
13	国金公司核审(造价公司调整)完成清单	8月3日—8月9日	7个日历天	
14	甲方核审(造价公司调整)完成清单	8月10日—8月16日	7个日历天	
15	造价公司编制完成控制价	7月31日8月2日	3个工作日	
16	国金公司核审(造价公司调整)完成控制价	8月5日—8月9日	5个日历天	
17	甲方核审(造价公司调整)完成控制价	8月10日—8月16日	7个日历天	
18	施工招标文件送审	8月19日—8月27日	7个工作日	发放招标文件
19	投标单位编制投标文件	8月27日—9月15日	20个日历天	包括:现场踏勘、答疑、澄清
20	开标、评标	9月16日—9月17日	2个工作日	
21	编制评审报告	9月18日	1个日历天	
22	评标结果甲方确认盖章	9月22日—9月23日	2个工作日	招标人确认评标结果
23	中标结果公示	9月24日—9月26日	3个日历天	含2个工作日
24	中标通知书备案	9月27日	1个工作日	招标人确认中标通知书及评标报告
25	招标人与中标人签订合同办理合同备案	视甲、乙双方签订合同时间	视甲、乙双方签订合同时间	招标人及中标人向标办缴纳交易服务费

（3）×××软件园孵化加速器项目弱电工程、地源热泵工程、变配电工程招标工作计划（表10）。

项目弱电工程、地源热泵工程、变配电工程招标工作计划表　　　　表10

序号	工 作 内 容		招标时间	招标时限	备注
一	前期准备		总包中标通知书、总包招标文件或施工合同、招标代理协议、入场表格、承诺书		
二	招标阶段				
1	完成施工资格预审文件评审	编制文件	8月5日—8月9日	5个工作日	
		报管理公司审核	2013年8月12日—8月14日	3个工作日	
		报甲方审核	2013年8月15日—8月19日	3个工作日	
2	办理招标入场		2013年8月20日	1个工作日	
3	发布招标公告		8月20日—8月26日	5个工作日	项目入场通过
4	资格预审文件送审		8月20日—8月26日	5个工作日	经确认的文件
5	发放资格预审文件		8月27日—9月2日	5个工作日	
6	资格预审文件递交		9月3日—9月9日	3个工作日	
7	资格预审评审专家抽取表、报名表、资审文件领取表、递交表盖章及抽取评标专家		9月10日—9月12日	3个工作日	

序号	工作内容		招标时间	招标时限	备注
8	资格预审评审		9月13日—9月13日	1个工作日	
9	评审报告结果甲方盖章确认		9月16日—9月17日	2个工作日	
10	投标人资格条件登记		9月18日	1个工作日	招标人盖章确认
11	完成招标文件审核	编制招标文件	9月4日—9月10日	5个工作日	
		报管理公司审核	9月11日—9月13日	3个工作日	
		报甲方审核	9月16日—9月18日	3个工作日	
12	造价公司编制工程量清单		7月31日—8月19日	20日历天	7月31日取得施工图
13	国金公司核审(造价公司调整)完成清单		8月20日—8月26日	7个日历天	
14	招标人核审(造价公司调整)完成清单		8月27日—9月2日	7个日历天	
15	造价公司编制完成控制价		9月3日—9月5日	3个工作日	
16	国金公司核审(造价公司调整)完成控制价		9月6日—9月10日	5个日历天	
17	招标人核审(造价公司调整)完成控制价		9月11日—9月17日	7个日历天	
18	施工招标文件送审		9月18日—9月27日	7个工作日	发放招标文件
19	投标单位编制投标文件		9月27日—10月20日	20个日历天	包括:现场踏勘、答疑、澄清、国庆假期
20	开标、评标		10月21日—10月22日	2个工作日	
21	编制评审报告		10月23日	1个日历天	
22	评标结果甲方确认盖章		10月23日—10月24日	2个工作日	招标人确认评标结果
23	中标结果公示		10月25日—10月28日	3个日历天	含2个工作日
24	中标通知书备案		10月29日	1个工作日	招标人确认中标通知书及评标报告
25	招标人与中标人签订合同办理合同备案		视甲、乙双方签订合同时间	视甲、乙双方签订合同时间	招标人及中标人向标办缴纳交易服务费

（4）×××软件园孵化加速器项目精装修工程、园林景观工程、燃气工程招标工作计划（表11）。

项目精装修工程、园林景观工程、燃气工程招标工作计划表　　　　表11

序号	工作内容		招标时间	招标时限	备注
一	前期准备		总包中标通知书、总包招标文件或施工合同、招标代理协议、入场表格、承诺书		
二	招标阶段				
1	完成施工资格预审文件评审	编制文件	8月26日—8月30日	5个工作日	
		报管理公司审核	9月2日—9月4日	3个工作日	
		报甲方审核	9月5日—9月9日	3个工作日	

序号	工作内容		招标时间	招标时限	备注
2	办理招标入场		2013年9月10日	1个工作日	
3	发布招标公告		9月10日—9月16日	5个工作日	项目入场通过
4	资格预审文件送审		9月10日—9月16日	5个工作日	经确认的文件
5	发放资格预审文件		9月17日—9月24日	5个工作日	含中秋节假期
6	资格预审文件递交		9月25日—9月27日	3个工作日	
7	资格预审评审专家抽取表、报名表、资审文件领取表、递交表盖章及抽取评标专家		9月29日—10月8日	3个工作日	含国庆假期
8	资格预审评审		10月9日—10月9日	1个工作日	
9	评审报告结果甲方盖章确认		10月10日—10月11日	2个工作日	
10	投标人资格条件登记		10月12日	1个工作日	招标人盖章确认
11	完成招标文件审核	编制招标文件	9月24日—9月29日	5个工作日	
		报管理公司审核	9月30日—10月9日	3个工作日	
		报甲方审核	10月10日—10月12日	3个工作日	
12	造价公司编制工程量清单		9月2日—9月21日	20日历天	9月2日取得施工图
13	国金公司核审(造价公司调整)完成清单		9月22日—9月28日	7个日历天	
14	招标人核审(造价公司调整)完成清单		9月29日—10月12日	7个日历天	含国庆假期
15	造价公司编制完成控制价		9月18日—9月23日	3个工作日	含中秋假期
16	国金公司核审(造价公司调整)完成控制价		9月24日—9月28日	5个日历天	
17	招标人核审(造价公司调整)完成控制价		9月29日—10月12日	7个日历天	含国庆假期
18	施工招标文件送审		10月14日—10月22日	7个工作日	发放招标文件
19	投标单位编制投标文件		10月22日—11月11日	20个日历天	包括:现场踏勘、答疑、澄清、国庆假期
20	开标、评标		11月12日—11月13日	2个工作日	
21	编制评审报告		11月14日	1个日历天	
22	评标结果甲方确认盖章		11月15日—11月18日	2个工作日	招标人确认评标结果
23	中标结果公示		11月20日—11月22日	3个日历天	含2个工作日
24	中标通知书备案		11月25日	1个工作日	招标人确认中标通知书及评标报告
25	招标人与中标人签订合同办理合同备案		视甲、乙双方签订合同时间	视甲、乙双方签订合同时间	招标人及中标人向标办缴纳交易服务费

(六) 移交、培训方案（移交方案）

×××软件园孵化器、云计算工程

移

交

方

案

北京国金管理咨询有限公司
××城建集团×××软件园
孵化器、云计算工程项目经理部

工程移交方案

前　言

1. 为保证云计算和孵化加速器工程验收后顺利进行移交和接收工作，达到业主使用要求，结合工程实际进展等情况编制本次工程移交方案；

2. 待与业主就本工程移交方案有关内容，包括：小组责任人、接收人、移交时间计划、移交记录样式等协商确定后形成执行版工程移交方案；

3. 各方按移交方案的计划时间进行各项移交工作，完成后在工程各项移交记录上签字确认。

一、工程移交小组组成

如表1所示。

工程移交小组组成　　　　　　　　　　　　　　　　　　　表1

组成	移交单位	接收单位
组长		
副组长		由业主确定
成员		
备注		业主协调负责人： 管理公司协调负责人：

二、工程移交内容

包括工程现场移交和工程资料移交两大部分。

三、工程现场移交

（1）基本流程

1）工程现场移交按先移交建筑区域和钥匙，再进行工程各系统和室外工程移交；工程现场移交的同时移交必要的工程资料；

2）工程现场各项移交完成后，有关各方在工程现场移交记录上签字确认（包括工程现场交接的内容和必要的工程资料）。

（2）工程现场移交记录表样式

1）工程现场移交记录表由建筑通用（实体工程汇总、建筑区域、室外工程、钥匙等）移交清单（表2）和机电工程移交清单组成；

2）机电工程移交清单由机电系统工程竣工移交清单（表3）和机电系统设备移交明

细清单（表 4）和机电系统（设备）使用说明材料移交清单（表 5）组成，根据各系统情况共同配套使用。其中：机电工程移交清单由机电系统工程竣工移交清单（表 3）主要为机电各系统运行情况的移交；机电系统设备移交明细清单（表 4）主要为机电各系统设备的移交；机电系统（设备）使用说明材料移交清单（表 5）主要为工程移交阶段所必要的资料移交；

3）通过上述表格内容的移交，完成全部工程移交，满足业主对建筑及机电各系统接收后使用和运行要求。

A. 建筑通用移交清单样式

×××工程竣工移交清单—实体工程汇总、建筑区域、室外工程、钥匙等　　表 2

主要内容说明：

1. 范围、内容

2. 墙、顶、地、门窗等质量情况

3. 其他：

移交单位：	移交人：
接收单位：	接收人：
见证单位：	见证人：
交接日期：	

备注：本表适用于实体工程汇总、建筑区域、室外工程、钥匙等移交。

B. 机电工程移交清单样式

×××工程竣工移交清单—机电系统（填各专业名称）　　表 3

序号	系统名称	简要说明	运行情况	主要末端情况说明	主要设备品牌	备注

移交单位：	移交人：
接收单位：	接收人：
见证单位：	见证人：
交接日期：	

×××工程竣工移交清单—机电系统设备移交明细清单（填各专业名称） 表 4

序号	设备名称	数量	单位	安装位置	备注

移交单位：　　　　　　　　　　　　　移交人：
接收单位：　　　　　　　　　　　　　接收人：
见证单位：　　　　　　　　　　　　　见证人：
交接日期：

×××工程竣工移交清单—机电系统（设备）使用说明材料移交清单 表 5

序号	资料名称	厂家	数量	单位	备注
	主要类别如下：				
	设备说明书				
	厂家联系名录				
	附件、工具、备品备件				如果有

移交单位：　　　　　　　　　　　　　移交人：
接收单位：　　　　　　　　　　　　　接收人：
见证单位：　　　　　　　　　　　　　见证人：
交接日期：

（3）工程现场移交内容和时间计划

如表 6 所示。

四、工程资料移交

（1）工程资料移交原则

1）工程资料按《建筑工程资料管理规程》（DB11/T 695—2009）要求进行归档、组卷和移交；

2）A类（基建文件类）资料由管理公司直接向业主进行移交；B类（监理类）和C类（施工类）资料由管理公司组织监理、总包方向业主进行移交；

3）设备使用说明书等工程资料在现场移交阶段同步进行，其余全部资料按资料管理规程要求及时间计划进行移交；

4）可根据业主要求提前进行部分资料移交，以不影响管理公司组织造价咨询等各方进行结算审核未前提。

（2）资料移交表基本组成及样式

1）移交资料由案卷封面、案卷目录、卷内封面、卷内目录、卷内资料、备考表及封底组成：

① 各参建单位移交时附一份案卷封面、案卷目录；

② 每卷资料附卷内封面、卷内目录、卷内资料、备考表及封底。

2）样式

表6

工程现场移交内容和时间计划

序号	名称	主要移交内容	移交必要资料	时间计划 开始时间	时间计划 完成时间	移交责任人	接收责任人	备注
一	云计算创新示范基地工程							
(一)	总包自行承包范围内内容工程							
1	建筑	建筑各区域和钥匙(含外幕墙、精装修)	/				由业主确定(以下同)	
2	给排水	自来水、太阳能热水、中水、雨水、污废水系统,压力排水等各系统	设备说明书 厂家名录	11.5	11.6			
3	通风空调	空调风系统、空调水系统、通风系统、防排烟等系统	设备说明书 厂家名录	11.5	11.6			
4	电气工程	低压电气设备、照明系统、漏电火灾报警系统	设备说明书 厂家名录	11.5	11.6			
5	电梯工程	电梯2部	使用维修手册	11.5	11.6			
6	室外工程	室外区域及室外各系统	/	11.10	11.10			
(二)	专业分包工程							
1	变配电工程	高、低压配电系统、变压器、直流、变配电监控系统等全部变配电工程	设备说明书 厂家名录	10.20	10.21			
2	消防工程	消防水、消防电各系统	设备说明书 厂家名录	11.5	11.6			
3	弱电工程	综合布线系统、有线电视系统、安防系统、远程抄表系统、楼宇设备控制系统	弱电系统(含软件)使用手册	11.5	11.7			
二	×××软件园孵化加速器工程							
1	地源热泵工程	机房工程、室外地埋管网系统工程	设备说明书系统 运行维护手册	12.3	12.5			
2		机房工程其余土建、机电各系统移交内容同云计算;						

1. 孵化加速器工程其余土建、机电各系统移交内容同云计算;
2. 移交时间安排:按滞后云计算一个月。

（3）工程资料移交主要内容和时间计划

如表7所示。

工程资料移交内容和时间计划表

表7

序号	名称	资料移交主要内容	移交时间计划	移交责任人	接收责任人	备注
一	A类	基建文件	管理公司组织完成工程竣工结算审核后1个月内		待与业主确定	
1	A1	决策立项文件（项目建议书，领导批示等）				原件只一份，业主已留存
2	A2	建设用地文件（规划意见，用地许可证，国有土地使用证等）				原件只一份，业主已留存
3	A3	勘察设计文件（勘察报告，钉桩通知单等）				已移交业主一份
4	A4	招投标与合同文件（勘察，设计，施工招标文件及合同等）				已移交业主一份
5	A5	开工文件（规划许可证，施工许可证）	管理公司组织完成工程竣工结算审核后1个月内			原件只一份，业主已留存
6	A6	商务文件（投资估算，设计概算，施工预算，工程结算）				
7	A7	竣工验收及备案文件（竣工验收备案表，竣工验收报告等）				
8	A8	其他文件（开工前原貌，竣工新貌照片等）				
二	B类	监理资料（主要包括监理规划，月报等）	工程竣工结算审核后1个月内			
三	C类	施工资料（含竣工资料4套）	1.工程竣工后6个月内向档案馆移交；2.工程竣工后1个月内向业主移交一套；3.工程竣工后1个月内管理公司移交一套用于结算审核			
1	C1	施工管理资料				
2	C2	施工技术资料				
3	C3	施工测量记录				
4	C4	施工物资资料				
5	C5	施工记录				
6	C6	施工试验资料				
7	C7	过程质量验收资料				
8	C8	竣工质量验收资料				
9		竣工图				

×××软件园孵化器、云计算工程

培

训

方

案

北京国金管理咨询有限公司
××城建集团×××软件园
孵化器、云计算工程项目经理部

工程培训方案

前　言

1. 为保证云计算和孵化加速器工程验收后顺利向业主进行移交和移交后业主对工程进行正常运行和维护，达到业主使用要求，结合工程实际进展编制本次工程培训方案；

2. 待与业主就本工程培训方案有关内容，包括：小组责任人、培训对象、培训需求、培训时间计划、资料准备、培训记录样式等协商确定后形成执行版工程培训方案；

3. 各方按工程培训方案的计划时间进行培训，完成后在工程培训记录上签字确认（包括完成培训内容和接收培训移交资料）。

一、工程培训小组组成

如表1所示。

工程培训小组组成表　　　　　　　　　　　表1

组成	培 训 单 位	培训对象
组长		由业主确定
副组长		
成员		
备注		

二、工程培训记录表样式

如表2所示。

工程培训记录表　　　　　　　　　　　表2

工程培训记录(样式)		专业	
工程名称		日期	年　月　日

培训内容：

移交培训资料：

培训单位：　　　　　　　　　　　接收单位：

培训人：　　　　　　　　　　　接收人：

三、工程培训主要内容和时间计划

如表 3 所示。

说明：本方案中培训内容为项目管理公司、总包单位建议的工程培训内容；具体需培训内容根据业主培训需求进一步完善。

工程培训主要内容和时间计划表

表 3

序号	名称	培训主要内容	培训资料准备	时间计划		培训责任人	被培训责任人和人数	备注
				开始时间	完成时间			
一	云计算创新示范基地工程							
（一）	总包自行承包范围工程							
1	土建	1. 工程概况；2. 平面布置（功能房间及主要出入口）；3. 主要部位工程做法和注意事项（防水材料及厚度）及其维护方法	竣工图纸	10.20	10.20		由业主确定（以下同）	
2	给排水	1. 自来水、太阳能热水、中水、雨水、污废水系统，压力排水系统组成介绍；2. 各系统工作原理及操作要求；3. 主要设备操作方法、日常巡视检查注意事项及检修方法等	1. 竣工图纸 2. 设备说明书	10.27	10.28			
3	通风空调	1. 空调水系统、空调风系统、通风系统、防排烟系统组成介绍；2. 各系统工作原理及操作要求；3. 主要设备操作方法、日常巡视检查注意事项及检修方法等	1. 竣工图纸 2. 设备说明书	10.27	10.28			
4	电气工程							
4.1	低压电气设备	1. 概况：低压动力配电系统介绍，配电柜、控制箱的总体分布，容量，所带或所控制的负荷；2. 各类低压设备电源柜（箱）和控制柜（箱）操作方法，日常巡视检查注意事项及检修方法；3. 电动机巡视检查方法，注意事项及检修方法	竣工图纸	10.27	10.28			

序号	名称	培训主要内容	培训资料准备	时间计划		培训责任人	被培训责任人和人数	备注
				开始时间	完成时间			
4.2	照明系统	1. 照明系统介绍、照明配电箱的总体分布、容量、所带区域负荷；2. 智能照明系统原理，日常检查和检修方法；3. 应急照明安全出口、疏散指示灯的配置，日常检查和检修方法	1. 竣工图纸；2. 智能照明深化图纸	10.27	10.28			
4.3	漏电火灾报警系统	漏电火灾报警系统的总体分布、保护范围、日常检查和检修方法	1. 竣工图纸；2. 设备说明书	10.27	10.28			
5	电梯工程	1. 电梯的电气控制原理及日常维护保养；2. 电梯紧急故障的处理方法	1. 电梯安装竣工图纸；2. 使用维修手册	10.28	10.28			
6	室外工程	室外机电管线工程各系统分布介绍及日常检查和检修方法	竣工图纸	10.29	10.29			
(二)	专业分包工程							
1	幕墙工程	1. 幕墙工程外立面的结构特征和注意事项；2. 幕墙工程电动开启窗、地弹门、电动遮阳帘等使用说明，注意事项和检修方法	竣工图纸	10.30	10.30			
2	精装修工程	1. 装饰工程的材料特征、强度、易损部位、防火防水性能；2. 装饰面内部的隐蔽工程内容；3. 吊顶等检查口等的设备位置和使用注意事项；4. 精装修区域灯具分布回路，容易出现问题事项和检修方法	竣工图纸	10.24	10.24			
3	变配电工程	根据业主主需求	根据业主主需求	10.15	10.17			
4	消防工程	1. 消防系统构成；2. 消防电系统：火灾探测器、区域报警器、集中报警器、联动控制盘、手动控制盘、气体灭火控制、水泡灭火控制、细水雾灭火系统等的功能，设备操作及常见故障处理方法；3. 消防水系统：消火栓系统、自动喷淋（含水喷雾）系统、气体灭火系统、智能水炮系统组成介绍、各系统灭火原理、主要设备操作见及故障处理方法	1. 竣工图纸；2. 设备说明书	10.22	10.25			

163

序号	名称	培训主要内容	培训资料准备	时间计划		培训责任人	被培训责任人和人数	备注
				开始时间	完成时间			
5		弱电工程						
5.1	综合布线系统	1. 光缆的布置和终端情况介绍； 2. 竖井至至研发室桥架路径介绍； 3. 机柜、配线架及系统布局和维护要点。						
5.2	有线电视系统	光缆的布置和终端情况介绍						
5.3	安防系统	1. 安防监控系统的构成、原理及设备操作； 2. 巡更系统的构成、原理及设备操作； 3. 停车场管理系统原理、系统构成、操作流程及系统管理；登录和进入操作软件	1. 竣工图纸 2. 弱电系统（含软件）使用手册	10.27	10.31			
5.4	远程抄表系统	远程抄表系统的构成、原理及设备操作						
5.5	楼宇设备控制系统	1. 软件安装与使用方法； 2. 给排水监控系统的构成、原理及设备操作； 3. 电梯监控系统的构成、原理及设备操作； 4. 空调系统（含冷热源）控制系统构成、原理、设备操作及维护要点； 5. 对变配电、智能照明系统监测的方法						
二		×××软件园解化加速器工程						
1	地源热泵工程	1. 地源热泵工程各系统和换热井及室外埋地管网系统组成介绍； 2. 冷热源机房设备工作原理、操作方法，日常巡视检查注意事项及检修方法； 3. 冷却塔系统操作方法，日常巡视检查注意事项及检修方法； 4. 水蓄冷系统操作方法，日常巡视检查注意事项及检修方法	1. 竣工图纸 2. 设备说明书 3. 系统运行维护手册	11.25	11.28			
2		1. 解化加速器工程其余土建、机电各系统培训内容同云计算； 2. 培训时间安排：按滞后云计算一个月						

四、培训对象要求

要求具有相应专业技能。

第三节　中关村自主创新示范区展示中心和中关村论坛项目全过程咨询服务案例

一、项目概况：

（一）中关村国家自主创新示范区展示中心项目

1. 项目建设规模：总占地面积 58880m²，包括展示中心和会议中心两部分。其中展示中心总建筑面积 26236m²，地上 17636m²，地下 8600m²；地上为单层 14m 高、80m 跨、无柱大空间巨型预应力空间钢桁架结构；会议中心总建筑面积 21250m²，地上 13050m²，地下 8200m²；地下、地上均采用钢框架结构。

2. 项目投资性质及规模：全部为政府投资，项目总投资为 60000 万元。

3. 项目建设周期：2010 年 11 月 1 日至 2012 年 6 月 30 日。

4. 绿色建筑标准：绿色建筑三星级设计标识、绿色建筑三星级评价标识。

5. 全过程工程咨询服务范围：

（1）全过程项目管理（代建）；

（2）可行性研究报告编制；

（3）招标代理、采购服务；

（4）全过程造价咨询服务。

上述咨询服务范围，按照国务院 19 号文和发改委、住建部 515 号文的精神，已与如今国家大力推行的全过程工程咨询的理念高度契合一致，做法和服务内容也与全过程工程咨询十分接近，只是当时还称为代建服务，或称为全过程项目管理服务，并另行委托一些专项咨询业务，如可研报告编制、招标代理和造价服务等。

作为向建党九十周年献礼项目，该项目交付使用后，成为集中展示我国自主创新成就的平台和窗口，也是北京乃至全国重要的科普基地和自主创新成果展示窗口。

2013 年 9 月 30 日，习近平总书记带领时任全体政治局委员视察本项目科技成果展项，并做了科技兴国的重要讲话。

6. 项目照片

如图 1、图 2、图 3 所示。

（二）中关村论坛项目（中关村自主创新示范区展示中心改造项目）

1. 项目规模：总建筑面积 21250m²；项目总投资：18600 万元；

2. 建设周期：2019 年 3 月 20 日至 2019 年 9 月 30 日；

3. 全过程工程咨询服务范围：

（1）全过程项目管理；

（2）可行性研究报告（实施方案）编制；

（3）工程监理。

图 1　展示中心项目实景图

图 2　会议中心项目实景图

图 3　展示中心项目内部展项

4. 中关村论坛项目简介：根据国务院和北京市政府决定，将 2019 年"中关村论坛"定址于本项目会议中心。已举办十余届的中关村论坛是科技创新领域高层次国际性会议论坛，是中关村特有品牌。其永久主题是"创新与发展"，目的是通过密切关注全球高科技产业发展领域，创新创业领域热点，引导国际高端要素，搭建国际交流合作平台。按照国家和北京市提出的"南有博鳌，北有中关村"的项目建设指示精神，将原中关村国家自主创新示范区展示中心改造为未来中关村论坛永久会址使用，成为影响力可与海南博鳌论坛相媲美的举办科技创新领域高层次国际性会议的会议中心。

5. 项目照片

如图 4、图 5、图 6 所示。

图 4　外景照片

图 5　外景照片

图 6　内景照片

二、项目管理代建部组织架构

如图7所示。

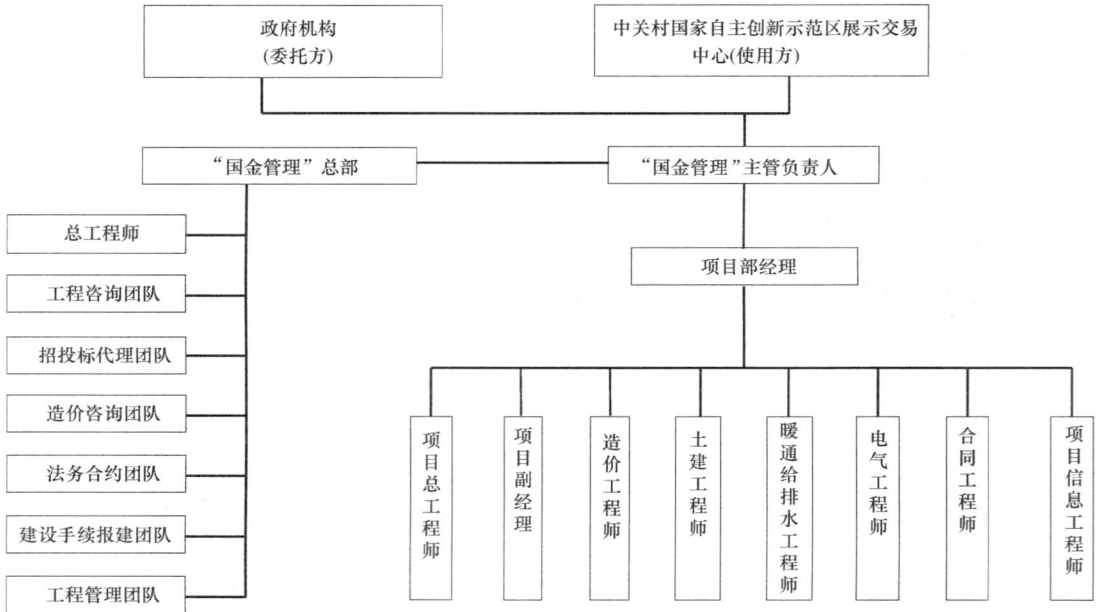

图7　中关村国家自主创新示范区展示中心工程项目管理代建部组织架构

三、项目全过程工程咨询服务清单

如表4所示。

全过程工程咨询服务菜单　　　　　　　　　　　　　表4

序号	服务内容	工程建设阶段					
		项目决策阶段	建设前期阶段	招投标阶段	工程施工阶段	竣工验收阶段	保修阶段
1	项目管理	配合项目建议书编制、评审工作	1. 项目建设程序报建管理； 2. 设计管理，审核施工图纸、设计概算，配合评审工作； 3. 对设计提出合理化建议	1. 拟定招标文件； 2. 按照招标计划配合工作； 3. 配合施工图纸评审； 4. 审核合同条款； 5. 组织合同条款签订； 6. 办理开工手续	1. 组织工程开工； 2. 制定合约规划； 3. 审核总控计划、采购计划； 4. 组织、推动施工现场管理	组织竣工验收、资料移交、工程培训、移交	1. 保修期间协调管理； 2. 组织办理三星级绿色建筑标识证书

序号	服务内容	工程建设阶段					
		项目决策阶段	建设前期阶段	招投标阶段	工程施工阶段	竣工验收阶段	保修阶段
2	工程咨询	编制项目建议书(代可行性研究报告),申报、配合评审工作					
3	造价咨询	投资估算编制和审核	1. 审核设计概算; 2. 分析投资风险,提出管控措施	1. 工程量清单编制与审核; 2. 控制价编制与审核; 3. 制定项目合约规划; 4. 清标; 5. 编制项目资金使用计划; 6. 拟定合同文本、协助合同谈判	1. 合同价款咨询; 2. 施工阶段造价风险分析及建议; 3. 计算及审核工程预付款和进度款; 4. 变更、签证及索赔管理; 5. 材料、设备的询价提供核价建议; 6. 施工现场造价管理; 7. 项目动态造价分析; 8. 审核及汇总分阶段工程结算	1. 竣工结算审核; 2. 工程技术经济指标分析; 3. 竣工决算报告编制和审核; 4. 配合完成竣工结算的政府审计; 5. 根据审计结算,对工程的最终结算价款进行审定	
4	招标采购	1. 拟定招标采购计划; 2. 编制招标文件和合同条款; 3. 发布招标公告; 4. 组织招标文件答疑和澄清,组织开标、评标工作; 5. 编制评标报告报投资人确认; 6. 发送中标通知书; 7. 协助合同签订等					

四、全过程工程咨询服务内容

如表 5 所示。

全过程工程咨询服务内容表　　　　　　　　　　　　　　　　　　　表 5

阶段	全过程工程咨询主要服务内容		主要文件性成果		
	全过程	投资	全过程	投资	政府批复
决策阶段	(1)组织设计方案比选; (2)编制项目建议书; (3)决策阶段报批手续	编制投资估算	(1)方案比选意见; (2)项目建议书报告	投资估算报告	(1)项目建议书代可研报告批复; (2)招标核准批复

阶段	全过程工程咨询主要服务内容		主要文件性成果		
	全过程	投资	全过程	投资	政府批复
设计阶段	(1)组织设计出图; (2)报批手续	组织设计概算	施工图	设计概算	(1)设计概算批复; (2)土地、规划证等; (3)三星级绿色建筑设计标识证书
招投标	(1)编制招标计划; (2)编制招标文件和合同; (3)组织设计、监理、施工和材料招标	(1)编制工程量清单和控制价; (2)制定合同条款	(1)招标文件; (2)合同文件	工程量清单和招标控制价	(1)合同备案; (2)开工证
施工	组织项目施工	(1)每月工程款支付; (2)办理价格确定	(1)管理规划; (2)总控计划; (3)合同架构图; (4)采购规划; (5)工程变更报告	(1)工程款支付表; (2)中期付款证书; (3)中期结算; (4)资金分析	展示中心工程获得结构长城杯
竣工	组织各项竣工验收	审核工程结算	验收报告	结算报告	工程备案
保修	配合运营维护	配合审计、工程决算	(1)资料移交; (2)保修合同	决算报告	(1)决算批复; (2)三星级绿色建筑标识证书(运营1年以后进行)

第四节　国金公司全过程工程咨询试点项目概述

国金公司作为住建部全过程工程咨询 40 家试点企业之一，共将 4 个项目上报住建部，作为公司全过程工程咨询试点项目（40 家试点企业中，具有监理资质的 16 家咨询单位共上报 67 个项目）。

一、中信银行信息技术研发基地项目

（1）工程地点：北京市顺义区顺义新城第 13 街区；

（2）工程规模：总建筑面积 18 万 m²；

（3）工程概算投资额：21.4 亿人民币；

（4）国金公司工作范围和内容：全过程项目管理＋工程监理；

（5）招标方式：公开招标；

（6）目前项目管理和监理工作进展情况：

工程项目主体结构已封顶，进入幕墙工程和机电安装阶段。公司现场项目管理部和项目监理部按照委托项目管理和监理合同以及项目进度总控计划，抓紧落实下一步现场各项项目管理和监理工作，并将全过程工程咨询服务理念落实到实际工作中（图1）。

图1 中信银行信息技术研发基地项目

二、长春新区（第十七个国家级开发区）建设项目

（1）长春市空港开发区建设项目

1）工程地点：吉林省长春市空港开发区；

2）工程规模：总建筑面积290万 m^2，共32个单位工程；

3）工程概算投资额：296亿人民币；

4）国金公司工作范围和内容：全过程项目管理；

5）招标方式：公开招标；

6）项目管理工作进展情况：2017年初项目管理团队进场工作，规划展览馆、消防站、学校项目等单体建设已进入实施阶段，其他项目处于前期规划、设计、建设手续办理、工程招投标阶段（图2）。

图2 长春市空港开发区建设项目

（2）长春高新文化旅游建设开发公司项目

1）工程地点：长春北湖科技开发区；

2）工程规模：总建筑面积 11 万 m^2；

3）工程概算总投资额：8.5 亿人民币；

4）国金公司工作范围和内容：全过程项目管理＋工程监理；

5）招标方式：公开招标；

6）目前项目工作进展情况：项目管理和监理团队已进场，工程进入主体结构施工阶段，项目采用工程总承包（EPC）模式（图3）。

图3　长春高新文化旅游建设开发公司项目

三、北京市丰台区看丹棚户区改造和环境整治项目

（1）工程地点：北京市丰台区看丹村；

（2）工程规模：总建筑面积 68 万 m^2；

（3）工程概算投资额：25 亿人民币；

（4）国金公司工作范围和内容：土地一级开发全过程管理服务；回迁房建设工程全过程项目管理服务＋工程监理；

（5）招标方式：公开招标；

（6）项目工作进展情况：项目管理和监理团队已进场，前期项目管理工作已完成，进入主体结构施工阶段（图4）。

四、商丘市古城保护开发项目

（1）工程地点：河南省商丘市；

（2）工程规模：总建筑面积 256 万 m^2；

（3）工程概算投资额：57 亿人民币；

图 4　北京市丰台区看丹棚户区项目

（4）国金公司工作范围和内容：全过程项目管理＋工程监理；

（5）招标方式：公开招标；

（6）项目工作进展情况：项目管理团队和监理团队已进场工作，拆迁安置、前期设计和招标管理已完成，进入主体结构施工阶段（图5）。

图 5　商丘市古城保护开发项目

五、新承接的其他全过程工程咨询项目：

1. 江西省赣州市南康区城区亮化提升改造工程

（1）工程地点：赣州市南康区金赣西路；

（2）工程规模：5.8km；

（3）工程概算投资额：1亿人民币；

（4）国金公司工作范围和内容：可行性研究报告编制；全过程项目管理＋工程监理；

（5）招标方式：公开招标；

（6）项目工作进展情况：项目已竣工。

2. 青海格尔木察尔汗盐湖旅游资源开发项目一期工程

（1）工程地点：青海省格尔木市察尔汗盐湖；

（2）项目规模：总建筑面积 12 万 m^2；

（3）项目总投资：14 亿人民币，其中一期投资额约 3.5 亿人民币；

（4）国金公司工作范围和内容：可行性研究报告编制、全过程项目管理；工程监理待委托；

（5）招标方式：公开招标；

（6）目前项目工作进展情况：可研编制已完成，项目团队已进场。

174

附录一：全过程工程咨询服务内容清单

全过程工程咨询服务内容清单

序号	服务内容	综合性投资咨询阶段	全过程工程咨询（全生命周期）				
			工程建设实施阶段				
			施工准备阶段		工程施工及验收阶段		运营维护阶段
			勘察设计阶段	招标采购阶段	工程施工阶段	竣工验收阶段	
1	全过程项目管理	项目策划决策管理、建设手续办理、勘察管理、设计管理、合约管理、进度管理、招标采购管理、投资管理、工程管理、安全生产管理、信息管理、风险管理、收尾管理、后评价、现场组织协调管理、质量管理、绿色环保措施、运营维护管理等					
2	投资决策咨询	1. 项目建议书； 2. 规划决策； 3. 环境影响评估； 4. 节能评估； 5. 可行性研究； 6. 安全评价； 7. 社会稳定风险评价； 8. 水土保持评价； 9. 地质灾害危险性评估； 10. 交通影响评价	绿色建筑评价	/	/	/	/
3	工程勘察	1. 工程初步勘察； 2. 文物勘察	1. 勘察方案编制、审查； 2. 初步勘察； 3. 详细勘察； 4. 勘察报告编制、审查		1. 补充勘察； 2. 参加地基验槽； 3. 参与工程验收	参加五方单位工程竣工验收	/

175

序号	服务内容	综合性投资咨询阶段	工程建设实施阶段				运营维护阶段
			施工准备阶段		工程施工及验收阶段		
			勘察设计阶段	招标采购阶段	工程施工阶段	竣工验收阶段	
4	工程设计	1. 概念性方案设计；2. 方案设计及优化、审查；3. 初步设计及优化、审查；4. 初步设计概算文件编制、审批	1. 技术设计(初大初发设计)；2. 施工图、深化设计；3. 施工图设计技术审查	提出技术规范书	1. 设计交底和图纸会审；2. 重大施工方案的合理化建议；3. 设计变更管理；4. 施工技术服务工作；5. 地基验槽、基础分部验收、主体结构验收	1. 参与专项验收；2. 参与单位工程竣工验收	/
5	招标采购咨询	编制招标采购方案、编制招标文件、编制工程量清单及编制最高投标限价(也可由造价咨询编制)、发布招标资格预审公告、组织资格预审、开标、评标、协助编制评标报告、发送中标通知书、协助合同谈判和签订等					
6	全过程造价咨询	1. 投资估算编制、审核；2. 项目经济评价报告编制、审核	1. 设计概算审核；2. 参与限额设计；3. 参与造价测算；4. 施工图预算编制、审核；5. 参与管控项目投资风险	1. 工程量清单编制、审核；2. 最高投标限价编制、审核；3. 制定项目合约规划；4. 拟定合同文本、协助合同谈判；5. 编制项目投资控制计划；6. 编制项目资金使用计划	1. 合同价款咨询；2. 造价风险分析及建议；3. 审核工程预付款、进度款；4. 变更、签证及索赔管理；5. 材料设备的询价、核价；6. 审核工程结算；7. 项目动态造价分析	1. 竣工结算审核；2. 工程技术经济指标分析；3. 竣工决算报告编制、审核；4. 配合竣工结算审计	项目维护与更新造价管控

序号	服务内容	全过程工程咨询(全生命周期)					
		综合性投资咨询阶段	工程建设实施阶段				运营维护阶段
			施工准备阶段		工程施工阶段	工程施工及验收阶段	
			勘察设计阶段	招标采购阶段		竣工验收阶段	
7	工程监理	/	/	/	1.编制项目监理规划和监理实施细则；2.进度控制；3.质量控制；4.投资控制；5.履行安全生产监理法定职责；6.合同管理；7.信息管理；8.协调工程建设相关方关系	1.工程验收策划；2.组织单位工程预验收，提出工程质量评估意见；3.参与专项验收；4.参与技术验收；5.参与单位工程竣工验收；6.参与试生产；7.竣工资料收集与整理	工程质量缺陷管理
8	运营维护咨询	/	/	/	/	/	1.设施管理；2.资产管理；3.物业管理
9	BIM咨询	1.采用BIM使用方案与财务分析工具集成；2.提供项目立项可行性规划研究优化及建议；3.利用BIM数据库，提供投资合分析投资效益，到达最大投资最优方案建设，实现工程造价的功能	1.编制BIM实施规划；2.编制本项目BIM技术设计标准，组织设备分类及编码标准以及应用实施的导则	1.根据BIM模型编制准确的工程量清单，达到清单完整、快速算量、精确算量，有效地避免漏项和错算情况；2.基于BIM的快速询价	1.结合机电深化设计模型、计算模型，协调碰撞分析进行碰撞分析，提出各专业单位纠偏方案分析并提出纠偏方案、优化方案；2.运用BIM技术重要节点、工艺工序施工模拟；	提交竣工模型，及招标范围内的服务要求成果单应应使用Revit建立，NavisWorks软件完成视频和视频查询模块、维修管理模块、运维管理模块、巡检工单模块等；编辑文件、PPT文件、JPG格式文件、WORD文件，并将全部等工作，并将全部工作	1.提供BIM设施管理系统软硬件及服务。内容包括空间数据库引擎，使用接口软件，BIM模型权限管控模块，BIM模型查询模块，维修管理模块及巡检工作单模块等；2.运维管理可视化，在调维修和故障检修时，运维管理人员在需要定位

序号	服务内容	全过程工程咨询（全生命周期）					
		综合性投资咨询阶段	工程建设实施阶段				运营维护阶段
			施工准备阶段		工程施工及验收阶段		
			勘察设计阶段	招标采购阶段	工程施工阶段	竣工验收阶段	
9	BIM咨询	1. 采用BIM使方案与财务分析工具集成； 2. 提供项目立项可行性研究优化及建议； 3. 利用BIM数据库，提供最大投资效益。实现工程造价优化项目功能	3. 搭建BIM协同平台协助项目协调各专业相关设计方； 4. 制定BIM考核办法。 5. 方案阶段，将BIM模型应用到可视化交流探讨中。导入到相关软件，为业主优化方案提供参考和判断依据； 6. 初步设计阶段，协助项目公司进一步确认设计的建筑空间和各系统关系。对设计进行初步检验，进行各专业间的碰撞检查，把检查报告和相应碰撞建议提交给相关项目公司及相关设计单位；	1. 根据BIM模型编制准确的工程量清单，达到清单完整、精确算量、快速算量、有效避免漏项和错算等情况。 2. 基于BIM的快速询价	3. 将BIM技术应用于施工进度管理；基于4D设计，进行可视化的工程进度安排。制作重要节点工期； 4. 运用BIM技术进行施工变更管理，利用BIM模型和施工方案进行提拟环境数据集成，对工程历史资料进行归集。为管理人员进行实时查询； 5. 提供项目的合同管理、进度管理、质量管理、安全管理、变更管理以及竣工管理等功能，实现各业务数据之间的联动和控制，并可在4D管理系统进行可视化查询；	部门项目资料按"项目-专业-日期-文件类型"分类创建完整的建设资料目录。由甲方项目负责人验收确认后提交给甲方	3. 应急管理决策。利用BIM模型来现场模拟突发事件，评估突发事件导致的损失，并且对响应计划进行讨论和测试； 4. 空间信息查询。利用BIM技术对三维建筑模型中的区域、房间内的空间以及构件信息进行查询。查询结果以标识标明或表格数据输出； 5. 设备与保修。用户可在线填写保修单。系统可自动修改流程；提醒责任部门启动维修流程；

序号	服务内容	全过程工程咨询（全生命周期）					
		综合性投资咨询阶段	工程建设实施阶段				运营维护阶段
			施工准备阶段		工程施工及验收阶段		
			勘察设计阶段	招标采购阶段	工程施工阶段	竣工验收阶段	
9	BIM咨询	1. 采用BIM使方案与财务分析集成；2. 提供项目立项可行性研究优化及建议；3. 利用BIM数据库，组合分析投资效益，提供投资最优方案建议，到达最大投资效益，实现工程造价的数据功能	7. 施工图模型、碰撞检查及设计优化，为后续深化设计调整提供准确的各专业汇总信息，组织更新BIM模型为重大工程调整和中小工程整合的数据平台和工作节点	1. 根据BIM模型提取工程量清单，制达到清单完整、快速准确地量、精确算量，有效地避免漏项情况。2. 基于BIM的快速算量询价	6. 大数据采集、设计文件数据、施工过程控制数据、施工后数据等实时采集更新。为项目管理人员提供实时日管理查询、统计分析、事件追踪、实时预警、方案演示等功能，多数据查询、统计分析，通过设定事件流程，对施工过程中发生的安全、质量等事件进行跟踪，BIM成果实时更新	部项目资料按"项目-日期-专业-文件类型"分类创建完整的资料目录。由申方项目负责人验收确认后提交给甲方	6. 能耗管理：在建筑三维模型中的总能耗进行排名并显示排名前十的设备清单的设备管理名并在线分析并合理指导管理方能够及时调整，更加高效的进行节能管理
10	绿色建筑认证评价咨询	1. 编制绿色建筑可行性分析报告；2. 绿色建筑增量成本估算	1. 制定绿色建筑星级达标准则；2. 编制绿色建筑各篇3. 编制绿色建筑专业设计导则；协助设计单位落实各色绿色建筑技术到各专业施工图；4. 绿色建筑施工图审查或设计标识评审	提出绿色建材、绿色建筑相关设备参数采购要求	1. 绿色施工技术交底；2. 绿色施工过程资料收集与汇编	参与绿色建筑专项验收	1. 绿色运维技术交底；2. 绿色建筑运营阶段专项检测；3. 绿色建筑运行标识申报

附录二：全过程项目管理内容清单

全过程项目管理内容清单

序号	服务范围	服务内容	备注
1	投资策划决策管理	(1)策划项目建设目标、组织模式； (2)建立健全项目管理制度体系； (3)组织编制项目建议书、可行性研究报告、环境影响评价、节能评估、安全评价、社会稳定风险评价、地质灾害危险性评估、水土保持评价、交通影响评价、绿色建筑评价等报告，并配合业主报送相应的政府各主管部门进行审批	
2	建设手续办理	(1)工程项目立项； (2)项目建议书审查； (3)一般建设工程抗震设防要求备案； (4)建设项目选址意见书审查； (5)建设项目用地预审； (6)绿化用地和节能评估报告审查； (7)可行性研究报告审批； (8)建设项目核准备案(分为企业投资项目、外商投资项目)和规划条件核实确认； (9)建设项目初步设计审查； (10)项目配套建设手续审查，包括交通和防洪影响评价报告、人防、超限抗震设防、水土保持方案、取水许可、用电许可、用气许可等手续审查； (11)获取建设用地规划许可证； (12)建设工程(包括涉及文物保护建设控制地带内的建设工程)设计方案审查； (13)获取建设工程规划许可证； (14)环境影响评价报告书(表)审查； (15)建设工程质量安全监督手续办理； (16)建设用地批准(分为划拨用地、出让用地)手续办理； (17)获取建设工程施工许可证； (18)获取预售许可证(如有必要)； (19)组织建筑工程竣工五方验收(建设单位、勘察单位、设计单位、监理单位、施工单位)和办理竣工验收备案	
3	合同管理	(1)策划项目合同总体结构(合约规划)； (2)协助拟定合同文件； (3)协助开展合同谈判和合同签订； (4)监督检查各参建单位合同履约情况； (5)处理合同纠纷与索赔事宜； (6)合同中止后开展合同评价，编制合同总结报告，移交合同文件	

序号	服务范围	服务内容	备注
4	进度管理	(1)协助分析和论证项目总进度； (2)编制项目一级进度总控计划并下发参建各方； (3)审核施工总进度计划和年/月/周等阶段性进度计划； (4)定期比较计划值和实际值，根据需要采取措施并督促落实； (5)判断进度偏差影响，调整和优化项目总控计划； (6)审批、处理工程停工、复工及工期变更事宜； (7)协调各参建单位的施工进度矛盾	
5	工程勘察管理	(1)协助确定勘察单位； (2)审查勘察单位资质； (3)协助编制勘察要求(勘察任务书)； (4)审查勘察方案； (5)检查勘察工作质量； (6)审查勘察报告	如项目有文物勘察，则有文物勘察管理
6	工程设计协调管理	(1)决策阶段： 1)协助确定设计单位； 2)审查设计单位资质； 3)协助编制设计任务书 (2)方案设计阶段： 1)明确设计范围； 2)划分设计界面； 3)审查项目设计方案； 4)督促设计单位完成方案设计任务 (3)初步设计阶段： 1)督促设计单位完成初步设计任务； 2)配合完成设计概算； 3)组织评审初步设计内容，并提出评估意见 (4)施工图设计阶段： 组织施工图审查工作，并提出图纸优化意见 (5)施工阶段： 1)督促专业单位为施工现场提供技术服务； 2)组织设计交底和图纸会审； 3)进行施工现场的技术协调与界面管理； 4)进行工程材料设备选型和技术管理； 5)审核、处理设计变更、工程洽商、签证的技术问题； 6)根据施工需求组织或实施设计优化工作； 7)组织关键施工部位的设计验收管理 (6)竣工验收阶段： 1)组织项目竣工验收； 2)要求设计单位对设计文件进行整理和归档 (7)后评价阶段： 1)组织实施工作总结； 2)对设计管理绩效开展后评价	

序号	服务范围	服务内容	备注
7	投资管理	(1)决策阶段： 1)组织审查项目投资估算； 2)开展建设项目经济评价 (2)设计阶段： 1)组织审查方案设计估算； 2)组织审查设计概算； 3)组织审查施工图预算； 4)参与限额设计 (3)招标采购阶段： 1)组织审核工程量清单； 2)组织审核最高投标限价； 3)协助开展清标工作 (4)施工阶段： 1)编制项目资金使用计划并动态调整； 2)审核工程计量与合同价款； 3)协助进行甲供材料和设备的询价与核价工作； 4)审核工程变更、工程索赔和工程签证； 5)动态管理项目投资工作,提供分析报告 (5)竣工阶段： 1)组织审核竣工结算； 2)开展工程技术经济指标分析； 3)组织审核竣工决算报告； 4)配合竣工结算审计工作 (6)后评价阶段： 分析项目建设投资,提供项目投资评估报告	
8	招标采购管理	(1)开展招标策划工作； (2)协助落实招标采购条件； (3)组织编制或审核招标采购计划； (4)组织潜在投标单位的考察管理； (5)组织编制招标采购前期准备文件； (6)监督和管理招标采购实施过程； (7)参与合同谈判和签订工作	
9	组织协调管理	(1)建立组织管理协调体系； (2)组织、协调、建立项目各参建单位沟通机制； (3)协调参建各方及外部单位关系； (4)主持各种工程管理会议,保证参建各方沟通顺畅； (5)明确对总包单位和分包单位的管理要求	
10	质量管理	(1)协助完成施工场地条件准备工作； (2)协助进行场地(包括坐标、高程、临电、临水、毗邻建筑物和地下管线等)移交和规划验线； (3)组织召开第一次工地会议； (4)督促施工单位建立质量控制体系,并跟踪执行情况； (5)审核施工组织设计等文件,参与重大技术方案评审； (6)协助开展材料(设备)的采购管理和验收工作； (7)组织开展工程样板评审工作； (8)开展对重点工序、关键环节的质量检查； (9)参与处理质量缺陷和质量事故； (10)参与阶段性验收工作	

序号	服务范围	服务内容	备注
11	安全生产和绿色施工管理	(1)对项目的安全生产和绿色施工管理工作进行策划； (2)协助提供地下管线资料等有关资料； (3)督促施工单位建立健全安全绿色施工保证体系并跟踪执行； (4)督促施工单位建立安全生产责任制并落实相关职责； (5)监督检查安全绿色施工专项施工方案的编审和执行情况； (6)组织检查和评估安全生产绿色施工标准化建设实施情况； (7)审核、监管安全文明措施费专款专用情况； (8)参与处理安全隐患和安全事故	
12	信息管理	(1)合理分类和识别项目信息； (2)制定信息管理制度并组织实施； (3)建立项目信息沟通渠道； (4)完成项目咨询报表和记录； (5)督促、检查各参建单位做好信息管理； (6)基于互联网开展信息技术应用(包括大数据等)管理； (7)收集、整理和分类归档各类项目信息资料、工程档案和相关文件； (8)完成竣工档案的收集、整理和验收； (9)组织竣工档案移交工作	
13	风险管理	(1)风险确定； (2)风险分析； (3)风险识别； (4)风险评价； (5)风险应对； (6)未来风险预警； (7)风险效果评价和改进	
14	收尾管理	(1)组织各类专项验收,做好项目竣工验收准备； (2)组织项目竣工验收； (3)办理项目移交,督促人员撤离； (4)申请土地核验； (5)组织办理规定资产权属登记工作； (6)组织项目保修管理	
15	后评价	(1)进行现场调查和收集相关资料； (2)开展项目后评价； (3)组织编制后评价报告	

序号	服务范围	服务内容	备注
16	运营维护管理	(1)设施管理: 1)优化空间分配,分摊空间费用; 2)合理配置不动产和办公空间; 3)规范化管理建筑运维; 4)恢复设施功能,保证业务连续性; 5)监控固定资产成本和分配,规划人员和资产搬迁; 6)提供一站式自助服务门户; 7)物业管理; 8)做好其他系统与运维系统的数据交换管理 (2)资产管理: 1)做好资产保值和增值; 2)分析和策划运营安全; 3)定期清查和评估建设项目运营资产; 4)规范建设项目招商策划和租赁管理	

附录三：全过程工程咨询招标文件参考文本

（项目名称）：_____全过程工程咨询服务招标

招 标 文 件

项目招标编号：_____

招标人：_____（盖单位章）

招标代理机构：_____（盖单位章）

发布日期：_____年_____月_____日

第一章 招 标 公 告

（项目名称）：_____全过程工程咨询服务招标公告

1. 招标条件

本招标项目_____已具备招标条件，招标人为_____，
招标代理机构为_____，现对该工程建设项目的全过程工程咨询服务进行公开招标。

2. 项目概况与招标范围

2.1 项目概况

项目名称：_____

项目招标编号：_____

建设地点：_____

计划总投资：_____

建设规模：_____

服务期限：_____

质量要求：_____

标段划分：（如有）_____

2.2 招标范围：

☑全过程工程项目管理（以下简称"项目管理"）：本项目全建设周期的投资决策、建
设手续办理、勘察管理、设计管理、合同管理、投资管理、进度管理、招标采购管理、现
场管理、参建单位管理、验收管理以及质量、计划、安全、绿色环保、信息、沟通、风
险、人力资源等管理与协调。（此项为必选项）

☐投资决策：（如项目建议书编制，可行性研究报告编制等）

☐工程设计：_____

　　☐方案设计：_____

　　☐初步设计：_____

　　☐施工图设计：_____

☐工程监理：_____

☐造价咨询：_____

☐招标采购：_____

☐其他：如工程勘察、绿色建筑咨询、BIM咨询等

3. 投标人资格要求

3.1 本次招标要求投标人的资格条件：

3.1.1 投标人应具有有效的营业执照和独立法人资格。

3.1.2 本次招标要求投标人须具备甲级工程咨询资信评价等级或甲级及以上工程设
计资质的基本能力，同时还应具备基本能力以外的甲级工程咨询资信评价等级、甲级及以

上工程设计资质、甲级工程监理资质、甲级全过程造价咨询资质中的一项或一项以上资质或相应能力。

3.1.3 本次招标要求投标人至少已完成类似项目业绩____个，类似项目是指：与本项目投资（或建设）规模相近及以上的同类工程的全过程工程咨询服务工作或在完成全过程项目管理工作同时还承担了该项目工程设计、工程监理、全过程造价咨询中至少一项工作的项目。

3.1.4 投标人在财务资金等方面的能力：提供近三年（____年、____年、____年）经审计的财务报表（原件或复印件或扫描件，加盖公章）。

3.1.5 近3年发生的诉讼和仲裁情况（适用于未进行资格预审的）。近三年，指____年__月__日起至__年__月__日止。

3.2 本次招标允许投标人以单独一家企业的形式参与投标后，可以将不在本企业资质范围内的业务分包给其他具有相应资质的企业。

3.3 本次招标要求投标人拟投入本项目主要负责人的资格条件

3.3.1 总咨询工程师

须具备____一级 注册建筑师；或____一级 注册结构师；或____一级 注册建造师；或注册监理工程师；或注册咨询工程师（投资）；或一级 注册造价工程师的其中一项执业资格，同时具有工程技术或经济类高级职称。

本次招标要求总咨询工程师至少已完成_____个与本项目投资（或建设）规模相近的同类工程的全过程工程咨询或全过程项目管理服务项目。

3.3.2 专项咨询业务负责人

□工程设计负责人：须具备_____注册建筑师资格。

□工程监理负责人（项目总监理工程师）：须具备(专业) 注册监理工程师执业资格。

□造价咨询负责人：须具备____注册造价工程师执业资格。

□招标采购负责人：须具备(如：工程技术或经济类专业高级职称证书或二级及以上工程类注册执业资格证书)。

本次招标要求各专项咨询业务负责人至少已完成____个与本工程投资（或建设）规模类似的相应本专项业务的咨询服务项目。

3.4 其他人员要求：总咨询工程师应为本项目专职人员，不得在其他项目兼职。

3.5 本次招标（接受或不接受）联合体投标。联合体投标的，应满足下列要求____
_____。

3.6 其他要求：投标人须向招标代理机构购买文件并登记备案，未向招标代理机构购买文件或登记备案的潜在投标人均无资格参加本次投标。

4. 投标报名

□ 现场报名。凡有意参加投标者，请于_____年___月___日至_____年___月__日（法定公休日、法定节假日除外），每日上午___时至___时，下午___时至___时（北京时间，下同），在_____进行现场报名。

□网上报名。凡有意参加投标者，请于_____年____月___日____时____分至____年___月___日___时___分（法定公休日、法定节假日除外），由潜在投标人_____

__在_____登记注册完成后或由投标人员凭本人的卡号及密码或企业 CA 锁登陆进行网上报名。

5. 招标文件的获取

5.1 □凡通过现场报名者，请于_____年____月____日至_____年____月____日（不少于 5 个工作日），每日上午____时至____时，下午____时至____时，由潜在投标人在_____购买招标文件。

□凡通过网上报名者，请于__年_月_日_时_分至_年_月_日_时_分（不少于 5 个工作日，法定公休日、法定节假日除外），由潜在投标人的投标员凭本人的卡号及密码或企业 CA 锁登陆_____购买招标文件或由潜在投标人登陆_____购买招标文件。

5.2 招标文件（不含图纸或技术成果资料）每套售价____元，售后不退。

5.3 图纸或技术成果资料（如有）押金_____元。

6. 投标文件的递交

6.1 投标文件递交的截止时间（投标截止时间，下同）为_____年____月____日____时____分，地点为_____。

6.2 逾期送达的或者未送达指定地点的投标文件，招标人不予受理。

6.3 投标文件必须由企业法定代表人或其授权的委托代理人递交（由委托代理人递交时须出示法定代表人授权委托书），否则招标人不予受理。

7. 发布公告的媒介

本次招标公告同时在中国招标投标公共服务平台www.cebpubservice.com（本级工程建设信息网或公共资源交易平台网站）网址（公告发布媒体包含但不限于上述媒体）上发布。

8. 交易服务单位

_____

9. 监督部门及电话

_____

_____

10. 联系方式

招 标 人：_____招标代理机构：_____

地　　址：_____地　　址：_____

邮　　编：_____邮　　编：_____

联 系 人：_____联 系 人：_____

电　　话：_____电　　话：_____

传　　真：_____传　　真：_____

电子邮箱：_____电子邮箱：_____

网　　址：_____网　　址：_____

开户银行：_____

账　　号：_____

____年____月____日

第二章　投标邀请书（适用于邀请招标）

（项目名称）：_____全过程工程咨询服务投标邀请书

（投标人名称）：_____

1. 招标条件

本招标项目_____已具备招标条件，招标人为_____，招标代理机构为_____，现对该工程建设项目的全过程工程咨询服务进行公开招标。

2. 项目概况与招标范围

2.1　项目概况

项目名称：_____

项目招标编号：_____

建设地点：_____

计划总投资：_____

建设规模：_____

服务期限：_____

质量要求：_____

标段划分：（如有）_____

2.2　招标范围：

☑全过程工程项目管理（以下简称"项目管理"）：本项目全建设周期的投资决策、建设手续办理、勘察管理、设计管理、合同管理、投资管理、进度管理、招标采购管理、现场管理、参建单位管理、验收管理以及质量、计划、安全、绿色环保、信息、沟通、风险、人力资源等管理与协调。（此项为必选项）

□投资决策：（如项目建议书编制，可行性研究编制等）_____

□工程设计：_____

　□方案设计：_____

　□初步设计：_____

　□施工图设计：_____

□工程监理：_____

□造价咨询：_____

□招标采购：_____

□其他：如工程勘察、绿色建筑咨询、BIM咨询等_____

3. 投标人资格要求

3.1　本次招标要求投标人的资格条件：

3.1.1　投标人应具有有效的营业执照和独立法人资格。

3.1.2　本次招标要求投标人须具备甲级工程咨询资信评价等级或甲级及以上工程设

计资质的基本能力，同时还应具备基本能力以外的甲级工程咨询资信评价等级、甲级及以上工程设计资质、甲级工程监理资质、甲级全过程造价咨询资质中的一项或一项以上资质或相应能力。

3.1.3 本次招标要求投标人至少已完成类似项目业绩____个，类似项目是指：与本项目投资（或建设）规模相近及以上的同类工程的全过程工程咨询服务工作或在完成全过程项目管理工作同时还承担了该项目工程设计、工程监理、全过程造价咨询中至少一项工作的项目。

3.1.4 投标人在财务资金等方面的能力：提供近三年（　年、　年、年）经审计的财务报表（原件或复印件或扫描件，加盖公章）。

3.1.5 近3年发生的诉讼和仲裁情况（适用于未进行资格预审的）。近三年，指____年____月____日起至____年____月____日止。

3.2 本次招标允许投标人以单独一家企业的形式参与投标后，可以将不在本企业资质范围内的业务分包给其他具有相应资质的企业。

3.3 本次招标要求投标人拟投入本项目主要负责人的资格条件

3.3.1 总咨询工程师

须具备＿＿一级＿＿注册建筑师；或＿一级＿注册结构师；或＿一级＿注册建造师；或注册监理工程师；或注册咨询工程师（投资）；或一级注册造价工程师的其中一项执业资格，同时具有工程技术或经济类高级职称。

本次招标要求总咨询工程师至少已完成_____个与本项目投资（或建设）规模相近的同类工程的全过程工程咨询或全过程项目管理服务项目。

3.3.2 专项咨询业务负责人

□工程设计负责人：须具备_____注册建筑师资格。

□工程监理负责人（项目总监理工程师）：须具备_____（专业）注册监理工程师执业资格。

□造价咨询负责人：须具备____注册造价工程师执业资格。

□招标采购负责人：须具备（如：工程技术或经济类专业高级职称证书或二级及以上工程类注册执业资格证书）。

本次招标要求各专项咨询业务负责人至少已完成__个与本工程投资（或建设）规模类似的相应本专项业务的咨询服务项目。

3.4 其他人员要求：总咨询工程师应为本项目专职人员，不得在其他项目兼职。

3.5 本次招标（接受或不接受）联合体投标。联合体投标的，应满足下列要求_____。

3.6 其他要求：投标人须向招标代理机构购买文件并登记备案，未向招标代理机构购买文件或登记备案的潜在投标人均无资格参加本次投标。

4. 投标报名

□ 现场报名。凡有意参加投标者，请于____年____月____日至____年____月____日（法定公休日、法定节假日除外），每日上午____时至____时，下午____时至____时（北京时间，下同），在_____进行现场报名。

□网上报名。凡有意参加投标者，请于_____年_____月_____日____时____分至_____年____月____日____时____分（法定公休日、法定节假日除外），由潜在投标人在_____登记注册完成后或由投标人员凭本人的卡号及密码或企业 CA 锁登陆进行网上报名。

5. 招标文件的获取

5.1 □凡通过现场报名者，请于_____年____月____日至_____年____月____日（不少于 5 个工作日），每日上午____时至____时，下午____时至____时，由潜在投标人在_____购买招标文件。

□凡通过网上报名者，请于____年____月____日____时____分至____年____月____日____时____分（不少于 5 个工作日，法定公休日、法定节假日除外），由潜在投标人的投标员凭本人的卡号及密码或企业 CA 锁登陆_____购买招标文件或由潜在投标人登陆_____购买招标文件。

5.2 招标文件（不含图纸或技术成果资料）每套售价____元，售后不退。

5.3 图纸或技术成果资料（如有）押金_____元。

6. 投标文件的递交

6.1 投标文件递交的截止时间（投标截止时间，下同）为_____年____月____日____时____分，地点为_____。

6.2 逾期送达的或者未送达指定地点的投标文件，招标人不予受理。

6.3 投标文件必须由企业法定代表人或其授权的委托代理人递交（由委托代理人递交时须出示法定代表人授权委托书），否则招标人不予受理。

7. 发布公告的媒介

本次招标公告同时在中国招标投标公共服务平台www.cebpubservice.com（本级工程建设信息网或公共资源交易平台网站）网址（公告发布媒体包含但不限于上述媒体）上发布。

8. 交易服务单位

_____

9. 监督部门及电话

_____

_____

10. 联系方式

招 标 人：_____	招标代理机构：_____
地　　址：_____	地　　址：_____
邮　　编：_____	邮　　编：_____
联 系 人：_____	联 系 人：_____
电　　话：_____	电　　话：_____
传　　真：_____	传　　真：_____
电子邮箱：_____	电子邮箱：_____
网　　址：_____	网　　址：_____
	开户银行：_____
	账　　号：_____
	____年____月____日

第三章　投标人须知

（一）投标人须知前附表

条款号	条款名称	编列内容
1.1.2	项目名称及项目招标编号	
1.1.3	招标人	名称： 地址： 联系人： 电话： 电子邮箱：
1.1.4	招标代理机构	名称： 地址： 联系人： 电话： 电子邮箱：
1.1.5	项目概况	建设地点：_____ 计划总投资：_____（□其中：建安工程费为_____元、设备工器具购置费为_____元） 建设规模：_____ 服务期限：_____ 质量要求：_____ 标段划分：(如有)_____
1.2.1	资金来源及出资比例	
1.2.2	资金落实情况	
1.3	招标范围	包括： ☑项目管理：本项目全建设周期的投资决策、建设手续办理、勘察管理、设计管理、合同管理、投资管理、进度管理、招标采购管理、现场管理、参建单位管理、验收管理以及质量、计划、安全、绿色环保、信息、沟通、风险、人力资源等管理与协调。(此项为必选项) □投资决策：(如项目建议书编制，可行性研究编制等) □工程设计：_____ 　□方案设计：_____ 　□初步设计：_____ 　□施工图设计：_____ □工程监理：_____ □造价咨询：_____ □招标采购：_____ □其他：如工程勘察、绿色建筑咨询、BIM咨询等

条款号	条款名称	编列内容
1.4.1	投标人资质、能力和诚信要求	一、企业要求： 1. 投标人应具有有效的营业执照和独立法人资格。 2. 本次招标要求投标人须具备<u>甲级工程咨询资信评价等级或甲级及以上工程设计资质的基本能力</u>，同时还应具备基本能力以外的<u>甲级工程咨询资信评价等级、甲级及以上工程设计资质、甲级工程监理资质、甲级全过程造价咨询资质中的一项或一项以上资质或相应能力</u>。 3. 本次招标要求投标人至少已完成类似项目业绩____个，类似项目是指：<u>与本项目投资（或建设）规模相近及以上的同类工程的全过程工程咨询服务工作或在完成全过程项目管理工作同时还承担了该项目工程设计、工程监理、全过程造价咨询中至少一项工作的项目</u>。 4. 投标人在财务资金等方面的能力：<u>提供近三年（__年、__年__、__年）经审计的财务报表（原件复印件或扫描件，加盖公章）</u>。 5. 近3年发生的诉讼和仲裁情况（适用于未进行资格预审的）。近三年，指____年____月____日起至____年____月____日止。 6. 本次招标<u>（接受或不接受）</u>联合体投标。联合体投标的，应满足下列要求_____。 7. 投标人须向招标代理机构购买文件并登记备案，未向招标代理机构购买文件或登记备案的潜在投标人均无资格参加本次投标。 二、人员要求： 1. 总咨询工程师 1.1 须具备<u>一级注册建筑师</u>；或__<u>一级</u>注册结构师；或__一级注册建造师；或注册监理工程师；或注册咨询工程师（投资）；或<u>一级注册造价工程师</u>的其中一项执业资格，同时具有工程技术或经济类高级职称。 1.2 本次招标要求总咨询工程师至少已完成____个与本项目投资（或建设）规模相近的同类工程的全过程工程咨询或全过程项目管理服务项目。 2. 专项咨询业务负责人 2.1 设计咨询负责人：须具备_____注册建筑师资格。 2.2 工程监理负责人（项目总监理工程师）：须具备<u>（专业）</u>注册监理工程师执业资格。 2.3 造价咨询负责人：须具备____注册造价工程师执业资格。 2.4 招标采购负责人：须具备<u>（如：工程技术或经济类专业高级职称证书或二级及以上工程类注册执业资格证书）</u>。 本次招标要求各专项咨询业务负责人至少已完成____个与本工程投资（或建设）规模类似的相应<u>本专项业务的咨询服务项目</u>。 3. 其他要求：<u>总咨询工程师应为本项目专职人员，不得在其他项目兼职</u>。 诚信要求： 三、诚信要求： 1. 企业未被项目所在地建设行政主管部门处罚停止投标； 2. 近3年内（从公告发布之日起倒算）投标人或其法定代表人未有行贿犯罪记录的； 3. 近1年内（从截标之日起倒算）未因串通投标、转包、以他人名义投标或者违法分包等违法行为受到行政处罚的； 4. 未因违反工程质量、安全生产管理规定，或者因串通投标、转包、以他人名义投标或者违法分包等违法行为，正在接受有关部门立案调查的； 5. 近3年内（从截标之日起倒算）曾未被本项目招标人评价为履约不合格的； 6. 依法应当拒绝投标的其他情形。

条款号	条款名称	编列内容
1.4.3	是否接受联合体投标	□不接受 □接受,应满足下列要求:_____。
1.10.1	踏勘现场	□组织　　　□不组织
2.1.1(7)	构成招标文件的其他材料	
2.2.1	投标人对招标文件提出异议的截止时间	投标截止时间10日前。投标人不在规定期限内提出,招标人有权不予答复,或答复后投标截止时间由招标人确定是否顺延。
2.2.2	投标截止时间	___年___月___日___时___分(北京时间)
2.2.3	招标文件澄清发布方式	□在招标公告发布的同一媒介上 网站发布。 □书面形式。
2.2.4	投标人确认收到澄清的方式	□不需要确认。澄清文件在本章第2.2.3款规定的网站上发布之日起,视为投标人已收到该澄清。投标人未及时关注招标人在网站上发布的澄清文件造成的损失,由投标人自行负责。 □需要确认。投标人在收到澄清文件后24小时内以书面形式通知招标人,确认已收到该澄清。 书面形式确认可通过传真或者将扫描件发送到邮箱,传真号码:_____,邮箱:_____。
3.1	构成投标文件的材料	(根据项目实际情况编写,以下供参考,在方框内打"√") 投标文件的组成部分:□报价文件、□商务文件、□咨询方案 报价文件: 1. 投标函; 2. 分项报价表; 3. 报价文件需要提交的其他材料。 商务文件: 1. 法定代表人身份证明(法定代表人签署投标文件时提供)或投标文件签署授权委托书(委托代理人签署投标文件时提供); 2. 投标保证金证明材料; 3. 企业营业执照复印件; 4. 资质证书复印件; 5. 联合体协议书(如有); 6. 咨询服务内容分包一览表(如有); 7. 投标人基本情况表; 8. 总咨询工程师简历表; 9. 工程设计负责人简历表; 10. 工程监理负责人简历表; 11. 造价咨询负责人简历表; 12. 招标采购负责人简历表; 13. 拟投入本项目人员情况表; 14. 近3年发生的诉讼和仲裁情况; 15. 企业近3年财务情况表; 16. 近5年完成的类似项目情况表; 17. 正在实施和新承接的项目情况表; 18. 相关承诺(详见附件)。

条款号	条款名称	编列内容
3.1	构成投标文件的材料	咨询方案： 1. 全过程工程咨询组织机构； 2. 全过程工程咨询服务大纲（包含全过程工程咨询服务方案及招标范围内各专项咨询业务服务方案）； 3. 需要提交的其他材料
3.2.2	投标报价	投标总价报价方式 招标控制价（或有效报价范围）：＿＿＿＿＿＿＿。投标人应结合自身因素进行竞争性报价，但不得超出招标控制价或有效报价范围，否则报价无效，做否决投标处理。 采用总报价的分项内容有： □项目管理费：＿＿＿＿＿＿＿＿＿＿＿＿＿＿ □投资决策：（如项目建议书编制，可行性研究编制等）＿＿＿＿＿＿＿ □工程设计：＿＿＿＿＿＿＿＿＿＿＿＿＿＿＿＿＿＿ □方案设计：＿＿＿＿＿＿＿＿＿＿＿＿＿＿＿＿＿＿ □初步设计：＿＿＿＿＿＿＿＿＿＿＿＿＿＿＿＿＿＿ □施工图设计：＿＿＿＿＿＿＿＿＿＿＿＿＿＿＿＿＿ □工程监理：＿＿＿＿＿＿＿＿＿＿＿＿＿＿＿＿＿＿ □造价咨询：＿＿＿＿＿＿＿＿＿＿＿＿＿＿＿＿＿＿ □招标采购：＿＿＿＿＿＿＿＿＿＿＿＿＿＿＿＿＿＿ □其他：如工程勘察、绿色建筑咨询、BIM咨询等
3.2.4	分项报价基数	分项报价均以总投资额中的建安费为基数（可根据项目具体情况，规定报价基数）。
3.3.1	投标有效期	投标截止之日起□60天　□90天　□120天（日历天）
3.4.1	投标担保	投标担保的提交方式：可以银行保函、银行转账、电汇、工程担保、工程保证保险等方式提交。投标保证金的金额：＿＿＿＿＿万元。 采用银行保函、工程担保或工程保证保险方式的，必须为无条件保函，保函有效期不得低于投标有效期【备注：在投标截止时间前，于开标现场将开具的无条件银行保函或工程担保或工程保证保险原件（本项目不提供格式，以各机构的版本提供即可）递交给招标人，复印件加盖投标人单位公章装入投标文件中】，否则做否决投标处理；采用银行转账、电汇方式的，必须从投标人的基本账户转账或电汇到以下指定的投标保证金专用账户【备注：在投标截止时间前于开标现场查验投标保证金提交收据（如有）、银行转账（电汇）底单原件（电子转账的底单原件可采用彩色打印加盖转账单位公章），复印件加盖投标人单位公章装入投标文件】，否则做否决投标处理。 账户名称：＿＿＿＿＿＿＿＿＿＿＿＿ 开户银行：＿＿＿＿＿＿＿＿＿＿＿＿ 银行账号：＿＿＿＿＿＿＿＿＿＿＿＿
3.6.2	投标文件副本份数	＿＿＿＿＿＿份
3.6.3	装订要求	按照投标人须知第3.1项规定的投标文件组成内容，投标文件应按以下要求装订： □不分册装订 □分册装订，共分＿＿册，分别为：＿＿＿＿。 投标文件每册装订应牢固、不易拆散和换页，不得采用活页装订。
3.6.4	技术文件是否采用"暗标"评审方式	□不采用 □采用

条款号	条款名称	编列内容
3.6.5	签字和(或)盖章要求	投标文件正本与副本均应由投标人在招标文件规定的相关位置加盖投标人法人单位公章,且经法定代表人签字(或盖章)或其委托代理人本人签字,否则作否决投标处理。
4.1.1	包装、密封	投标人应将所有投标文件的_____分别密封在密封袋内,密封袋上清楚地标明_____。 提交投标文件时应为__个密封袋。 投标文件密封袋的封口处应加贴封条并加盖投标人法人单位公章以示密封。
4.1.2	封套上应载明的信息	项目招标编号: 招标人的地址: 招标人名称: 标段(如有多个标段时): (项目名称):_____投标文件 投标人地址: 投标人名称: 在____年__月__日__时__分前不得开启
4.2.1	递交投标文件地点	_____(单位名称及地址)
4.2.3	是否退还投标文件	是　　　　否
5.1	开标时间和地点	开标时间:同投标截止时间。 开标地点:_____(单位名称及地址)　。 签到手续:投标人的法定代表人或委托代理人应当按时参加开标会,并在招标人按开标程序进行点名时,向招标人提交法定代表人身份证明或法定代表人授权委托书,出示本人身份证。
5.2	开标程序	开标顺序:_____。 开标程序:(3)确认投标人到场情况。 公布在投标截止时间前递交投标文件的投标人名称,点名确认投标人是否派人到场。
5.3	不予开标	符合下列情况之一的投标,招标人拒绝受理或在开标时当场拒绝其投标,不得进入评标: (1)投标文件逾期送达的或者未送达指定地点的; (2)投标文件未按招标文件要求密封和标记的; (3)投标人法定代表人或其授权的委托代理人未按本章第5.1项要求出席开标会。
6.1.1	评标委员会的组建	评标委员会构成:____人,其中招标人代表____人,专家____人。 评标专家分工: □不分技术、经济类。 □分技术、经济类。其中,招标人代表参加技术类____人、经济类____人;技术类专家____人,经济类专家____人。 技术类专家专业:_____ 评标专家确定方式:__随机抽取__
6.5.1	中标候选人公示的媒介	□在招标公告发布的同一媒介上公示。 □在_____上公示。
7.1	是否授权评标委员会确定中标人	□是 □否,推荐的中标候选人数:_____。

条款号	条款名称	编列内容
7.3.1	履约保证金	□是　履约保证金的方式：可以银行保函、现金、工程担保或保证保险等形式。 　履约保证金的金额：_____万元。 　在收到中标通知书后，中标单位须在合同签订前向招标人提交履约保证金，否则招标人可以取消其中标资格。 □否
8	重新招标	有下列情形之一的，招标人将重新招标： （1）投标截止时间止，投标人少于 3 个的； （2）经评标委员会评审，所有投标被否决或者部分投标被否决后，有效投标不足三个，导致投标明显缺乏竞争的； （3）其他有关法律规定应当重新招标的情形。 　除以上情形外，除非已经产生中标候选人，在投标有效期内同意延长投标有效期的投标人少于三个的，招标人在分析招标失败的原因并采取相应措施后，应当依法重新招标

10. 需要补充的其他内容

10.1　词语定义

10.1.1	类似项目	类似项目是指：与本项目投资（或建设）规模相近及以上的同类工程的全过程工程咨询服务工作，或在完成全过程项目管理工作同时还承担了该项目工程设计、工程监理、全过程造价咨询中至少一项的项目

10.2　投标文件电子版

	是否要求投标人在递交投标文件时，同时递交投标文件电子版	□不要求 □要求，投标文件电子版内容：_____。 　　　　投标文件电子版份数：_____。 　　　　投标文件电子版形式：_____。 　　　　投标文件电子版标识：_____。 　投标文件电子版密封方式：单独放入一个密封袋中，加贴封条，并在封套封口处加盖投标人单位公章，在封套上标记"投标文件电子版"字样

10.3　知识产权

		构成本招标文件各个组成部分的文件，未经招标人书面同意，投标人不得擅自复印和用于非本招标项目所需的其他目的。招标人全部或者部分使用未中标人投标文件中的技术成果或技术方案时，需征得其书面同意，并不得擅自复印或提供给第三人

10.4　同义词语

		构成招标文件组成部分的"协议书""通用条款"和"专用条款"等章节中出现的措辞"发包人"和"咨询人"，在招标投标阶段应当分别按"招标人"和"投标人"进行理解

10.5　监督

		本项目的招标投标活动及其相关当事人应当接受有管辖权的监督部门依法实施的监督

条款号	条款名称	编列内容
10.6	解释权	
		构成本招标文件的各个组成文件应互为解释,互为说明;如有不明确或不一致,构成合同文件组成内容的,以合同文件约定内容为准,且以专用条件约定的合同文件优先顺序解释;除招标文件中有特别规定外,仅适用于招标投标阶段的规定,按招标公告(投标邀请书)、投标人须知、评标办法、投标文件格式的先后顺序解释;同一组成文件中就同一事项的规定或约定不一致的,以编排顺序在后者为准;同一组成文件不同版本之间有不一致的,以形成时间在后者为准。按本款前述规定仍不能形成结论的,由招标人负责解释
10.7	招标人补充的其他内容	
10.7.2		本次招标允许投标人以单独一家企业的形式参与投标后,可以将不在本企业资质范围内的业务转委托给其他具有相应资质的企业
...		

备注:1."投标人须知前附表"中的条款名称、编列内容,招标人可根据项目实际需要进行适当的增减。

2. 招标人如需要对"投标人须知"正文条款进行细化调整的,应在"投标人须知前附表"中进行相应调整。

(二) 投标人须知正文部分

1 总则

1.1 项目概况

1.1.1 根据《中华人民共和国招标投标法》等有关法律、法规和规章的规定,本招标项目已具备招标条件,现对本工程全过程工程咨询服务进行招标。

1.1.2 本招标项目名称及项目招标编号:见"投标人须知前附表"。

1.1.3 本招标项目招标人:见"投标人须知前附表"。

1.1.4 本招标项目招标代理机构:见"投标人须知前附表"。

1.1.5 本招标项目概况:见"投标人须知前附表"。

1.2 资金来源和落实情况

1.2.1 本招标项目的资金来源及出资比例:见"投标人须知前附表"。

1.2.2 本招标项目的资金落实情况:见"投标人须知前附表"。

1.3 招标范围

本次招标范围:见"投标人须知前附表"。

1.4 投标人资格要求

1.4.1 投标人应具备承担本项目咨询服务的资质、能力和诚信等要求。

(1) 资质要求:见"投标人须知前附表";

(2) 人员资格要求:见"投标人须知前附表";

(3) 诚信要求:见"投标人须知前附表";

(4) 其他要求:见"投标人须知前附表"。

1.4.2 投标人不得存在下列情形之一:

(1) 与招标人存在利害关系可能影响招标公正性的法人、其他组织;

（2）为本次招标提供招标代理服务的；

（3）与本项目的工程总承包企业、设计企业、施工企业以及建筑材料、构配件和设备供应企业之间有控股、参股、隶属或其他管理等利益关系，也不能为同一法定代表人；

（4）被责令停业整顿的；

（5）被暂停或取消投标资格的；

（6）财产被接管或基本账户被冻结的；

（7）有骗取中标或严重违约或工程质量安全问题，正处在停业整顿或暂停投标期间的。

1.4.3 "投标人须知前附表"规定接受联合体投标的，除应符合本章第 1.4.1 项、第 1.4.2 项和"投标人须知前附表"的要求外，还应遵守以下规定：

（1）联合体各方应按招标文件提供的格式签订联合体协议书，对联合体各方均具有法律约束力。

（2）联合体各方应按招标文件提供的格式签订联合体协议书，在该协议书中必须指定联合体牵头人，授权其代表所有联合体成员负责投标和合同实施阶段的主办、协调工作，并约定各方拟承担的工作责任和权利义务。联合体协议书必须加盖所有联合体成员单位公章并由其法定代表人签字或盖章确认。

（3）联合体协议约定同一专业咨询服务由两个及以上单位共同承担的，按照就低的原则确定联合体资质；不同专业咨询服务由不同单位分别承担的，按照各自承担专业内容的相应专业资质确定联合体的资质。

（4）联合体各方签订联合体协议书后，联合体各方不得再以自己名义单独或参加其他联合体在同一标段中投标。如有违反，其投标和与此有关的联合体的投标将被拒绝。

（5）联合体中标后，联合体各方应当共同与招标人签订合同，为履行合同向招标人承担连带责任。联合体牵头人应被授权作为联合体各方的代表，向招标人提交履约担保、承担责任和接受指令，并负责整个合同的全面履行和接受本招标项目的工程咨询服务费的支付。履约担保以联合体牵头人的名义提交。

（6）除非另有规定和说明，本章中的"投标人"一词亦指联合体各方。

1.4.4 单位负责人为同一人或者存在控股、管理关系的不同单位，不得同时参加本招标项目或同一标段项目的投标。

1.4.5 投标人应是收到招标人投标邀请函的单位（适用于邀请招标项目或已进行资格预审项目）。

1.4.6 构成投标人资格条件的实质性内容在通过资格预审后原则上不允许变更，如确需变更的，应当在投标截止时间前书面征得招标人同意，经招标人初审后报招投标监管机构备案。若变更后的资格条件低于其原资格审查申请文件所报的投标人资格条件的，其投标将被拒绝（适用于已进行资格预审项目）。

1.4.7 通过资格预审后，投标人发生资格预审文件所述需更新资料的情况，应于投标文件递交时一并提交资格预审更新资料（适用于已进行资格预审项目）。

1.5 费用承担

投标人准备和参加投标活动发生的费用自理。

1.6 保密

参与招标投标活动的各方应对招标文件和投标文件中的商业和技术等秘密保密，违者应对由此造成的后果承担法律责任。

1.7 语言文字

招标投标文件使用语言文字为中文。专用术语使用外文的，应附有中文注释。

1.8 计量单位

所有计量均采用中华人民共和国法定计量单位。

1.9 计价货币

本招标投标涉及计价货币的，均为人民币。

1.10 踏勘现场

1.10.1 投标人按"投标人须知前附表"规定进行踏勘项目现场。

1.10.2 投标人踏勘现场发生的费用自理。

1.10.3 投标人自行负责在踏勘现场中所发生的人员伤亡和财产损失。

2 招标文件

2.1 招标文件的组成

2.1.1 本招标文件包括：

（1）招标公告；

（2）投标人须知；

（3）评标办法；

（4）合同条款及格式；

（5）全过程工程咨询服务工作任务书；

（6）投标文件格式；

（7）投标人须知前附表规定的其他材料。

2.1.2 根据本章第 2.2 款和第 2.3 款对招标文件所作的澄清、修改，构成招标文件的组成部分。当招标文件及其澄清、修改或补充文件对同一内容表述不一致时，以最后发出的书面文件为准。

2.2 招标文件的澄清

2.2.1 投标人应仔细阅读和检查招标文件的全部内容。如发现缺页或附件不全，应及时向招标人提出，以便补齐。如有疑问和异议，应在投标人须知前附表规定的时间前以规定的方式要求招标人对招标文件予以澄清。

2.2.2 招标文件的澄清应在"投标人须知前附表"规定的投标截止时间 15 天前，以"投标人须知前附表"2.2.3 规定的形式向所有购买招标文件的投标人发布，但不指明澄清问题的来源。如果澄清发出的时间距投标截止时间不足 15 天可能影响投标文件编制的，相应延长投标截止时间。

2.2.3　招标文件澄清的发布应按"投标人须知前附表"规定的方式进行发布。

2.2.4　投标人在收到澄清后应按"投标人须知前附表"规定的形式确认已收到该澄清。

2.3　招标文件的修改

2.3.1　在投标截止时间 15 天前，招标人可以书面形式修改招标文件，并以"投标人须知前附表"2.2.3 规定的澄清文件发布的相同形式，通知所有已购买招标文件的投标人。如果修改招标文件的时间距投标截止时间不足 15 天可能影响投标文件编制的，相应延长投标截止时间。

2.3.2　投标人在收到修改后，应按"投标人须知前附表"2.2.4 规定的澄清文件确认的相同形式，确认已收到该澄清。

2.3.3　为使投标人在编制投标文件时有充分的时间对招标文件的修改、补充等内容进行研究并做出响应，招标人可酌情延长提交投标文件的截止时间，具体时间在招标文件的修改、补充等通知中予以明确。

2.3.4　招标文件的修改或补充报招投标监督管理部门备案后，发送给所有获得招标文件的投标人。招标文件的修改内容作为招标文件的组成部分，具有约束作用。

3　投标文件

3.1　投标文件的组成

投标文件应包括下列内容：

（1）报价文件：见"投标人须知前附表"；

（2）资格审查文件：见"投标人须知前附表"；

（3）商务文件：见"投标人须知前附表"；

（4）咨询文件：见"投标人须知前附表"。

3.2　投标报价

3.2.1　投标报价是投标人在本次招标服务期内完成本项目的全过程工程咨询服务工作所需的费用。投标人应按招标文件中相关附表格式填写。

3.2.2　投标人的投标报价不得超过有效报价范围，计算依据、计算方法及相关要求见投标人须知前附表。

3.2.3　投标人的报价已包括了实施和完成本项目全过程工程咨询服务工作所需的劳务费、技术服务费、交通、通信、保险、税费和利润，除非上述费用在合同中另有说明。

3.2.4　分项报价基数均以总投资额中的建安费为基数。

3.3　投标有效期

3.3.1　除"投标人须知前附表"另有规定外，投标有效期为 60 天。

3.3.2　在投标有效期内，投标人撤销或修改其投标文件的，应承担招标文件和法律规定的责任。

3.3.3　出现特殊情况需要延长投标有效期的，招标人以书面形式通知所有投标人延长投标有效期。投标人同意延长的，应相应延长其投标保证金的有效期，但不得要求或被允许修改或撤销其投标文件；投标人拒绝延长的，其投标失效，但投标人有权收回其投标保证金。

3.4 投标担保

3.4.1 投标人应按投标人须知前附表中所规定的金额、形式、时间提交投标担保，作为其是否响应招标文件的实质性内容。联合体投标的，其投标担保以联合体牵头人名义提交。

3.4.2 提交投标保证金的，投标保证金须从投标人基本账户中转出；联合体投标的，投标保证金须从联合体牵头人基本账户中转出。投标保证金以到达指定账户内的时间为准，没有按招标文件规定时限内及时到账或未及时办理投标保证金收款或支付凭证而造成的后果，由投标人自行负责。

3.4.3 提交投标银行保函或投标保险保单的，保函中的被担保人与投标人必须一致或保险保单中的投保人与投标人必须一致；联合体投标的，被担保人或投保人与联合体牵头人必须一致。保函中所担保的范围、金额、责任条件及有效期或保单中被保险人、保险金额、保险期限必须符合招标文件要求［保函还需符合招标文件第六章投标文件商务标格式"投标银行保函"的格式及内容（如有时）］。投标人应将投标银行保函的原件或保险保单正本原件须在投标截止时间前提交至招标人或指定机构。

3.4.4 投标人应将投标保证金凭证或投标银行保函复印件或投标保险保单复印件编入投标文件。投标人不按本章第3.4.1条款、3.4.2条款、3.4.3条款要求提交投标担保的，其投标文件将被拒绝。

3.4.5 投标担保的退还：

3.4.5.1 中标人的投标担保将在本招标项目的工程咨询合同签订后5个工作日内予以退还。

3.4.5.2 未中标的中标候选人的投标担保最迟将在工程咨询合同签订后5个工作日内予以退还。

3.4.5.3 其他未中标人的投标担保将在中标公示结束后5个工作日内予以退还。

3.4.5.4 退还的投标保证金，其利息计算执行中国人民银行规定的现行活期存款利率标准。

3.4.6 投标人若发生违反担保责任事件，有下列情况之一时，将不予退还投标担保：

（1）投标人在规定投标有效期内撤销或修改其投标文件；

（2）中标人在收到中标通知书后，无正当理由拒签合同协议书或未按招标文件规定提交履约保证金；

（3）相关行政监督部门认定的投标人在投标过程中以不正当手段谋取中标。

3.5 资格审查文件

投标人的资格审查文件应按"投标人须知前附表"3.1规定递交的文件资料顺序提供，资格审查文件有任何一项不合格或者缺项者其资格审查视为不通过。

3.6 投标文件的编制

3.6.1　投标文件应按第六章"投标文件格式"进行编写，如有必要，可以增加附页，作为投标文件的组成部分。

3.6.2　投标文件正本一份，副本份数见投标人须知前附表。正本和副本的封面上应清楚地标记"正本"或"副本"的字样。当副本和正本不一致时，以正本为准。

3.6.3　投标文件的正本与副本应分别装订成册，并编制目录，具体装订要求见"投标人须知前附表"规定。

3.6.4　"投标人须知前附表"规定技术文件采用暗标评审的，技术文件正本及副本不得出现投标人的名称和其他可识别投标人身份的文字、符号、标识等，否则做否决投标处理，具体要求见"投标人须知附件1"。

3.6.5　投标文件应用不褪色的材料书写或打印，并由投标人的法定代表人或其委托代理人在招标文件规定的相关位置签字（或盖章）并加盖投标人单位公章。由委托代理人签字的，投标文件应附法定代表人签署的授权委托书。投标文件应尽量避免涂改、行间插字或删除。如果出现上述情况，改动之处应加盖投标人单位公章或由投标人的法定代表人或其委托代理人签字确认。签字或盖章的具体要求见"投标人须知前附表"。

3.6.6　投标文件应当对招标文件有关服务期限、投标有效期、质量要求、技术标准和要求、招标范围等实质性内容作出响应。

4　投标

4.1　投标文件的密封和标记

4.1.1　投标文件应按"投标人须知前附表"的要求进行密封包装，加贴封条，并在封套的封口处加盖投标人单位公章（暗标为加盖密封章）。

4.1.2　投标文件封套上应写明的内容见"投标人须知前附表"。

4.2　投标文件的递交

4.2.1　投标人应在"投标人须知前附表"第2.2.2款规定的投标截止时间前及"投标人须知前附表"规定的地点递交投标文件。

4.2.2　招标人或招标代理机构收到投标文件后，应办理投标文件签收手续。

4.2.3　投标人所递交的投标文件不予退还。

4.2.4　投标文件有下列情形之一的，招标（代理）人不予接受：

（1）逾期送达的或未送到指定地点的投标文件。

（2）未按本章第3.4条款要求提交投标担保的。

（3）未通过资格预审的申请人提交的投标文件（适用进行资格预审项目）。

（4）通过资格预审的申请人收到通知后，在规定时间内未表示是否参与投标或明确表示不参与投标后提交的投标文件（适用进行资格预审项目）。

（5）包封没有按本章第4.1.1条款规定密封的。

4.3　投标文件的修改与撤回

4.3.1　在本章第2.2.2项规定的投标截止时间前，投标人可以修改或撤回已递交的投标文件，但应以书面形式通知招标人。

4.3.2　投标人修改或撤回已递交投标文件的书面通知应按照本章第3.6.5款的要求签字或盖章。招标人收到书面通知后，向投标人出具签收凭证。

4.3.3　修改的内容为投标文件的组成部分。修改的投标文件应按照本章第3.6款和第4款规定进行编制、密封、标记和递交，并标明"修改"字样。

5　开标

5.1　开标时间和地点

招标人在"投标人须知前附表"规定的投标截止时间（开标时间）和"投标人须知前附表"规定的地点公开开标，并邀请所有投标人的法定代表人或其委托代理人准时参加。

签到手续应按"投标人须知前附表"第5.1款规定办理。

5.2　开标程序

开标会由招标人或其委托的招标代理机构主持。主持人按"投标人须知前附表"确定的以下程序进行开标：

方式一：技术标明标开标程序

（1）宣布在提交投标文件截止时间前收到的投标文件数量；

（2）宣布开标纪律，开标人、唱标人、记录人、监督人等有关人员名单；

（3）确认投标人到场情况应按"投标人须知前附表"第5.2款规定进行；

（4）由招标人代表和监督人员检查投标人的资格证件（包括法定代表人身份证明原件（企业法定代表人参加投标会时检查）或委托代理投标相关证明（附法定代表人身份证明的授权委托书原件、受委托人身份证原件，委托代理人参加投标会时检查）、转账（电汇）底单原件或银行保函原件或工程担保原件或工程保险原件），投标人代表检查投标文件的密封情况；

（5）按照"投标人须知前附表"的规定确定并宣布投标文件开标顺序；

（6）公布招标控制价及相关内容；

（7）公布投标人名称、标段名称、投标保证金的递交情况、投标报价、服务期及其他内容，并制作记录；

（8）投标人代表、招标人代表、记录人以及有关监督人员在开标记录上签字确认，并存档备查；

（9）开标结束。

5.3　不予开标

符合下列情况之一的投标，招标人拒绝受理或在开标时当场拒绝其投标，不得进入评标：

（1）投标文件逾期送达的或者未送达指定地点的；

（2）投标文件未按招标文件要求密封和标记的；

（3）投标人法定代表人或其授权的委托代理人未按本章第5.1项要求出席开标会。

5.4　开标异议

投标人对开标有异议的，应当在开标现场提出，招标人当场作出答复，并制作记录。

投标人未派授权代表按时参加开标会议的，不得对开标情况提出异议。

6 评标

6.1 评标委员会

6.1.1 评标由招标人依法组建的评标委员会负责。评标委员会成员人数以及技术、经济等方面专家的确定方式见"投标人须知前附表"。

6.1.2 评标委员会成员有下列情形之一的，应当回避：

（1）投标人或投标人的主要负责人的近亲属；

（2）招标项目主管部门或者招标投标行政监督部门的人员；

（3）与投标人有经济利益关系，可能影响对投标公正评审的；

（4）在招标投标活动中从事违法行为而受过行政处罚或者刑事处罚的人员；

（5）与投标人有其他利害关系的人。

6.2 评标原则

评标活动遵循公平、公正、科学和择优的原则。

6.3 评标

评标委员会按照第三章"评标办法"规定的方法、评审因素、标准和程序对投标文件进行评审。第三章"评标办法"没有规定的方法、评审因素和标准，不作为评标依据。

6.4 移交评标资料

评标委员会完成评标后，立即向招标人提交书面评标报告和中标候选人名单，并同时移交所有评标所涉资料。

6.5 中标候选人公示

6.5.1 招标人自收到评标报告之日起 3 日内，必须在"投标人须知前附表"规定的媒介上按照规定的格式公示中标候选人，公示期不少于 3 个工作日。招标人逾期不发出中标候选人公示的，由当地招投标监督管理部门责令招标人及时改正。

6.5.2 投标人或者其他利害关系人对依法必须进行招标的项目的评标结果有异议的，应当在中标候选人公示期间提出，招标人应当自收到异议之日起 3 日内作出答复。

6.5.3 投标人或者其他利害关系人认为招标投标活动不符合法律、行政法规规定的，可以自知道或者应当知道之日起 10 日内向有关行政监督部门投诉；投诉应当有明确的请求和必要的证明材料；逾期不予受理。投诉前，应当先向招标人提出异议，否则投诉不予受理。

6.5.4 若招标人对项目评标结果有异议的，可在本公示开始日起 10 日内直接向投诉受理部门提交书面投诉书。

6.6 履约能力审查

在中标通知书发出前，如果中标候选人的经营、财务状况发生较大变化，可能造成不能履行合同、无法按照招标文件要求提交履约保证金等情形，不符合中标条件的，应在中标公示期及时书面告知招标人。

如招标人认为中标候选人的经营、财务状况发生较大变化或者存在违法行为可能影响其履约能力的，应当在中标通知书发出前由原评标委员会按照招标文件规定的标准和方法审查确认。

7 合同授予

7.1 定标方式

除"投标人须知前附表"规定评标委员会直接确定中标人外，招标人依据评标委员会推荐的中标候选人确定中标人，评标委员会推荐中标候选人的人数见投标人须知前附表。

7.2 中标通知及中标公告

公示期满无异议或者异议不成立的，招标人应当在公示期结束后5日内，按照招标文件规定的定标办法确定中标人，向中标人发出中标通知书，并按规定的格式在指定的网站发出中标公告，将中标结果通知未中标的投标人。

7.3 履约保证金

7.3.1 在签订合同前，中标人应按"投标人须知前附表"规定的担保形式和招标文件第四章"合同条款及格式"规定的或者事先经过招标人书面认可的履约担保格式向招标人提交履约担保。

7.3.2 中标人不能按本章第7.3.1项要求提交履约保证金的，视为放弃中标，招标人有权没收其投标保证金，给招标人造成的损失超过投标保证金数额的，中标人还应当对超过部分予以赔偿。

7.4 签订合同

7.4.1 招标人和中标人应当在投标有效期内以及中标通知书发出之日起30天内，根据招标文件和中标人的投标文件订立书面合同。中标人无正当理由拒签合同的，招标人取消其中标资格，招标人有权没收其投标保证金；给招标人造成的损失超过投标保证金数额的，中标人还应当对超过部分予以赔偿。对依法必须招标项目的中标人，由有关行政监督部门责令改正。

7.4.2 国有资金占控股或者主导地位的依法必须进行招标的项目，招标人应当确定排名第一的中标候选人为中标人。排名第一的中标候选人（或者评标委员会依据招标人的授权直接确定的中标人）放弃中标，或因不可抗力提出不能履行合同，或者被查实存在影响中标结果的违法行为等情形，不符合中标条件的，招标人可以按照评标委员会提出的中标候选人名单排序（或者评标结果排序）依次确定其他中标候选人为中标人。依次确定的其他中标候选人与招标人预期差距较大，或者对招标人明显不利的，招标人可以重新招标。

7.4.3 发出中标通知书后，招标人无正当理由拒签合同的，由有关行政监督部门给予警告，责令改正。同时招标人向中标人退还投标保证金；给中标人造成损失的，还应当赔偿损失。

8 重新招标

有下列情形之一的，招标人将重新招标：

（1）投标截止时，投标人少于3个的；

（2）经评标委员会评审，所有投标被否决或者部分投标被否决后，有效投标不足三个，导致投标明显缺乏竞争的，招标人在分析招标失败的原因采取相应措施后，应当依法重新招标；

（3）其他有关法规和文件规定的应当重新招标的情形。

9 纪律和监督

9.1 对招标人的纪律要求

招标人不得泄露招标投标活动中应当保密的情况和资料，不得与投标人串通损害国家利益、社会公共利益或者他人合法权益。

9.2 对投标人的纪律要求

投标人不得相互串通投标或者与招标人串通投标，不得向招标人或者评标委员会成员行贿谋取中标，不得以他人名义投标或者以其他方式弄虚作假骗取中标；投标人不得以任何方式干扰、影响评标工作。有下列情形之一的，属于投标人相互串通投标：

（1）投标人之间协商投标报价等投标文件的实质性内容；

（2）投标人之间约定中标人；

（3）投标人之间约定部分投标人放弃投标或者中标；

（4）属于同一集团、协会、商会等组织成员的投标人按照该组织要求协同投标；

（5）投标人之间为谋取中标或者排斥特定投标人而采取的其他联合行动；

（6）不同投标人的投标文件由同一单位或者个人编制；

（7）不同投标人委托同一单位或者个人办理投标事宜；

（8）不同投标人的投标文件载明的项目管理成员为同一人；

（9）不同投标人的投标文件异常一致或者投标报价呈规律性差异；

（10）不同投标人的投标文件相互混装；

（11）不同投标人的投标保证金从同一单位或者个人的账户转出；

（12）不同投标人购买招标文件、图纸等费用，从同一单位或个人的账户转出。

9.3 对评标委员会成员的纪律要求

评标委员会成员不得收受他人的财物或者其他好处，不得向他人透漏对投标文件的评审和比较、中标候选人的推荐情况以及评标有关的其他情况。在评标活动中，评标委员会成员应当客观、公正地履行职责，遵守职业道德，不得擅离职守，影响评标程序正常进行，不得使用第三章"评标办法"没有规定的评审因素和标准进行评标。

9.4 对与评标活动有关的工作人员的纪律要求

与评标活动有关的工作人员不得收受他人的财物或者其他好处，不得向他人透漏对投标文件的评审和比较、中标候选人的推荐情况以及评标有关的其他情况。在评标活动中，与评标活动有关的工作人员不得擅离职守，影响评标程序正常进行。

10 需要补充的其他内容

需要补充的其他内容：见投标人须知前附表。

投标须知附件 1：咨询服务（技术暗标部分）编制及装订要求

（一）总则：

本附表的内容是针对全过程咨询方案采用暗标评审的特点和要求，对投标人须知正文和前附表中的相关规定进行的补充和细化，投标人须知正文部分、前附表部分中的相关规定应当按照本附表中的规定执行。

（二）咨询方案中纳入"暗标"部分的内容：

全过程咨询服务方案的内容。

（三）暗标的编制和装订要求：

1. 打印纸张要求：所有文字和图表部分（包括封面）统一用 70 克白色 A4 复印纸打印，左侧胶装，对于比较大的图表可以用白色 A3 纸打印，则需将 A3 纸折叠成 A4 大小并统一装订。

2. 打印颜色要求：除图表可以采用彩色打印外（但不是必须），所有文字部分需用黑色字体打印。

3. 正本封皮（包括封面、侧面及封底）设置及盖章要求："正本"的封面需要加盖投标人公章，侧面及封底无要求。

4. 副本封皮（包括封面、侧面及封底）设置要求："副本"的封面、侧面及封底均为白色复印纸（70 克），不需加盖"副本"章。

5. 排版要求：字体：宋体；字号：（1）标题：三号（2）其他：四号 ；（图表不受此限制）行距：固定值 22 磅；页边距：上 2.5 厘米，其余均为 2 厘米；不允许页眉，且页脚只准出现页码，页码格式采用阿拉伯数字格式，设在页脚对中位置，页码应当连续，不得分章或节单独编码 。

6. 图表大小、字体、装订位置要求：图表部分的字体和排版按图表内容自行定义格式。

7. 所有"技术暗标"必须合并装订成一册，所有文件左侧装订，装订方式应牢固、美观，不得采用活页方式装订，均应采用___左侧___方式装订。

8. 编写软件及版本要求：Microsoft Word2007。

9. 任何情况下，技术暗标中不得出现任何涂改、行间插字或删除痕迹。

10. 除满足上述各项要求外，构成投标文件的"技术暗标"的正文中均不得出现投标人的名称和其他可识别投标人身份的字符、徽标、人员名称以及其他特殊标记等。

11. 其他要求：___/___。

12. 从上 1～3 条不作为废标条款。

备注："暗标"应当以能够隐去投标人的身份为原则，尽可能简化编制和装订要求。

第四章 评标办法

一、评标办法前附表

条款号	评审因素		评审标准
1	评标办法		综合评估法
2.1	初步评审	评审因素	评审标准
2.1.1	形式评审	投标人名称	与营业执照、资质证书一致
		投标担保	符合第二章"投标人须知"第3.4条款规定
		投标文件格式	符合第六章"投标文件格式"的要求或格式略有改变但不影响投标文件的评审
		投标文件标注及签署	符合第二章"投标人须知"第3.6.2款、3.6.4款规定或未按该条款规定进行标注时,投标文件内容未出现不一致
		投标文件份数	符合第二章"投标人须知"第3.6.2条款规定
		投标文件签字盖章	符合第二章"投标人须知"第3.6.5条款规定
		法定代表人授权委托书(如有)	符合第二章"投标人须知"第3.6.5条款规定
		联合体投标人(如有)	符合第二章"投标人须知"第1.4.3条款规定
2.1.2	资格评审(除"投标人资格条件变更"评审因素外,均适用于资格后审项目)	营业执照	具有合法有效的营业执照
		企业资质等级	具有相关行政主管部门颁发的有效资质证书,并符合第二章"投标人须知前附表"第1.4.1款规定
		总咨询工程师执业资格	具有有效资格证书,同时符合第二章"投标人须知前附表"第1.4.1款规定
		专项咨询业务负责人、诚信、其他要求	符合第二章"投标人须知前附表"第1.4.1款规定
		投标人资格条件变更	投标人通过资格预审后发生资格条件重大变化的,已按规定向招标人提出资格预审变更申请,更新后的资格条件达到招标文件或资格预审文件规定的评审标准,且评审结果未低于其通过资格预审时的评审结果
		……	……
2.1.3	投标函响应性评审	投标函内容格式	按招标文件规定的格式填写
		投标有效期	符合第二章"投标人须知前附表"第3.3.1款要求
		权利义务承诺	已承诺同意第四章"合同条款"
		其他实质性要求响应	投标函中无招标人不能接受的条件,且符合本章第4.3.4条款所涉及的实质性要求
		……	……

条款号		评审因素	评审标准
2.1.4	全过程咨询方案评审	投标内容	符合第二章"投标人须知前附表"第1.3款规定
		技术标编制形式	符合第二章"投标人须知前附表"第3.6.6款规定
		技术标编制内容	符合第二章"投标人须知前附表"第3.1款规定,内容齐全
		项目工程咨询机构人员配备	配备的工程咨询人员具有相应的执业资格证书或岗位证书及技术职称证书(如需)且满足招标文件的要求
		其他实质性要求响应	技术标中无招标人不能接受的条件,且符合本章第4.3.4条款所涉及的实质性要求
		……	……
2.1.5	商务标响应性评审	投标内容	符合第二章"投标人须知前附表"第1.3款规定
		商务标编制内容	符合第二章"投标人须知前附表"第3.6.6款规定,内容齐全
		投标报价	投标报价形式符合第二章"投标人须知前附表"第3.2.2条款要求
		其他实质性要求响应	商务标中无招标人不能接受的条件,且符合本章第4.3.4条款所涉及的实质性要求
		……	……
2.2	详细评审	评审或量化因素	评审或评分标准

条款号		评审或量化因素	评审或评分标准		
2.2.1	技术标评审标准65分		技术标得分为各评标委员会成员的评分的算术平均值。(技术标得分计算结果保留两位小数,第三位四舍五入)		
		1.工程咨询人员资源投入及分工(35分)	1.1 拟派总咨询工程师情况(10分)		
			总咨询工程师(9分)	学历(1分):本科及以上得1分;	
				业绩(6):在类似项目中担任总咨询工程师或项目经理的每个2分,满分6分	
				注册证书(2分):每有一个符合投标前附表1.4.1款要求的执业资格类证书得1分,此项最高2分	
			1.2 拟派专项咨询工程师情况(25分)		
			工程设计负责人(6分)	学历(1分):本科及以上得1分;	
				职称(1分):工程技术或经济类专业,高级得1分,中级得0分,满分1分;	
				业绩(4分):在类似项目中担任设计负责人的每个2分,满分4分	
			工程监理负责人(6分)	学历(1分):本科及以上得1分;	
				职称(1分):工程技术或经济类专业,高级得1分,中级得0分,满分1分;	
				业绩(4分):在类似项目中担任项目总监的每个2分,满分4分	

条款号	评审因素	评审标准	
2.2.1	技术标评审标准 65分	1. 工程咨询人员资源投入及分工(35分)	造价专业负责人(6分)	学历(1分):本科及以上得1分; 职称(1分):工程技术或经济类专业,高级得1分,中级得0分,满分1分; 业绩(4分):在类似项目中担任造价专业负责人的每个2分,满分4分
			招采专业负责人(6分)	学历(1分):本科及以上得1分; 职称(1分):工程技术或经济类专业,高级得1分,中级得0分,满分1分; 业绩(4分):在类似项目中担任招采负责人的每个1分,满分4分
			1.3 项目团队建设情况(5分): 横向对比各投标人项目组织机构、技术服务机构和人员配备、拟投入的人员资源配置合理性;各类专业人员分工是否科学、合理、高效(优5分;良3~4分;中1~2分;差0分)。 备注: 1. 以上1.1、1.2、1.3中要求的人员证书须提供复印件,并加盖单位公章; 2. 业绩相关证明材料:可以是委托合同,任命书,建设主管部门的备案资料等任何能够证明其具备所提交项目业绩相关能力的证明文件,须提供复印件,并加盖单位公章。 3. 所提供的人员业绩,必须满足类似项目要求,否则不得分	
		2. 全过程工程咨询服务方案(0~10分)	投标人对项目的理解,为完成本项目的全过程工程咨询,制定的工作计划、制度、内容、程序、方法、措施以及本项目关键点、难点分析,合理化建议等。各投标人横向进行比较(0~10分)	
		3. 项目管理服务方案(0~5分)	项目管理服务方案的科学、合理性,各项措施的保障性等方面,各投标人横向进行比较(0~5分)	
		4. 专项咨询业务服务方案(0~15分)	□投资决策 □工程设计 　□方案设计 　□初步设计 　□施工图设计 □工程监理 □造价咨询 □招标采购 □其他 以上各专业咨询服务方案的科学、合理性,各项措施的保障性等方面,分别进行各投标人横向比较(0~15分)	

条款号	评审因素	评审标准
2.2.2	商务标评审标准 25分	**企业业绩(16分):** 每一项满足类似项目要求的业绩最多得4分。其中的全过程项目管理业绩得2分,工程设计、工程监理、全过程造价咨询业绩各得1分,其他专项咨询(如:招标采购、工程勘察、项目建议书编制、可行性研究报告编制、BIM咨询、绿建咨询等)业绩各得0.5分。 备注: 1. 所提供的企业业绩,必须满足类似项目要求,否则不得分; 2. 所有项目业绩中必须含有全过程工程项目管理服务,否则不得分; 3. 所有项目业绩中必须含有工程设计、工程监理、全过程造价咨询中至少一项,否则不得分。
		体系认证(5分): 具有质量管理体系、环境管理体系、职业健康安全管理体系认证证书,且认证范围包括"建设工程全过程工程咨询服务"的得5分。
		奖项(4分):设置全国性奖项作为评标加分条件(如鲁班奖等),同时获奖项目的服务内容应满足类似项目要求。
2.2.3	经济标评审标准 10分	商务标评审内容主要针对各投标人商务标《投标总报价一览表》中的<u>投标总价报价</u>的合理性进行评审评分。 超出有效报价范围的投标报价,作否决投标处理。
		投标报价有效性界定 / 投标报价符合第二章"投标人须知前附表"第19项要求。
		投标报价分(10分) / 投标总价报价评分(满分<u>10</u>分) 1. 评标基准价的确定方法: (1)有效报价范围:为投标总价低于或等于招标控制价,通过资格评审,符合性评审且技术标评审合格,经评标委员会审定不存在严重不平衡、不合理、不低于其企业成本的投标人投标总价。 (2)将有效报价范围内的投标人,按其投标报价由低到高的顺序依次排出名次。 (3)通过资格审查且报价有效的合格投标人在5家以上的,去掉N家最高投标报价和N家(如总数为奇数,则取$N-1$家)最低投标报价后(当出现两个或两个以上相同最高或最低投标报价时,一并去掉),取5家(如不足5家,按实际最多家数计取)投标人报价进入基准评标价计算范围,再取其中的有效报价的平均值作为评标基准价;通过资格审查合格且报价有效的合格投标人在5家(含5家)以下的,将在有效报价范围内的全部合格投标人有效投标价的算术平均值作为评标基准价。$N=$(通过资格审查进入详细评审且报价有效的合格投标人家数-5)$\div 2$(N四舍五入取整数)。 2. 评审时以评标基准价为最高分,采用内插法计算,投标人报价每高于评标基准价1%的扣1分;每低于评标基准价1%的扣0.5分。

注:1. 本前附表中的内容,招标人可根据招标项目的实际情况进行调整。
  2. 编制本前附表2.2.1所列的技术标评审或量化因素时,<u>应与评标细则中的技术标评审内容保持一致。</u>

二、评标办法正文

1. 总则

1.1 评标方法

见评标办法前附表。

1.2 评标原则

1.2.1 公平、公正、科学、择优的原则；

1.2.2 依法评标、严格保密；

1.2.3 定性的评审在法律法规依据明确的前提下，由评标委员会全体成员按照少数服从多数的原则，以记名投票方式表决。

1.3 评标委员会成员人数及构成

见第二章投标人须知前附表。

1.4 评标委员会应当根据招标文件规定的评标标准和方法，对投标文件进行系统的评审和比较。招标文件中没有规定的标准和方法不得作为评标的依据。

1.5 评标委员会按以下程序进行评标

1.5.1 评标准备；

1.5.2 初步评审；

1.5.3 详细评审；

1.5.4 确定中标人或推荐中标候选人及提交评标报告。

2. 评审标准

2.1 初步评审标准

2.1.1 形式评审标准：见评标办法前附表2.1.1。

2.1.2 资格评审标准：见评标办法前附表2.1.2。

2.1.3 投标函响应性评审标准：见评标办法前附表2.1.3。

2.1.4 技术标响应性评审标准：见评标办法前附表2.1.4。

2.1.5 商务标响应性评审标准：见评标办法前附表2.1.5。

2.2 详细评审标准

见附件"评标细则"。

3. 评标准备

3.1 评标委员会成员签到

评标委员会成员到达评标现场时应在签到表上签到以证明其出席。

3.2 评标委员会的分工

评标委员会推选一名成员担任评标委员会主任，负责协调、组织评标活动的实施。评标委员会主任与评标委员会的其他成员享有同等的表决权。

3.3 熟悉文件资料

3.3.1 评标委员会主任应组织评标委员会成员认真研究招标文件，了解和熟悉招标目的、招标范围、主要合同条件、工程咨询服务内容、项目计划工期和工程咨询服务期等要求，掌握评标标准和方法，未在招标文件规定的标准和方法不得作为评标的依据。

3.3.2 招标（代理）人向评标委员会提供的信息和数据，包括招标文件、未在开标会上当场拒绝的各投标文件、开标会记录、资格预审文件及各投标人在资格预审阶段提交的资格预审申请文件（适用于已进行资格预审项目），以及招标（代理）人或评标委员会认为必要的其他信息和数据。

4. 初步评审

初步评审按顺序分为三个阶段，即形式评审、资格评审、响应性评审阶段。在其中任一阶段评审中，如有任意一项不符合招标文件要求，其投标作否决投标处理，不再进行下一步的评审。

4.1 形式评审

评标委员会依据评标办法前附表2.1.1规定的评审因素和评审标准对投标人的投标文件进行初步评审，并记录评审结果。

4.2 资格评审

4.2.1 当投标人的资格预审申请文件内容发生第二章"投标人须知"第1.4.6条款规定的重大变化时，应当按第二章"投标人须知"第1.4.7条款规定向招标人提出资格预审变更申请。评标委员会依据招标文件或资格预审文件中规定的标准和方法对其资格更新内容进行资格评审，并可以要求投标人提交资格更新部分内容的有关证明和证件的原件，以便检验。投标人更新后的资格条件应当达到招标文件资格预审文件规定的评审标准，且评审结果不低于其通过资格预审时的评审结果。当投标人更新后的资格条件不能达到招标文件或资格预审文件规定的评审标准时，其投标文件作否决投标处理（适用于已进行资格预审项目）。

4.2.2 评标委员会依据本章第2.1.2条款规定的评审因素和评审标准对投标人的资格审查申请文件进行资格评审，并给出评审结果。有一项不符合评审标准的投标文件作否决投标处理（适用于资格后审项目）。

4.3 响应性评审

4.3.1 评标委员会根据评标办法前附表第2.1.3项、第2.1.4项及第2.1.5项规定的评审因素和评审标准，对投标文件的投标函、技术标、商务标进行响应性评审。有一项不符合评审标准的投标文件作否决投标处理。

4.3.2 投标人有下列情形之一的，其投标文件作否决投标处理：

4.3.2.1 第二章"投标人须知"第1.4.2条款规定的任何一种情形的；

4.3.2.2 经评标委员会认定，串通投标或弄虚作假或有其他违反有关招标投标法律、法规、规章行为的；

4.3.2.3 不按本章第6条款规定对评标委员会提出的有关投标文件存在的问题进行澄清、说明或补正的；

4.3.2.4 不按本章第4.3.3条款规定对评标委员会提出的有关投标文件的错误进行

修正的。

4.3.3 投标文件的错误修正：

4.3.3.1 投标文件有以下错误的，评标委员会按下列原则对投标文件进行修正：

（1）如果投标总报价一览表中用数字表示的数额与用文字表示的数额不一致的，以文字数额为准；投标文件中的大写金额和小写金额不一致的，以大写金额为准；总价金额与单价金额不一致的，以总价金额为准；对不同文字文本投标文件的解释发生异议的，以中文文本为准。

（2）当分项计算投标报价的合计与投标总报价不一致的，以投标总报价为准，按投标人已填报的分项计算投标报价的比例调整分项计算投标报价，并相应调整投标浮动率。

4.3.3.2 按上述修正错误的原则和方法调整和修正价格，投标人以书面形式确认并同意修正后，修正后的内容和价格对投标人起约束作用。如果投标人不接受修正后的内容和价格，则其投标将被否决并且其投标担保将不予退还，并不影响其他投标文件的评标。

4.3.4 投标文件的响应性认定：

4.3.4.1 在详细评审之前，评标委员会将首先审查投标文件是否在实质上响应了招标文件的要求。所谓实质上响应，是指投标文件应与招标文件的所有实质性条款、条件、要求和规范相符，无显著差异或保留，或者对合同中约定的招标人的权利和投标人的义务方面造成重大限制，而且纠正这些显著差异或保留将会对其他实质上响应招标文件要求的投标文件的投标人的竞争地位产生不公正的影响。

4.3.4.2 招标文件的实质性要求内容包括投标报价、项目管理服务目标、专项咨询业务服务目标、投标有效期、技术资料和服务要求、投标担保提交要求、履约担保要求、违约经济责任、招标文件要求承诺的其他主要条款、工程咨询机构人员配备要求和工程咨询大纲实施可行性等内容作为招标文件的实质性要求内容。

4.3.4.3 对实质上不响应招标文件要求的投标文件，应作否决投标处理，并且不允许通过澄清、修正或撤销其不符合要求的差异或保留，使之成为具有响应性的投标。

4.3.5 经评标委员会初步评审，符合评标办法前附表评审标准规定的投标文件达到3个或3个以上时，评标委员会才能对经济标或技术标或商务标进行详细评审，否则将视作本次招标缺乏有效竞争而重新组织招标。

5. 详细评审

5.1 对通过初步评审的技术标按附件"评标细则"确定的评审因素和评分标准进行评分，并计算出技术标得分。

5.2 对通过初步评审的商务标按附件"评标细则"确定的评审因素和评分标准进行评分，并计算出商务标得分。

5.3 超出招标文件规定的投标报价合理范围上限的投标报价，其投标应作否决投标处理。

5.4 对通过详细评审的经济标，按附件"评标细则"确定的评审因素和评分标准进行打分，并计算出经济标得分。

5.5　详细评审工作全部结束后，汇总各个评标委员会成员的详细评审评分结果，并按照附件"评标细则"规定对投标人进行排序。

5.6　经评标委员会详细评审，否决不合格投标后，除本章第4.3.3.2条款规定的情形外，因有效投标不足3个使得投标明显缺乏竞争的，评标委员会可以否决全部投标。

6. 投标文件的澄清、说明和补正

6.1　在初步评审和详细评审阶段，评标委员会可以书面形式要求投标人对所提交投标文件中含义不明确、对同类问题前后表述不一致或有明显的文字和计算错误的内容或其他细微偏差作必要的澄清或说明。评标委员会不接受投标人主动提出的澄清、说明或补正。

6.2　细微偏差的澄清、说明或补正不能改变投标文件实质性内容。

6.3　投标人应采用书面形式进行澄清、说明或补正，但不得超出投标文件的范围或改变投标文件的实质性内容（除本章第4.3.3.1条款规定的允许修正的投标文件的错误外）。对同类问题表述不一致的内容，投标人应作出有利于招标人的澄清、说明或补正。投标人的书面澄清、说明或补正属于投标文件的组成部分。

6.4　评标委员会对投标人提交的澄清、说明或补正有疑问的，可以要求投标人进一步作出澄清、说明或补正，直至满足评标委员会的要求。

7. 推荐中标候选人

7.1　中标候选人推荐原则

除第二章的"投标人须知"前附表第7.1款规定招标人授权评标委员会直接确定中标人外，评标委员会在推荐中标候选人时，应遵循以下原则：

7.1.1　按照投标得分从高到低排序，根据第二章的"投标人须知"前附表第34项规定的中标候选人数量，将排序在前的投标人推荐为中标候选人。

7.1.2　投标得分相同时，投标报价低者排序优先，投标得分和投标报价均相同时，采用随机方式确定中标候选人的名次排序。

7.2　编制评标报告

评标委员会完成评标后，应当向招标人提交书面评标报告。评标报告应当由全体评标委员会成员签字确认。评标报告应当包括以下内容：

（1）基本情况和数据表；

（2）评标委员会成员名单；

（3）开标会记录；

（4）符合要求的投标一览表；

（5）否决投标情况说明；

（6）评标标准、评标方法或者评审因素一览表；

（7）评分比较价格一览表（包括评标委员会在评标过程中所形成的所有记载评标结果、结论的表格、说明、记录等文件）；

（8）经评审的投标人顺序；

（9）推荐的中标候选人名称（如果第二章"投标人须知"前附表授权评标委员会直接

确定中标人，则为"确定中标人"）与签订合同前要处理的事宜；

（10）澄清、说明、补正事项纪要；

（11）需要说明的其他情况。

8. 特殊情况的处理程序

8.1 评标活动暂停

8.1.1 评标委员会应当执行连续评标的原则，按评标办法规定的程序、内容、方法、标准完成全部评标工作。只有发生不可抗力导致评标工作无法继续时或经监管部门同意暂停评标时，评标活动方可暂停。

8.1.2 发生评标暂停情况时，评标委员会应当封存全部投标文件和评审记录，待不可抗力的影响结束且具备继续评标的条件时，由原评标委员会继续评标。

8.2 评标中途更换评委

8.2.1 除非发生下列情况之一，评标委员会成员不得在评标中途更换：

（1）因不可抗拒的客观原因，不能到场或需要在评标中途退出评标活动。

（2）根据法律法规规定，评标委员会成员需要回避。

8.2.2 退出评标的评标委员会成员，其已完成的评标行为无效。由招标人根据本办法规定的评标委员会成员产生方式另行确定替代者进行评标。

8.3 记名投票

在任何评标环节中，需评标委员会就某项定性的评审结论做出表决时，由评标委员会全体成员根据法律法规明确的依据，采取少数服从多数的原则，以记名投票方式表决。

附件1：否决投标条件一览表

附件2：《评标细则》

附件 1：否决投标条件一览表

1. 总则

本附件所集中列出的否决投标条件，是本章"评标办法"的组成部分，是对第二章"投标人须知"和本章正文部分所规定的否决投标条件的总结和补充，如果出现相互矛盾的情况，以第二章"投标人须知"和本章正文部分的规定为准。

2. 否决投标条件

投标人或其投标文件有下列情形之一的，其投标应当予以否决：

（1）第二章"投标人须知"第 1.4.2 条款规定的任何一种情形的。

（2）投标人有串通投标或弄虚作假或有其他违反有关招标投标法律、法规、规章行为的。

（3）投标文件未按第二章"投标人须知"第 4.1.1 条款和 4.1.2 条款要求进行密封和标志的。

（4）投标文件有第二章"投标人须知"第 4.2.4 条款所列情形的。

（5）投标人在开标时违反第二章"投标人须知"第 5.2（3）条款规定的。

（6）未通过本章评标办法前附表 2.1 规定的初步评审标准所列的任何一项内容的。

（7）不按本章第 6 条款规定对评标委员会提出的有关投标文件存在问题进行澄清、说明或补正的。

（8）不按本章第 4.3.3 条款规定对评标委员会提出的有关投标文件的错误进行修正或不接受修正后的内容和价格的。

（9）投标报价超出招标文件规定的投标报价合理范围上限的。

（10）投标文件中存在不利于招标人利益的投标承诺的。

（11）其他：_____。

附件 2：《评标细则》

一、评标依据

1. 《中华人民共和国招标投标法》《中华人民共和国招标投标法实施条例》等法律、法规；

2. 本项目《招标文件》。

二、评标方法

本招标项目采用的评标办法为综合评估法。评审内容包括投标报价、技术评审、商务评审三部分。评审总分满分 100 分，其中投标报价满分10 分、技术评审满分65 分、商务评审满分25 分。

三、评标程序

□适用于邀请招标项目：_____。

□适用于已经进行资格预审项目：_____。

□适用于资格后审项目：_____。

四、评审细则详见本章评标办法前附表。

五、确定中标人或推荐中标候选人

投标人最终投标评审得分＝经济标得分＋技术标得分＋商务标得分（其中经济标、技术标、商务标评审得分计算结果均保留两位小数）。评标委员会根据招标文件规定，按投标人最终得分从高到低的排序，确定中标人或推荐中标候选人。投标评审得分相同时，以投标报价低者排序优先；投标评审得分和投标报价均相同时，采用随机方式确定中标人或中标候选人的排序。

本办法由招标人负责解释。评标过程如有异常情况，由评标委员会集体讨论决定。

第五章　合同条款及格式

略，详见附件四

第六章　全过程工程咨询工作任务书

一、项目概况

包括项目名称、建设单位、建设规模（含用地面积、建筑总面积、等级、总投资等）、项目地理位置、周边环境、树木情况、文物情况、地质地貌、气候及气象条件、道路交通状况、市政情况等。

二、以下为招标人对全过程工程咨询工作的具体要求

（一）服务内容

1. 项目管理工作，包括：<u>本项目全生命周期的投资决策、建设手续办理、勘察管理、设计管理、合同管理、投资管理、进度管理、招标采购管理、施工组织管理、参建单位管理、验收管理以及质量、计划、安全、绿色环保、信息、沟通、风险、人力资源等管理与协调。</u>

2. 专业咨询工作

□投资决策，包括：<u>（如项目建议书编制，可行性研究报告编制等）　　　　</u>。

□工程设计，包括：_____。

　　□方案设计，包括：_____。

　　□初步设计，包括：_____。

　　□施工图设计，包括：_____。

□工程监理，包括：_____。

□造价咨询，包括：_____。

□招标采购，包括：_____。

□其他，包括：<u>　如工程勘察、绿色建筑咨询、BIM 咨询等　</u>。

（二）工作程序规定：_____。

（三）工作质量、进度要求：_____。

（四）其他要求：_____。

第七章 投标文件格式

报价文件

__(项目名称)__ 全过程工程咨询服务招标

投 标 文 件

项目招标编号：_____

（正本/副本）

投标内容：_____报价文件_____

投标人：_____（盖单位章）

法定代表人或其委托代理人：_____（签字或盖章）

_____年_____月_____日

目　　录

投 标 函

致＿＿＿＿＿＿＿＿＿＿＿＿＿＿＿＿（招标人）：

1. 我公司通过下面的签署在此表示将按照贵方＿＿（项目招标编号）＿＿的招标文件要求为＿＿＿（项目名称）＿＿＿项目提供全过程工程咨询服务的我方的文件。我方的全过程工程咨询服务报价是：人民币（大写）＿＿＿＿（￥＿＿＿＿）。

2. 上述报价已包括了实施和完成本项目的全过程工程咨询服务工作所需的劳务费、技术服务费、交通、通信、保险、税费和利润。我方保证全过程工程咨询服务的工程质量达到＿＿＿＿等级。

3. 我方已详细审核全部招标文件，包括修改文件（如有时）及有关附件。

4. 一旦我方中标，我方保证按招标人要求的时间开展项目的全过程工程咨询服务工作，并承诺全过程工程咨询服务期限为＿＿＿＿＿＿＿。

5. 如果我方中标，我方将按照文件规定提交履约保证金作为履约担保。

6. 我方同意所提交的投标文件在招标文件的"投标人须知"中第 3.3.1 条规定的投标有效期内有效，在此期间内如果中标，我方将受此约束。

7. 在投标有效期内和在全过程工程咨询服务合同结束之前，我方有义务遵守我方的商务标部分。

8. 除非另外达成协议并生效，你方的中标通知书和本投标文件将成为约束双方的合同文件的组成部分。

9. 我方将与本投标函一起，提交人民币＿＿＿＿＿＿＿元作为投标保证金。

（非联合体投标落款格式）

投 标 人：＿＿＿＿＿＿＿＿＿＿＿＿＿＿＿＿＿＿＿＿（盖单位章）

单位地址：＿＿＿＿＿＿＿＿＿＿＿＿＿＿＿＿＿＿＿

法定代表人或其委托代理人（同时是专职投标员）：＿＿＿＿（签字或盖章）

邮政编码：＿＿＿＿　电话：＿＿＿＿　传真：＿＿＿＿

开户银行名称：＿＿＿＿＿＿＿＿＿＿＿＿＿＿＿

开户银行账号：＿＿＿＿＿＿＿＿＿＿＿＿＿＿＿

开户银行地址：＿＿＿＿＿＿＿＿＿＿＿＿＿＿＿

开户银行电话：＿＿＿＿＿＿＿＿＿＿＿＿＿＿＿

日期：＿＿＿＿年＿＿＿＿月＿＿＿＿日

(联合体投标落款格式)

投 标 人（牵头人）：_____（盖单位章）

单位地址：_____

法定代表人或其委托代理人（同时是专职投标员）：_____（签字或盖章）

邮政编码：_____ 电话：_____ 传真：_____

开户银行名称：_____

开户银行账号：_____

开户银行地址：_____

开户银行电话：_____

日 期：_____年_____月_____日

投 标 人（联合体成员）：_____（盖单位章）

单位地址：_____

法定代表人或其委托代理人（同时是专职投标员）：_____（签字或盖章）

邮政编码：_____ 电话：_____ 传真：_____

开户银行名称：_____

开户银行账号：_____

开户银行地址：_____

开户银行电话：_____

日 期：_____年_____月_____日

投标函附录 1. 分项报价表；

序号	名　　　称	费用	总费用占比(％)	收费法律依据或参照
1	项目管理费；			
2	投资决策；			
3	工程设计；			
4	工程监理；			
5	造价咨询；			
6	招标采购；			
7	其他：如工程勘察、绿色建筑咨询、BIM咨询等			
…				
	各分项报价均以总投资额中的建安费为基数；以上咨询服务费用合计须包括实施和完成本项目的全过程工程咨询服务工作所需的劳务费、技术服务费、交通、通讯、保险、税费和利润			
	报价金额大写：			

投标人名称：_____（盖单位章）

法定代表人或授权代理人：_____（签字或盖章）

日　　期：_____年___月___日

投标函附录 2. 报价文件需要提交的其他材料

____（项目名称）____ 全过程工程咨询服务招标

投　标　文　件

项目招标编号：_____

（正本/副本）

投标内容：_____商务文件_____

投标人：_____（盖单位章）

法定代表人或其委托代理人：_____（签字或盖章）

_____年_____月_____日

目　　录

1. 法定代表人身份证明

（非联合体投标格式）

（法定代表人签署投标文件时提供）

投 标 人：_____

单位性质：_____

地 址：_____

成立时间：_____年_____月_____日

经营期限：_____

姓 名：_____性 别：_____年 龄：_____职 务：_____

系_____（投标人名称）的法定代表人。

特此证明。

投标人：_____（盖单位章）

日期：_____年____月____日

投标文件签署授权委托书

（非联合体投标格式）

（委托代理人签署投标文件时提供）

本授权委托书声明：我＿＿＿（姓名）系＿＿＿＿＿＿＿＿＿＿＿＿（投标人名称）的法定代表人，现授权委托＿＿＿＿＿＿＿＿＿＿＿＿＿＿（单位名称）的＿＿＿＿＿＿＿＿（姓名）为我公司签署＿＿＿＿＿＿＿＿全过程工程咨询服务的投标文件的法定代表人授权委托代理人，我承认代理人全权代表我所签署的本工程的投标文件的内容。

代理人无转委托权，特此委托。

代理人：＿＿＿＿＿＿＿＿＿性别：＿＿＿＿＿＿＿年龄：＿＿＿＿

身份证号码：＿＿＿＿＿＿＿＿＿职务：＿＿＿＿＿＿＿＿

投标人：＿＿＿＿＿＿＿＿＿＿＿＿＿＿＿＿＿＿（盖单位章）

法定代表人：＿＿＿＿＿＿＿＿＿＿＿＿＿＿（签字或盖章）

授权委托日期：＿＿＿＿＿＿＿年＿＿月＿＿日

备注：

附法定代表人身份证明及身份证、企业法人营业执照副本复印件。以上复印件均须加盖投标人单位公章。

法定代表人身份证明（联合体投标格式）
（法定代表人签署投标文件时提供）

法定代表人身份证明

投标人（牵头人）：＿＿＿＿＿＿＿＿＿＿＿＿＿＿＿＿＿

单位性质：＿＿＿＿＿＿＿＿＿＿＿＿＿＿＿＿＿＿＿＿＿

地 址：＿＿＿＿＿＿＿＿＿＿＿＿＿＿＿＿＿＿＿＿＿

成立时间：＿＿＿＿＿年＿＿＿＿月＿＿＿＿日

经营期限：＿＿＿＿＿＿＿＿＿＿＿＿＿＿＿＿＿＿＿＿

姓 名：＿＿＿＿性 别：＿＿＿＿年 龄：＿＿＿＿职 务：＿＿＿＿

系＿＿＿＿＿＿＿＿＿＿＿（投标人名称）的法定代表人。

特此证明。

投标人：＿＿＿＿＿＿＿＿＿＿＿＿＿＿＿＿＿＿（盖单位章）

日 期：＿＿＿＿＿年＿＿月＿＿日

法定代表人身份证明

投标人（联合体成员）：_____

单位性质：_____

地 址：_____

成立时间：_____年____月____日

经营期限：_____

姓 名：____性 别：____年 龄：____职 务：____

系_____（投标人名称）的法定代表人。

特此证明。

投标人：_____（盖单位章）

日 期：_____年___月___日

投标文件签署授权委托书（联合体投标格式）
（委托代理人签署投标文件时提供）

本授权委托书声明：我_____（姓名）系_____（投标人名称）的法定代表人，我_____（姓名）系_____（投标人名称）的法定代表人，现共同授权委托（单位名称）的_____（姓名）为我联合体签署_____全过程工程咨询服务的投标文件的法定代表人授权委托代理人，我联合体承认代理人全权代表我联合体所签署的本工程的投标文件的内容。

代理人无转委托权，特此委托。

代理人：_____性别：_____年龄：_____

身份证号码：_____

投标人（牵头人）：_____（盖单位章）

法定代表人（牵头人）：_____（签字或盖章）

投标人（联合体成员）：_____（盖单位章）

法定代表人（联合体成员）：_____（签字或盖章）

授权委托日期：_____年____月____日

备注：

联合体投标的由联合体中双方共同签署授权委托书；联合体各方均须附其法定代表人身份证明及身份证、企业法人营业执照副本复印件，以上复印件均须加盖联合体的各方单位公章。

2. 投标保证金证明材料

投标保证金的转账（或电汇）底单或银行保函（工程担保或工程保证保险）扫描件，投标人的基本账户开户许可证的扫描件。招标文件允许的投标担保方式的复印件并加盖单位公章。

3. 企业营业执照复印件
（须加盖单位公章）

4. 资质证书复印件
（须加盖单位公章）

5. 联合体协议书（如有）

牵头人名称：＿＿＿＿＿＿＿＿＿＿＿＿

法定代表人：＿＿＿＿＿＿＿＿＿＿＿＿

成员二名称：＿＿＿＿＿＿＿＿＿＿＿＿

法定代表人：＿＿＿＿＿＿＿＿＿＿＿＿

......

上述各成员单位经过友好协商，自愿组成＿＿＿＿＿＿＿＿＿＿＿＿＿＿＿＿（联合体名称）联合体，共同参加＿＿＿＿＿＿＿＿＿＿＿＿＿＿＿＿＿（项目名称）的全过程工程咨询服务投标。现就联合体投标事宜订立如下协议：

1. ＿＿＿＿＿＿＿＿＿＿＿＿＿＿（某成员单位名称）为＿＿＿＿＿＿＿＿（联合体名称）牵头人。

2. 在本项目投标阶段，联合体牵头人合法代表联合体各成员负责本工程投标文件编制活动，代表联合体提交和接收相关的资料、信息及指示，并处理与投标和中标有关的一切事务；联合体中标后，联合体牵头人负责合同订立和合同实施阶段的主办、组织和协调工作。

3. 联合体将严格按照招标文件的各项要求，递交投标文件，履行投标义务和中标后的合同，共同承担合同规定的一切义务和责任，联合体各成员单位按照内部职责的部分，承担各自所负的责任和风险，并向招标人承担连带责任。

4. 联合体各成员单位内部的职责分工如下：

4.1　联合体牵头人＿＿＿＿＿＿＿＿＿＿承担＿＿＿＿＿＿＿＿＿＿工作；

4.2　联合体成员＿＿＿＿＿＿＿＿＿＿承担＿＿＿＿＿＿＿＿＿＿工作；

......

5. 投标工作和联合体在中标后项目实施过程中的有关费用按各自承担的工作量分摊。

6. 联合体中标后，本联合体协议是合同的附件，对联合体各成员单位有合同约束力。

7. 本协议书自签署之日起生效，联合体未中标或者中标时合同履行完毕后自动失效。

8. 本协议书一式__份，联合体成员和招标人各执一份。

牵头人名称：_____（盖单位章）

法定代表人：_____（签字或盖章）

成员二名称：_____（盖单位章）

法定代表人：_____（签字或盖章）

······

_____年____月____日

【备注：本协议书由委托代理人签字的，应附法定代表人签字的授权委托书】

6. 咨询服务内容分包一览表（如有）

序号	拟分包的专业咨询内容	分包单位	分包单位专业资质等级(如有)	备注
1				
2				
3				
4				
5				
6				
7				
8				
...				

【备注：附分包合同摘要（格式自拟）、分包单位的企业营业执照及相应资质证书复印件。】

注：投标人可以将不在本企业资质业务范围内的业务分包给其他具有相应资质的企业，投标时提供相关的分包合同，分包合同须明确分包内容及双方的责任等。

7. 投标人基本情况表

投标人名称					
注册地址					
法定代表人姓名		技术职称		电话	
技术负责人姓名		技术职称		电话	
企业资质等级			资格证书编号		
统一社会信用代码			注册资本金		
基本账户银行			账号		
联系方式	联系人		电话		
	传真		电子信箱		
经营范围					
备注					

8. 总咨询工程师简历表

姓名		性别		年龄		工作年限	
职务		职称				参加工作时间	
注册证书名称		职称证书号		注册证书编号			
主要工作经历							

已完成的类似项目业绩情况

项目名称	建设单位	建设规模 (面积,层数等)	开、竣工日期	工程质量	在项目中 担任职务	建设单位 联系人及联系方式	备注

备注：
1. 附项目总咨询工程师的身份证、职称证书、注册证书、并加盖单位公章；
2. 类似项目业绩：在满足类似项目要求的咨询服务工作中担任总负责人或总项目经理的项目；
3. 类似项目业绩证明材料：可以是委托合同、任命书、建设主管部门的备案资料等任何能够证明其具备所能够提交项目业绩相关能力的证明文件，须提供复印件，并加盖单位公章；
4. 个人业绩不受工作单位限制、不受年限限制。

投标人：_____（盖单位章）

日期：____年____月____日

237

9. 工程设计负责人简历表

姓名		性别		年龄		工作年限	
职务		职称				参加工作时间	
注册证书名称		职称证书号		注册证书编号			
主要工作经历							

已完成的类似项目业绩情况

建设单位	项目名称	建设规模 （面积,层数等）	开、竣工日期	工程质量	在项目中 担任职务	建设单位 联系人及联系方式	备注

备注:
1. 附工程设计负责人的身份证、职称证书、注册证书、注册证书中担任工作的咨询服务工作中担任总设计师的项目;
2. 类似项目业绩:在满足类似项目要求的咨询服务工作中担任总设计师的项目;
3. 类似项目业绩证明材料:可以是委托合同、任命书、建设主管部门的备案资料等任何能够证明其具备所提交项目业绩相关能力的证明文件,须提供复印件,并加盖单位公章;
4. 个人业绩不受工作单位限制,不受年限限制。

投标人：_____（盖单位章）

日期：____年____月____日

238

10. 工程监理负责人简历表

姓名		性别		年龄		工作年限	
职务		职称				参加工作时间	
注册证书名称				注册证书编号			
主要工作经历							

已完成的类似项目业绩情况

项目名称	建设规模 (面积,层数等)	开、竣工日期	工程质量	任项目中 担任职务	建设单位 联系人和有效联系方式	备注
建设单位						

备注:

1. 附工程监理负责人的身份证、职称证书、注册证书,注册证的复印件,并加盖单位公章;

2. 类似项目业绩:在满足类似项目要求的咨询服务工作中担任总监理工程师的项目;

3. 类似项目证明材料:可以是类似项目的委托合同、任命书、建设主管部门的备案资料等任何能够证明其具备所提交项目业绩相关能力的证明文件,须提供复印件,并加盖单位公章;

4. 个人业绩不受工作单位限制,不受年限限制。

投标人: _____

日期: _____年____月____日 (盖单位章)

239

11. 造价咨询负责人简历表

姓名		性别		年龄		工作年限	
职务		职称					
注册证书名称		职称证书号		注册证书编号		参加工作时间	
主要工作经历							

已完成的类似项目业绩情况

项目名称	建设规模 (面积、层数等)	开、竣工日期	工程质量	在项目中 担任职务	备注
建设单位				建设单位 联系人和有效联系方式	

备注：
1. 附造价咨询负责人的身份证、职称证书、注册证书，职称证书、注册证书的复印件，并加盖单位公章；
2. 类似项目业绩：在满足类似项目要求的咨询服务工作中担任造价咨询负责人的项目；
3. 类似项目业绩证明材料：可以是委托合同、任命书、建设主管部门的备案资料等任何能够证明其具备所提交项目业绩相关能力的证明文件，须提供复印件，并加盖单位公章；
4. 个人业绩不受工作单位限制，不受年限限制。

投标人：_____（盖单位章）
日期：_____年_____月_____日

240

12. 招标采购负责人简历表

姓名		性别		学历		年龄		工作年限	
职务		职称		职称证书号				参加工作时间	
注册证书名称				注册证书编号					
主要工作经历									

已完成的类似项目业绩情况

建设单位	项目名称	建设规模 (面积、层数等)	开、竣工日期	工程质量	在项目中 担任职务	建设单位 联系人和有效联系方式	备注

备注:
1. 附招标采购负责人的身份证、职称证书、注册证书等的复印件,并加盖单位公章;
2. 类似项目业绩:在满足类似项目要求的咨询服务工作中担任招标采购负责人的项目;
3. 类似项目业绩证明材料:可以是委托合同、任命书,建设主管部门的备案资料等任何能够证明其具备所提交项目业绩相关能力的证明文件。须提供复印件,并加盖单位公章;
4. 个人业绩不受工作单位限制,不受年限限制。

投标人: _____(盖单位章)

日期: _____年____月____日

241

13. 拟投入本项目人员汇总表

序号	姓名	拟担任职务	学历	职称	专业	执业资格或岗位（培训）证书		（服务）工作年限
						证书名称及（注册）专业	证书编号（和/或注册编号）	

要求：1. 附以上人员近3个月（__年__月至__年__月）依法缴纳社会保险证明材料复印件，如为退休人员的，仅需提供退休证明文件及聘用书复印件加盖单位公章；

2. 按照本表顺序附人员身份证、学历、学位证书、职称证书、注册证书；

3. 投标人认为应该附的其他材料。

投标人：_____（盖单位章）

日期：_____ 年__月__日

242

14. 近 3 年发生的诉讼和仲裁情况

说明：近年发生的诉讼和仲裁情况仅限于投标人败诉的，且与履行全过程咨询合同或项目管理合同有关的案件，不包括调解结案以及未裁决的仲裁或未终审判决的诉讼。

15. 企业近3年财务情况表

经会计师事务所或者审计机构审计的财务会计报表，包括资产负债表、损益表、现金流量表、利润表和财务状况说明书（加盖单位章）

16. 近 5 年完成的类似项目业绩

序号	委托人名称	结构类型/建筑面积	概算投资额	合同金额（万元）	项目负责人	项目描述	备注

说明：

1. 类似项目业绩指：与本项目投资（或建设）规模相近及以上的同类工程的全过程工程咨询服务工作或在完成全过程项目管理工作同时还承担了该项目工程设计、工程监理、全过程造价咨询中至少一项的项目；

2. 本次投标要求业绩期间为_____年__月__日至____年__月__日；

3. 每行表格只填写一个项目，并标明序号；

4. 附投标人关于本项目的中标通知书或合同协议书有关页面或项目竣工验收单等相关证件的复印件，以上复印件均为原件的复印件并加盖单位公章。

投标人：_____（盖单位章）

日期：_____年____月____日

17. 近 5 年正在实施和新承接的项目情况表

序号	委托人名称	结构类型/建筑面积	概算投资额	合同金额（万元）	项目负责人	项目描述	备注

说明：

1. 在施类似项目业绩指：<u>与本项目投资（或建设）规模相近及以上的同类工程的全过程工程咨询服务工作或在完成全过程项目管理工作同时还承担了该项目工程设计、工程监理、全过程造价咨询中至少一项的项目；</u>

2. 本次投标要求业绩期间为＿＿＿年＿月＿日至＿＿＿年＿月＿日；

3. 每行表格只填写一个项目，并标明序号；

4. 附投标人关于本项目的中标通知书或合同协议书有关页面等相关证件的复印件。以上复印件均为原件的复印件。

投标人：＿＿＿＿＿＿＿＿＿＿（盖单位章）

日期：＿＿＿＿＿年＿＿＿月＿＿＿日

18. 相关承诺

附件 1：企业未被项目所在地建设行政主管部门处罚停止投标的承诺；

附件 2：近 3 年内（从公告发布之日起倒算）投标人或其法定代表人未有行贿犯罪记录的承诺；

附件 3：近 1 年内（从截标之日起倒算）未因串通投标、转包、以他人名义投标或者违法分包等违法行为受到行政处罚的承诺；

附件 4：未因违反工程质量、安全生产管理规定，或者因串通投标、转包、以他人名义投标或者违法分包等违法行为，正在接受有关部门立案调查的承诺；

附件 5：近 3 年内（从截标之日起倒算）曾未被本项目招标人评价为履约不合格的承诺；

附件 6：总咨询工程师仅供职于本项目、不兼任其他项目工作的承诺。

___(项目名称)___全过程工程咨询服务招标

投 标 文 件

项目招标编号：_____

（正本/副本）

投标内容：_____咨询方案_____

投标人：_____（盖单位章）

法定代表人或其委托代理人：_____（签字或盖章）

_____年_____月_____日

目　　录

1. 全过程工程咨询项目组织机构
组织机构、工作流程编制
（内容自行编写，格式自拟）

2. 全过程咨询服务大纲

① 全过程工程咨询服务方案；

投标人根据项目实际情况编写，包括但不限于投标人对项目的理解，为完成本项目的全过程工程咨询，制定的工程工作计划、制度、内容、程序、方法和措施、全过程工程咨询关键点、难点分析等。

② 项目管理服务方案；

投标人根据项目实际情况编写，包括但不限于项目管理服务总体目标及控制措施等

③ 各专项咨询业务服务方案；

投标人根据招标范围要求，结合项目实际情况编写。

3. 需要提交的其他材料

附录四：全过程工程咨询合同参考文本

全过程工程咨询服务合同

北京国金管理咨询有限公司

第一部分 协 议 书

委　托　人（全称）：＿＿＿＿＿＿＿＿＿＿＿＿＿

受　托　人（全称）：＿＿＿＿＿＿＿＿＿＿＿＿＿

根据《中华人民共和国合同法》《中华人民共和国建筑法》及其他有关法律、行政法规，遵循平等、自愿、公平和诚信的原则，双方就下述工程委托全过程工程咨询事项协商一致，订立本合同。

一、工程概况：

1. 工程名称：＿＿＿＿＿＿＿＿＿＿

2. 工程地点：＿＿＿＿＿＿＿＿＿

3. 工程规模：＿＿＿＿＿＿＿＿＿＿

4. 工程投资额：＿＿＿＿＿＿＿＿＿

5. 其他：＿＿＿＿＿＿＿＿＿＿＿＿

二、词语限定

协议书中相关词语的含义与通用条件中的定义与解释相同。

三、全过程工程咨询服务目标

＿＿＿＿＿＿＿＿＿＿＿＿＿＿＿＿＿＿＿＿＿＿

四、全过程工程咨询范围

☑ 全过程工程项目管理（以下简称"项目管理"）

□ 投资决策

□ 工程设计

□ 工程监理

□ 造价咨询

□ 招标采购

□ 其他：如工程勘察、绿色建筑咨询、BIM 咨询等＿＿＿＿＿＿

各专项咨询服务具体范围和内容详见专项咨询服务约定。

五、组成本合同的文件

1. 协议书
2. 中标通知书
3. 投标文件
4. 专项约定及其附件
   - ☑ 专项约定 A：项目管理
   - ☐ 专项约定 B：投资决策
   - ☐ 专项约定 C：工程设计
   - ☐ 专项约定 D：工程监理
   - ☐ 专项约定 E：招标采购
   - ☐ 专项约定 F：造价咨询
   - ☐ 专项约定 G～N：其他专项咨询服务
5. 专用条件及其附录
6. 通用条件

本合同签订后，双方依法签订的补充协议也是本合同文件的组成部分。

六、全过程工程咨询项目咨询工程师及团队主要成员

全过程工程咨询项目总咨询工程师：_____，身份证号码：_____，注册证书号：_____。

全过程工程咨询项目团队主要成员：

☐ 项目管理负责人：_____，身份证号码：_____，
注册证书号：_____。

☐ 投资决策负责人：_____，身份证号码：_____，
注册证书号：_____。

☐ 工程设计负责人：_____，身份证号码：_____，
注册证书号：_____。

☐ 总监理工程师：_____，身份证号码：_____，
注册证书号：_____。

☐ 招标代理负责人：_____，身份证号码：_____，
注册证书号：_____。

☐ 造价咨询负责人：_____，身份证号码：_____，
注册证书号：_____。

☐ 其他（_____）负责人：_____，身份证号码：_____，
注册证书号：_____。

注：上述负责人，如现行法律法规有相应执业资格要求的，应填写注册证书号。

七、签约酬金

签约酬金（大写）：_____（￥_____）。

取费基价：_____元，总费率：____%。

包括：

- ☐ 项目管理酬金：_____
- ☐ 投资决策酬金：_____
- ☐ 工程设计酬金：_____
- ☐ 工程监理酬金：_____
- ☐ 招标采购酬金：_____
- ☐ 造价咨询酬金：_____
- ☐ 其他：_____

八、服务期限

全过程工程咨询项目自____年____月____日始，至____年____月____日止。

- ☐ 项目管理服务期限：自____年____月____日始，至____年____月____日止。
- ☐ 投资决策服务期限：自____年____月____日始，至____年____月____日止。
- ☐ 工程设计服务期限：自____年____月____日始，至____年____月____日止。
- ☐ 工程监理服务期限：自____年____月____日始，至____年____月____日止。
- ☐ 招标代理服务期限：自____年____月____日始，至____年____月____日止。
- ☐ 造价咨询服务期限：自____年____月____日始，至____年____月____日止。
- ☐ 其他服务期限：自____年____月____日始，至____年____月____日止。

九、双方承诺

受托人向委托人承诺，按照本合同约定提供全过程工程咨询。

委托人向受托人承诺，按照本合同约定派遣相应的人员，提供房屋、资料、设备，并按本合同约定支付酬金。

十、合同订立及生效

合同订立时间：____年____月____日

合同订立地点：_____

本合同一式__份，具有同等法律效力，双方各执____份。

本合同双方约定：委托人和受托人的法定代表人或其授权受托人在协议书上签字并盖单位章后本合同生效。

委托人：（签章）　　　　　　　　　　受托人：（签章）

住所：　　　　　　　　　　　住所：
邮政编码：　　　　　　　　　邮政编码：
法定代表人或其　　　　　　　法定代表人或其
授权人：（签章）　　　　　　授权人：（签章）
开户银行：　　　　　　　　　开户银行：
账号：　　　　　　　　　　　账号：
电话：　　　　　　　　　　　电话：
传真：　　　　　　　　　　　传真：

第二部分 通用条件

1. 定义与解释

1.1 定义

除根据上下文另有其意义外，组成本合同的全部文件中的下列名词和用语应具有本款所赋予的含义：

1.1.1 "工程"是指按照本合同约定实施全过程工程咨询的建设工程。

1.1.2 "委托人"是指本合同中委托全过程工程咨询的一方，及其合法的继承人。

1.1.3 "受托人"指本合同中提供全过程工程咨询的一方，包括其合法继承人。

1.1.4 "其他参建方"是指在工程范围内与委托人签订拆迁、专业设计、施工、材料和设备供应及安装、试验检测、专业咨询与服务等有关合同的当事人，及其合法的继承人。

1.1.5 "正常工作"指本合同订立时通用条件和专用条件中约定的受托人的工作。

1.1.6 "附加工作"是指本合同约定的正常工作以外受托人的工作。

1.1.7 "全过程工程咨询机构"是指受托人派驻工程负责履行本合同的组织机构。

1.1.8 "全过程工程咨询项目总咨询工程师"是指由受托人的法定代表人书面授权，全面负责履行本合同、主持全过程工程咨询机构工作的人员。

1.1.9 "酬金"是指受托人履行本合同义务，委托人按照本合同约定给付受托人的金额。

1.1.10 "正常工作酬金"是指受托人完成正常工作，委托人应给付受托人并在协议书中载明的签约酬金额。

1.1.11 "附加工作酬金"是指受托人完成附加工作，委托人应给付受托人的金额。

1.1.12 "一方"是指委托人或受托人；"双方"是指委托人和受托人；"第三方"是指除委托人和受托人以外的有关方。

1.1.13 "书面形式"是指合同书、信件和数据电文（包括电报、电传、传真、电子数据交换和电子邮件）等可以有形地表现所载内容的形式。

1.1.14 "天"是指第一天零时至第二天零时的时间。

1.1.15 "月"是指按公历从一个月中任何一天开始的一个公历月时间。

1.1.16 "不可抗力"是指委托人和受托人在订立本合同时不可预见，在工程施工过程中不可避免发生并不能克服的自然灾害和社会性突发事件，如地震、海啸、瘟疫、骚乱、戒严、暴动、战争和专用合同条款中约定的其他情形。

1.2 解释

1.2.1 本合同使用中文书写、解释和说明。如专用条件约定使用两种及以上语言文字时，应以中文为准。

1.2.2 组成本合同的下列文件彼此应能相互解释、互为说明。除专用条件另有约定外，本合同文件的解释顺序如下：

（1）协议书；

（2）中标通知书；

（3）投标文件；

（4）专项约定及其附件；

（5）专用条件及其附录；

（6）通用条件。

双方签订的补充协议与其他文件发生矛盾或歧义时，属于同一类内容的文件，应以最新签署的为准。

2. 受托人的义务

2.1 全过程工程咨询的范围和工作内容在专项约定中约定。

2.2 全过程工程咨询依据

（1）双方根据工程的行业和地域特点，在专用条件中具体约定工作依据。

（2）委托人要求使用其他国家和地区技术标准的，应在专用条件中约定所使用技术标准的名称及提供方，并约定技术标准原文版、中译本的份数、时间及费用承担等事项。

2.3 全过程工程咨询机构和人员

2.3.1 受托人应组建满足工作需要的全过程工程咨询机构，配备必要的办公与咨询服务所需的仪器设备。全过程工程咨询机构的主要人员应具有相应的资格条件。

2.3.2 本合同履行过程中，全过程工程咨询项目总咨询工程师及重要岗位受托人员应保持相对稳定，以保证全过程工程咨询工作正常进行。

2.3.3 受托人可根据工程进展和工作需要调整全过程工程咨询机构人员。受托人更换全过程工程咨询项目总咨询工程师时，应提前 7 天向委托人书面报告，经委托人同意后方可更换；受托人更换全过程工程咨询机构其他受托人员，应以相当资格与能力的人员替换，并通知委托人。

2.3.4 受托人应及时更换有下列情形之一的受托人员：

（1）严重过失行为的；

（2）有违法行为不能履行职责的；

（3）涉嫌犯罪的；

（4）不能胜任岗位职责的；

（5）严重违反职业道德的；

（6）专用条件约定的其他情形。

2.3.5　委托人可要求受托人更换不能胜任本职工作的全过程工程咨询机构人员。

2.4　履行职责

（1）受托人应遵循职业道德准则和行为规范，严格按照法律法规、工程建设有关标准及本合同履行职责。

（2）受托人应当对与全过程工程咨询服务有关的其他参建方的关系进行协调。

（3）受托人的其他职责在技术要求中约定。

2.5　提交报告

受托人应按专用条件约定的种类、时间和份数向委托人提交全过程工程咨询的报告。

2.6　文件资料

在本合同履行期内，受托人应在现场保留工作所用的图纸、报告及记录全过程工程咨询工作的相关文件。工程竣工后，应当按照档案管理规定将有关文件归档。

2.7　使用委托人的财产

受托人无偿使用由委托人派遣的人员和提供的房屋、资料、设备。除专用条件另有约定外，委托人提供的房屋、设备属于委托人的财产，受托人应妥善使用和保管，在本合同终止时将这些房屋、设备的清单提交委托人，并按专用条件约定的时间和方式移交。

3. 委托人的义务

3.1　提供资料

委托人应按照专用条件和专项约定，无偿向受托人提供工程有关的资料。在本合同履行过程中，委托人应及时向受托人提供最新的与工程有关的资料。

3.2　提供工作条件

3.2.1　委托人应按照专用条件和专项约定，派遣相应的人员，提供满足要求的房屋、设备，供受托人无偿使用。

3.2.2　委托人应协调工程建设中必要的外部关系，为受托人履行本合同提供必要的外部条件。

3.3　委托人代表

委托人应授权一名熟悉工程情况的代表，负责与受托人联系。委托人应在双方签订本合同后7天内，将委托人代表的姓名和职责书面告知受托人。当委托人更换委托人代表时，应提前7天通知受托人。

3.4　告知

委托人应在委托人与其他参建方签订的合同中明确受托人、全过程工程咨询项目总咨询工程师和授予全过程工程咨询机构的权限。如有变更，应及时通知其他参建方。

3.5　审核与答复

3.5.1　委托人应在专用条件约定的时间内，对受托人以书面形式提交并要求审核或做出决定的事宜，给予书面答复。逾期未答复的，视为委托人认可。

3.5.2　委托人应及时审批受托人提交的相关文件，协调并解决在工程建设过程中由受托人提出的重大问题。

3.6 支付

委托人应按本合同约定，向受托人支付酬金。

3.7 配合、参与和监督

委托人应当根据建设程序的要求，参与工程建设相关的汇报、检查、验收等活动；并有权对受托人的全过程工程咨询进行必要的监督与管理。

4. 文档管理

4.1 全过程工程咨询文件档案资料的管理应做到：注意时效、及时整理、真实可靠、内容齐全、分类有序。

4.2 在工程项目实施前，受托人应对文件档案的编码、格式、份数等作统一规定；对各类文档归档建立相应的制度。

4.3 全过程工程咨询文件档案资料的收集、整理、归档，由全过程工程咨询总咨询工程师落实专人具体实施。归档资料的管理应符合当地建设行政主管部门和委托人的资料归档要求，由委托人于工程建设开始前书面提出要求。

4.4 在全过程工程咨询工作完成后将工程档案、财务档案及相关资料向委托人和有关部门移交。未征得委托人同意，不得泄露与本工程有关的保密资料。

4.5 委托人应当在专用条件约定的时间内免费向受托人提供与项目建设有关的技术资料、政府有关批准文件以及该工程有关的其他资料，并保证上述资料的准确性、可靠性和完整性。

4.6 委托人有权要求受托人提交按专用条件约定的各类全过程工程咨询文档，并对受托人在项目实施过程中形成文档有查阅权。

5. 违约责任

5.1 受托人的违约责任

受托人未履行本合同义务的，应承担相应的责任。

5.1.1 因受托人违反本合同约定给委托人造成损失的，受托人应当赔偿委托人损失。赔偿金额的确定方法在专用条件中约定。受托人承担部分赔偿责任的，其承担赔偿金额由双方协商确定。

5.1.2 未经委托人同意，受托人擅自更换全过程工程咨询项目总咨询工程师，或者全过程工程咨询项目总咨询工程师长期不在岗的；

5.1.3 受托人不履行合同义务或不按合同约定履行义务的其他情况，并给委托人造成直接经济损失的。

5.2 委托人的违约责任

委托人未履行本合同义务的，应承担相应的责任。

5.2.1 委托人违反本合同约定造成受托人损失的，委托人应予以赔偿。

5.2.2 委托人向受托人的索赔不成立时，应赔偿受托人由此引起的费用。

5.2.3 委托人未能按期支付酬金超过 28 天，应按专用条件约定支付逾期付款利息。

5.3 除外责任

5.3.1 因非受托人的原因，且受托人无过错，发生工程质量事故、安全事故、工期延误等造成的损失，受托人不承担赔偿责任。

5.3.2 受托人对委托人决策（该决策非受托人提供错误咨询意见引起）不承担责任。

5.3.3 因不可抗力对工程项目建设造成的影响，受托人不承担责任。因不可抗力导致本合同全部或部分不能履行时，双方各自承担其因此而造成的损失、损害。

5.3.4 受托人的其他免责条款，由双方另行约定。

6. 支付

6.1 支付货币

除专用条件另有约定外，酬金均以人民币支付。涉及外币支付的，所采用的货币种类、比例和汇率在专用条件中约定。

6.2 支付申请

受托人应在本合同约定的每次应付款时间的 7 天前，向委托人提交支付申请书。支付申请书应当说明当期应付款总额，并列出当期应支付的款项及其金额。

6.3 支付酬金

支付的酬金包括正常工作酬金、附加工作酬金、合理化建议奖励金额及费用。

6.4 有争议部分的付款

委托人对受托人提交的支付申请书有异议时，应当在收到受托人提交的支付申请书后 7 天内，以书面形式向受托人发出异议通知。无异议部分的款项应按期支付，有异议部分的款项按通用条件第 7 条和专用条件第 7 条约定办理。

7. 合同生效、变更、暂停、解除与终止

7.1 生效

除法律另有规定或者专用条件另有约定外，委托人和受托人的法定代表人或其授权受托人在协议书上签字并盖单位章后本合同生效。

7.2 变更

7.2.1 任何一方提出变更请求时，双方经协商一致后可进行变更。

7.2.2 除不可抗力外，因非受托人原因导致受托人履行合同期限延长、内容增加时，受托人应当将此情况与可能产生的影响及时通知委托人。增加的全过程工程咨询工作时间、工作内容应视为附加工作。附加工作酬金的确定方法在专用条件中约定。

7.2.3 合同生效后，如果实际情况发生变化使得受托人不能完成全部或部分工作时，受托人应立即通知委托人。除不可抗力外，其善后工作以及恢复服务的准备工作应为附加工作，附加工作酬金的确定方法在专用条件中约定。受托人用于恢复服务的准备时间根据

实际情况双方商议确定。

7.2.4　合同签订后，遇有与工程相关的法律法规、标准颁布或修订的，双方应遵照执行。由此引起全过程工程咨询服务的范围、时间、酬金变化的，双方应通过协商进行相应调整。

7.2.5　因非受托人原因造成工程概算投资额或建筑安装工程费增加时，正常工作酬金应作相应调整。调整方法在专用条件中约定。

7.2.6　因工程规模、全过程工程咨询范围的变化导致受托人的正常工作量减少时，正常工作酬金应作相应调整。调整方法在专用条件中约定。

7.3　暂停与解除

除双方协商一致可以解除本合同外，当一方无正当理由未履行本合同约定的义务时，另一方可以根据本合同约定暂停履行本合同直至解除本合同。

7.3.1　在本合同有效期内，由于双方无法预见和控制的原因导致本合同全部或部分无法继续履行或继续履行已无意义，经双方协商一致，可以解除本合同或受托人的部分义务。在解除之前，受托人应作出合理安排，使开支减至最小。

因解除本合同或解除受托人的部分义务导致受托人遭受的损失，除依法可以免除责任的情况外，应由委托人予以补偿，补偿金额由双方协商确定。

解除本合同的协议必须采取书面形式，协议未达成之前，本合同仍然有效。

7.3.2　在本合同有效期内，因非受托人的原因导致工程全部或部分暂停，委托人应通知受托人要求暂停全部或部分工作。受托人应立即安排停止工作，并将开支减至最小。除不可抗力外，由此导致受托人遭受的损失应由委托人予以补偿。

7.3.3　当受托人无正当理由未履行本合同约定的义务时，委托人应通知受托人限期改正。若委托人在受托人接到通知后的7天内未收到受托人书面形式的合理解释，则可在7天内发出解除本合同的通知，自通知到达受托人时本合同解除。委托人应将全过程工程咨询的酬金支付至限期改正通知到达受托人之日，但受托人应承担第5.1款约定的责任。

7.3.4　受托人在专用条件6.3中约定的支付之日起28天后仍未收到委托人按本合同约定应付的款项，可向委托人发出催付通知。委托人接到通知14天后仍未支付或未提出受托人可以接受的延期支付安排，受托人可向委托人发出暂停工作的通知并可自行暂停全部或部分工作。暂停工作后14天内受托人仍未获得委托人应付酬金或委托人的合理答复，受托人可向委托人发出解除本合同的通知，自通知到达委托人时本合同解除。委托人应承担第5.2.3款约定的责任。

7.3.5　因不可抗力致使本合同部分或全部不能履行时，一方应立即通知另一方，可暂停或解除本合同。

7.3.6　本合同解除后，本合同约定的有关结算、清理、争议解决方式的条件仍然有效。

7.4　终止

以下条件全部满足时，本合同即告终止：

（1）受托人完成本合同约定的全部工作；

（2）委托人与受托人结清并支付全部酬金。

8. 争议解决

8.1 协商

双方应本着诚信原则协商解决彼此间的争议。

8.2 调解

如果双方不能在 14 天内或双方商定的其他时间内解决本合同争议，可以将其提交给专用条件约定的或事后达成协议的调解人进行调解。

8.3 仲裁或诉讼

双方均有权不经调解直接向专用条件约定的仲裁机构申请仲裁或向有管辖权的人民法院提起诉讼。

9. 其他

9.1 外出考察费用

由委托人提出的外出考察，要求受托人参加或负责的，相应费用由委托人支付。

9.2 检测费用

委托人要求受托人进行的材料和设备检测所发生的费用，由委托人支付，支付时间在专用条件中约定。

9.3 咨询费用

经委托人同意，根据工程需要由受托人组织的相关咨询论证会以及聘请相关专家等发生的费用由委托人支付，支付时间在专用条件中约定。

9.4 奖励

受托人在服务过程中提出的合理化建议，使委托人获得经济效益的，双方在专用条件中约定奖励金额的确定方法。奖励金额在合理化建议被采纳后，与最近一期的正常工作酬金同期支付。

9.5 守法诚信

受托人及其工作人员不得从与其他参建方处获得任何经济利益。

9.6 保密

双方不得泄露对方申明的保密资料，亦不得泄露与其他参加方所提供的保密资料。保密事项的其他约定：_____。

9.7 通知

本合同涉及的通知均应当采用书面形式，并在送达对方时生效，收件人应书面签收。

9.8 知识产权

9.8.1 委托人提供给受托人的图纸、委托人为实施工程自行编制或委托编制的技术规格书以及反映委托人要求的或其他类似性质的文件的著作权属于委托人，受托人可以为实现合同目的而复制、使用此类文件，但不能用于与合同无关的其他事项。未经委托人书面同意，受托人不得为了合同以外的目的而复制、使用上述文件或将之提供给任何第三方。

9.8.2　受托人为实施工程所编制的文件的著作权属于受托人，委托人可因实施工程的运行、调试、维修、改造等目的而复制或使用此类文件，但不能擅自修改或用于与合同无关的其他事项。未经受托人书面同意，委托人不得为了合同以外的目的而复制、使用上述文件或将之提供给任何第三方。

9.8.3　合同当事人保证在履行合同过程中不侵犯对方及第三方的知识产权。受托人在实施全过程工程咨询时，因侵犯他人的专利权或其他知识产权所引起的责任，由受托人承担；因委托人提供的工程资料导致侵权的，由委托人承担责任。

9.8.4　合同当事人双方均有权在不损害对方利益和保密约定的前提下，在自己宣传用的印刷品或其他出版物上，或申报奖项时等情形下公布有关项目的文字和图片材料。

9.8.5　受托人在合同签订前和签订时已确定采用的专利、专有技术的使用费应包含在签约酬金中。

9.9　联合体

9.9.1　联合体各方应共同与委托人签订合同协议书。联合体各方应为履行合同向委托人承担连带责任。

9.9.2　联合体协议，应当约定联合体各成员工作分工，经委托人确认后作为合同附件。在履行合同过程中，未经委托人同意，不得修改联合体协议。

9.9.3　联合体牵头人负责与委托人联系，并接受指示，负责组织联合体各成员全面履行合同。

9.10　分包

9.10.1　受托人可以将资质范围外的服务内容分包给具备相应资质条件的服务机构，但是分包单位的确认必须经委托人的认可。受托人作为总包单位，就分包服务内容承担连带责任。

9.10.2　受托人不得将其承包的全部咨询服务转包给第三人，或将其承包的全部咨询服务肢解后以分包的名义转包给第三人。受托人不得进行违法分包。受托人不得将专用合同条款中禁止分包的咨询服务分包给第三人。

具体可分包的咨询服务内容及要求在专用合同条款中约定。

第 三 部 分　专 用 条 件

1. 定义与解释

1.2　解释

1.2.1　本合同文件除使用中文外，还可用＿＿＿＿＿＿＿＿＿＿＿＿＿＿＿＿＿＿＿。

1.2.2　约定本合同文件的解释顺序为：＿＿＿＿＿＿＿＿＿＿＿＿＿＿＿＿＿＿。

2. 受托人的义务

2.2　全过程工程咨询依据

2.2.1　依据包括：

（1）全过程工程咨询依据包括：＿＿＿＿＿＿＿＿＿＿＿＿＿＿＿＿＿＿。

（2）使用其他国家和地区技术标准的名称、提供方、原文版、中译本的份数、时间及费用承担：＿＿＿＿＿＿＿＿＿＿＿＿＿＿＿＿＿＿＿＿。

2.3　全过程工程咨询机构和人员

2.3.1　全过程工程咨询机构人员配备见附录1。

2.3.4　更换受托人员的其他情形：＿＿＿＿＿＿＿＿＿＿＿＿＿＿＿＿＿。

2.4　全过程工程咨询总咨询工程师职责：＿＿＿＿＿＿＿＿＿＿＿＿＿＿＿＿。

2.5　提交报告

受托人应提交报告的种类、时间和份数：＿＿＿＿＿＿＿＿＿＿＿＿＿＿＿＿＿＿＿＿
＿＿＿＿＿＿＿＿。

2.7　使用委托人的财产

由委托人无偿提供的房屋、设备的所有权属于：＿＿＿＿＿＿＿＿＿＿＿＿＿＿。

受托人应在本合同终止后＿＿＿＿＿天内移交委托人无偿提供的房屋、设备，移交的时间和方式为：＿＿＿＿＿＿＿＿＿＿＿＿。

3. 委托人的义务

3.1　提供资料

签订合同生效时，委托人应按照下表无偿向受托人提供工程有关的资料：

委托人提供的资料

名　称	份数	提供时间	备注
□　工程立项文件			
□			
□			
□			

3.2　提供工作条件

委托人应按照下表约定，派遣相应的人员，提供房屋、设备，供受托人无偿使用。

委托人派遣的人员

名称	数量	工作要求	提供时间
1.			
2.			
3.			
4			

委托人提供的房屋

名　称	数量	面积	提供时间
1. 办公用房			
2. 生活用房			
3. 试验用房			
4. 样品用房			
……			
用餐及其他生活条件			

委托人提供的设备

名　称	数量	型号与规格	提供时间
1. 通信设备			
2. 办公设备			
3. 交通工具			
4. 检测和试验设备			

3.3　委托人代表

委托人代表为：＿＿＿＿＿＿＿＿＿＿＿＿＿＿＿＿＿＿＿＿。

3.5 审核与答复

委托人同意在____天内，对受托人书面提交并要求做出决定的事宜给予书面答复。

5. 违约责任

5.1 受托人的违约责任

5.1.1 除通用条款受托人的违约责任外，受托人不履行合同义务或不按约定履行义务的其他情况包括（但不限于）：_____。

受托人赔偿金额按下列方法确定：

_____。

5.2 委托人的违约责任

委托人逾期付款利息按下列方法确定：

逾期付款利息＝当期应付款总额×银行同期贷款利率×拖延支付天数

银行同期贷款利率按中国人民银行公布的同期银行贷款基准利率执行。

6. 支付

6.1 支付货币

币种为：_____，比例为：_____，汇率为：_____。

6.3 支付酬金

□ 正常工作酬金的支付：

支付次数	支付时间	支付比例	支付金额(万元)

□ 委托人按专项约定中约定的支付次数、支付时间、支付比例和支付金额向受托人支付全过程工程咨询服务酬金。

7. 合同生效、变更、暂停、解除与终止

7.1 生效

本合同生效条件：_____。

7.2 变更

7.2.2 除不可抗力外，因非受托人原因导致本合同期限延长时，附加工作酬金按下列方法确定：_____。

7.2.3 除不可抗力外，实际情况发生变化使得受托人不能完成全部或部分工作时，其善后工作以及恢复服务的准备工作相应的附加工作酬金确定方法：

_____。

7.2.5　正常工作酬金增加额按下列方法确定：

_____。

7.2.6　因工程规模、全过程工程咨询范围的变化导致受托人的正常工作量减少时，

_____。

8. 争议解决

8.2　调解

本合同争议进行调解时，可提交_____进行调解。

8.3　仲裁或诉讼

合同争议的最终解决方式为下列第_____种方式：

（1）提请_____仲裁委员会进行仲裁。

（2）向_____人民法院提起诉讼。

9. 其他

9.2　检测费用

委托人应在检测工作完成后_____天内支付检测费用。

9.3　咨询费用

委托人应在咨询工作完成后_____天内支付咨询费用。

9.4　奖励

合理化建议的奖励约定：_____。

9.6　保密

委托人申明的保密事项和期限：_____。

受托人申明的保密事项和期限：_____。

第三方申明的保密事项和期限：_____。

9.8　知识产权

9.8.1　关于委托人提供给受托人的图纸、委托人为实施工程自行编制或委托编制的技术规格以及反映委托人关于合同要求或其他类似性质的文件的著作权的归属：_____。

关于委托人提供的上述文件的使用限制的要求：_____。

9.8.2　关于受托人为实施工程所编制文件的著作权的归属：_____。

关于受托人提供的上述文件的使用限制的要求：_____。

9.8.5　受托人在设计过程中所采用的专利、专有技术的使用费的承担方式：

_____。

9.10　分包

9.10.1　全过程工程咨询服务分包的一般约定

允许分包的专业工程包括：_____。

9.10.2 其他关于分包的约定：_____。

9.10.3 受托人向委托人提交有关分包人资料包括：_____。

9.10.4 分包服务费支付方式：_____。

10. 补充条款

_____。

附录1 全过程工程咨询机构人员配备表

全过程工程咨询机构人员配备表

序号	职务	姓名	专业	年龄	执业资格	注册号	备注
1							
2							
3							
4							
5							
6							
7							
8							
9							
10							

第四部分 专项约定

专项约定 A：项目管理

1. 受托人的义务

1.1 项目管理的范围和工作内容

1.1.1 项目管理工作范围：

_____。（可参考附件 1：项目管理服务清单）

1.1.2 项目管理工作要求：

（1）受托人在履行本合同义务期间，应遵循国家有关法律、法规和政策，维护委托人的合法权益。

（2）对工程规模、设计标准、规划设计向委托人提出合理化建议。

（3）施工工艺设计和使用功能要求等，可向委托人提出合理建议。

（4）根据国家相关规定的程序选择其他参建方。

（5）对工程设计中的技术问题，按照安全和优化原则，向设计单位及委托人提出建议。如果由于提出的建议会提高工程造价，或延长工期，应当事先取得委托人的同意。当发现工程设计不符合国家颁布的建设工程质量标准或设计合同约定的质量标准时，受托人有权要求设计单位更正。

（6）按照保证质量、保证工期和降低投资的原则，有权会同监理单位审核工程施工组织设计和技术方案，同时上报委托人。

（7）受托人在委托人授权下，可对施工、监理及大宗材料采购合同规定的义务提出变更。如果由此影响了工程费用或质量，或进度，则这种变更需经委托人事先批准。

（8）负责按照批准的项目建议书批复内容，组织可行性研究报告和初步设计、施工图设计编制和报批工作。

（9）制定《项目管理规划》《项目管理实施规划》。

（10）受托人在委托人的监督下负责组织其他参建方招标工作，签订相关合同，报有关部门备案。

（11）受托人应严格按照国家基本建设程序，按批准的建设规模、建设内容和建设标准实施组织管理，认真履行项目管理合同及投标书中工程管理的内容的承诺，实现工程建设投资、工程进度、工程质量及安全目标。

（12）受托人应收集相关资料，编制并向委托人报送工程进度报告和管理工作报告。并约定时间向委托人汇报，接受委托人的监督。一经察觉可能会影响工程投资、工期和质量的事件时，受托人有义务尽早通知委托人。

（13）工程建设过程中若发生重大伤亡及其他安全事故，受托人负责紧急处理，做好善后工作，及时通知委托人；如因受托人管理不善引起重大安全事故的，或者发生安全事故，受托人处理不当给委托人造成名誉、财产及其他损失的，委托人有权终止合同，同时向受托人追究经济以及其他责任。

（14）受托人管理该项目期间，负责协调各参建方之间的关系。并从维护委托人利益出发，维持和改善周边相邻单位关系，而不应以该项目与周边相邻单位关系为由，延误或终止本合同的执行。

（15）负责完成本项目建设的风险管理、财务管理等工作，协助项目委托人配合审计部门完成对本项目的审计。

（16）受托人对建设过程中的安全、健康与环境负有监督、管理的责任。

1.2　履行职责

1.2.1　在全过程工程咨询范围内，委托人和其他参建方提出的意见和要求，受托人应及时提出处置意见。当委托人与其他参建方之间发生合同争议时，受托人应协助委托人协商解决。

1.2.2　当委托人与其他参建方之间的合同争议提交仲裁机构仲裁或人民法院审理时，受托人应提供必要的证明资料。

1.2.3　受托人应在本合同约定的授权范围内，处理委托人与其他参建方所签订合同的变更事宜。如果变更超过授权范围，应以书面形式报委托人批准。

在紧急情况下，为了保护财产和人身安全，受托人所发出的指令未能事先报委托人批准时，应在发出指令后的 24 小时内以书面形式报委托人。

对受托人的授权范围：＿＿＿＿＿＿＿＿＿＿＿＿＿＿＿＿＿＿＿＿＿。

在涉及工期延期＿＿＿天内和（或）金额＿＿＿万元内的变更，受托人不需请示委托人即可向其他参建方发布变更通知。

1.2.4　除本合同另有约定外，受托人发现其他参建方的人员不能胜任本职工作的，有权要求其他参建方予以调换。

受托人有权要求其他参建方调换其人员的限制条件：＿＿＿＿＿＿＿＿＿＿。

2. 委托人的义务

2.1　提供工作条件

2.1.2　委托人协助受托人办理各项建设手续，负责缴纳规划、城市管理和相关政策性费用。

2.2　审核与答复

（1）委托人负责审批可行性研究报告、初步设计（含概算）。

（2）委托人应及时确定工程规模、设计标准、规划设计。

（3）委托人应及时确认设计使用功能要求和工艺设计要求。

（4）委托人应及时审批工程设计变更。

（5）委托人对受托人提交的申请、报告、文件等资料，应当及时进行审核和审批。

2.3　委托人意见或要求

在本合同约定的全过程工程咨询工作范围内，委托人对其他参建方的任何意见或要求应通知受托人，由受托人向其他参建方发出相应指令。

2.4　参与和监督

（1）委托人有权对工程、材料设备采购等招标采购工作进行监督，对受托人组织的合同谈判进行监督。

（2）委托人有权对工程质量和施工进度进行监督，参与项目建设过程中的阶段性验收和竣工验收。

（3）委托人有权依法对项目管理工作进行检查和监督，并对受托方违规行为予以查处和纠正。

3. 违约责任

3.1　受托人的违约责任

（1）因受托人原因不能按照专用条件约定的竣工日期或顺延后的工期竣工；

（2）因受托人原因工程质量达不到协议书约定的质量标准。

4. 补充条款

4.1　进度管理

4.1.1　受托人按照本合同约定的进度目标，编制项目总体进度计划，并报委托人审批，以经委托人审批的总进度计划作为整个项目进度管理的依据。

本合同进度目标：＿＿＿＿＿＿＿＿＿＿＿＿＿＿＿＿＿＿＿＿。

4.1.2　受托人有权审核各其他参建方的进度计划，对进度计划进行分级管理，通过不断的检查、调整、预测，提出相应的控制措施，确保实现工期目标。

4.1.3　在项目实施过程中，受托人应进行进度计划值与实际值的比较，及时向委托人汇报进度控制情况。

4.1.4　工期延期

4.1.4.1　工期延期包括下列情况：

（1）委托方原因；

（2）不可抗力；

（3）根据项目实施过程中的具体情况，由委托方批准的工期顺延。

4.1.4.2　发生工期延期，委托方按照本合同专用条件 7.2.2 约定的附加工作酬金计算标准向受托方支付报酬。同时受托方有权就因工期延期对受托方造成的其他损失索赔。

4.1.5 工期延误

4.1.5.1 工期延误包括下列情况:

(1) 受托人原因;

(2) 其他参建方原因。

4.1.5.2 发生工期延误,受托人必须积极有效的进行进度控制。由于受托人原因造成的工期延误,受托人承担违约责任。

由于受托人原因造成的工期延误,受托人承担违约责任:_____。

4.2 质量管理

4.2.1 受托人应按照本合同约定的质量管理目标,编制相应的质量管理规划,并报送委托人认定。由于受托人原因造成质量管理目标不能实现,受托人按照专用条件的约定承担违约责任。

本工程质量管理目标:_____。

4.2.2 受托人应参加设计交底会议,分析、确定质量控制重点、难点;安排其他参建方负责工程实施过程中的质量控制工作。

4.2.3 受托人在征得委托人认可后,有对工程上使用的材料的决定权。有权会同监理单位对施工质量进行检验。对不符合设计要求及国家质量标准的材料、构配件、设备,有权通知监理单位组织更换;对不符合规范和质量标准的工序、分部分项工程和不安全的施工作业,有权通知监理单位组织整改、返工。

4.2.4 受托人负责质量事故的调查;监理单位负责组织质量问题整改督促。

4.2.5 受托人组织定期或不定期的质量检测会和分析会,分析、通报施工质量情况,协调有关单位间的施工活动以消除影响质量的各种外部干扰因素。

4.3 安全、绿色施工管理

4.3.1 受托人应按照本合同约定的项目安全、绿色施工目标,编制安全、绿色施工管理规划及安全应急预案,并报送委托人审核。

本工程安全、绿色施工管理目标:_____。

由于受托人原因造成项目安全、绿色施工目标不能实现,受托人承担违约责任:_____。

4.3.2 受托人应根据项目施工安全目标的要求配置必要的资源,确保施工安全,保证目标实现。

4.3.3 受托人应当督促其他参建方落实安全保证体系,不定期协同委托人组织工地安全、绿色施工检查,会同委托人、其他参建方处理工地各种纠纷。

4.4 投资管理

4.4.1 受托人根据本合同约定的项目投资控制目标,建立相应的投资管理规划。

本工程投资管理目标:_____。

由于受托人原因造成项目投资目标不能实现,受托人承担违约责任:_____。

4.4.2 在保证质量和进度的前提下,结合《全过程工程咨询实施规划》,编制投资控制计划，对可能发生的投资进行预测，通过合理措施实现对工程投资的有效控制。

4.4.3 受托人负责编制年度、季度、月度资金使用计划，报送委托人审批。按照委托人对资金使用计划的审批意见，修正资金使用计划。根据委托人认可的资金使用计划，进行投资计划值与实际值的比较，控制项目投资。

4.4.4 受托人负责在招投标、合同谈判、合同拟定过程中，对建设资金有关内容进行审核、分析。

4.4.5 受托人负责审核其他参建方合同与建设资金有关的条款。

4.5 竣工验收

4.5.1 委托人有权参与竣工验收，对受托人的工程竣工结算和财务决算进行监督，有权委托第三方对受托人的结算、付款及其他工程管理情况进行抽查和审计。

4.5.2 委托人应在项目建成、竣工验收合格后，在规定时间内与受托人办理项目移交手续。

4.5.3 本工程竣工结算完成后 28 个工作日内，如有履约保证金，委托人应退还受托人提交的全部履约保证金。

4.5.4 受托人有权签认工程实际竣工日期、提前或超过施工合同规定的竣工期限。

4.5.5 受托人会同委托人及时组织竣工验收，并将验收合格的项目在规定时间内协助委托人办理权属登记，并向委托人办理固定资产移交手续。

4.6 突发事件处理

受托人在分析工程具体情况的基础上，编制各类突发事件及不可抗力事件的处理预案，积极应对建设过程中发生的各类突发事件及不可抗力事件，并及时通知委托人妥善处理。由于不可抗力造成的工期延期，按照第 4.1.4 条"工期延期"处理。

4.7 资金拨付管理

4.7.1 受托人在合同签订后 14 天内，提交整个项目的资金使用计划。委托人结合项目具体情况于 7 日内对项目资金使用计划进行批复。受托人按照委托人批复，对资金使用计划进行修正，并于批复后 7 日内，递交符合委托人要求的资金使用计划。

4.7.2 受托人于其他参建方提交付款凭证后 7 日内，对其进行审批，将审批结果递交委托人，由委托人审批后进行支付。

4.7.3 受托人根据委托人的要求，配合审计部门完成对本项目的审计。

4.8 变更与索赔管理

4.8.1 受托人在委托人授权下，可以根据工程的实际进展情况，签发变更指令、评估变更。在委托方授权下可进行变更的范围约定为：＿＿＿＿＿＿＿。

4.8.2 受托人不得在实施过程中利用洽商或者补签其他协议随意变更建设规模、建设标准、建设内容。超出初步设计批复范围的变更，由设计或施工承包商提出，经受托人与相关方协调后，由受托人报委托人核准。

4.8.3 受托人在全过程工程咨询工作中提出的优化变更，使委托人节约了工程项目投资，委托人按专用条件中的约定给予经济奖励。

4.8.4 合同双方有权就对方原因造成的损失提出索赔，如果该索赔要求未能成立，则索赔提出方应补偿由该索赔给他方造成的各项费用支出和损失。

5. 项目管理服务费用支付

支付次数	支付时间	支付比例	支付金额(万元)

附件 1 项目管理服务清单

项目管理服务清单

序号	服务范围	服 务 内 容	备注
F	项目管理	1. 项目建设手续办理 2. 投资成本管理 3. 合同管理 4. 勘察、设计管理 5. 进度管理 6. 质量管理 7. 招标采购管理 8. 安全生产绿色施工管理 9. 资源管理 10. 信息与知识管理 11. 收尾管理 12. 后评价管理 13. 合同约定的其他管理内容	

专项约定 B：投 资 决 策

1. 受托人的义务

1.1 受托人投资决策的服务范围和工作内容

1.1.1 投资决策服务范围（可参考附件 2：投资决策服务清单）

_____。

1.2 投资决策工作要求

1.2.1 严格按照国家法律、法规以及建设行政主管部门的有关规定提供前期咨询服务；

1.2.2 有义务向委托方提供计划以及相关的资料，做好相关法律、法规及规章的解释工作；

1.2.3 受托方在委托方资料提清后____天将技术咨询成果文本交付委托方；

1.2.4 受托方提交技术咨询工作成果的数量：_____份。

1.2.5 受托方负责成果的修改和完善，直到通过相关部门评审。

1.2.6 技术咨询工作成果的验收标准：_____。

2. 违约责任

2.1 受托人的违约责任

若由于咨询成果的论证深度不够、方案缺陷或质量低劣引起返工，受托人必须完善论证报告直至报批要求，负责委托人由此造成的时间和费用损失。

2.2 除外责任

委托方按照受托方符合本合同约定标准和方式完成的技术咨询工作成果作出决策并予以实施所造成的损失，受托方不承担责任。

3. 项目策划服务费用支付

支付次数	支付时间	支付比例	支付金额(万元)

附件 2　投资决策服务清单

投资决策服务清单

序号	服务范围	服务内容	备注
A	投资决策	1. 项目建议书 2. 可行性研究报告 3. 项目申请报告 4. 资金申请报告 5. 环境影响评价 6. 社会稳定风险评估 7. 职业健康风险评估 8. 交通评估 9. 节能评估 10. 水土保持评价 11. 合同约定的其他服务内容	

专项约定 C：工 程 设 计

1. 受托人的义务

1.1 设计范围和内容

（1）工程设计范围包括：_____；

（2）工程设计阶段：_____；

（3）工程设计服务内容：_____。（可参考附件 3：
工程设计服务清单）

2. 委托人的义务

2.1 提供资料

委托人应当提供的资料详见本专项约定附件 4。

按照法律规定确需在工程设计开始后方能提供的资料，委托人应及时地在相应工程设计文件提交给委托人前的合理期限内提供，合理期限应以不影响受托人的正常设计为限。

3. 违约责任

3.1 受托人的违约责任

3.1.1 受托人赔偿金额按下列方法确定：

3.1.1.1 由于受托人原因，未按附件 5 约定的时间交付工程设计文件的，受托人向委托人支付违约金_____。受托人逾期交付工程设计文件的违约金的上限：_____。前述违约金经双方确认后可在委托人应付设计费中扣减。

3.1.1.2 受托人对工程设计文件出现的遗漏或错误负责修改或补充。由于受托人原因产生的设计问题造成工程质量事故或其他事故时，受托人除负责采取补救措施外，应当通过所投建设工程设计责任保险向委托人承担赔偿责任或者根据直接经济损失程度向委托人支付赔偿金。受托人设计文件不合格的损失赔偿金的上限：_____。

3.1.1.3 由于受托人原因，工程设计文件超出委托人与受托人书面约定的主要技术指标控制值比例的，受托人应承担违约责任：_____。

4. 支付

4.1 设计酬金组成

委托人和受托人应当在附件 5 中明确约定合同价款各组成部分的具体数额，主要包括：

（1）工程设计基本服务费用；

（2）工程设计其他服务费用；

（3）在未签订合同前委托人已经同意或接受或已经使用的受托人为委托人所做的各项工作的相应费用等。

4.2　合同价格形式

委托人和受托人选择下列＿＿＿＿合同价格形式：

（1）单价合同

单价合同是指合同当事人约定以建筑面积（包括地上建筑面积和地下建筑面积）每平方米单价或实际投资总额的一定比例等进行合同价格计算、调整和确认的建设工程设计合同，在约定的范围内合同单价不作调整。

单价包含的风险范围：＿＿＿＿＿＿＿＿＿＿＿＿＿＿＿＿＿＿＿＿＿＿＿＿＿。

风险费用的计算方法：＿＿＿＿＿＿＿＿＿＿＿＿＿＿＿＿＿＿＿＿＿＿＿＿＿。

风险范围以外合同价格的调整方法：＿＿＿＿＿＿＿＿＿＿＿＿＿＿＿＿＿＿。

（2）总价合同

总价合同是指合同当事人约定以委托人提供的上一阶段工程设计文件及有关条件进行合同价格计算、调整和确认的建设工程设计合同，在约定的范围内合同总价不作调整。

总价包含的风险范围：＿＿＿＿＿＿＿＿＿＿＿＿＿＿＿＿＿＿＿＿＿＿＿＿＿。

风险费用的计算方法：＿＿＿＿＿＿＿＿＿＿＿＿＿＿＿＿＿＿＿＿＿＿＿＿＿。

风险范围以外合同价格的调整方法：＿＿＿＿＿＿＿＿＿＿＿＿＿＿＿＿＿＿。

（3）其他价格形式

＿＿＿＿＿＿＿＿＿＿＿＿＿＿＿＿＿＿＿＿＿＿＿＿＿＿＿＿＿＿＿＿＿＿＿。

5. 补充条款

5.1　设计分包

5.1.1　设计分包的一般约定

受托人不得将其承包的全部工程设计转包给第三人，或将其承包的全部工程设计肢解后以分包的名义转包给第三人。受托人不得将工程主体结构、关键性工作及本合同中禁止分包的工程设计分包给第三人。受托人不得进行违法分包。

禁止设计分包的工程包括：＿＿＿＿＿＿＿＿＿＿＿＿＿＿＿＿＿。

工程主体结构、关键性工作的范围：＿＿＿＿＿＿＿＿＿＿＿＿＿。

5.1.2　设计分包的确定

受托人应按合同约定或经过委托人书面同意后进行分包，确定分包人。按照合同约定或经过委托人书面同意后进行分包的，受托人应确保分包人具有相应的资质和能力。工程设计分包不减轻或免除受托人的责任和义务，受托人和分包人就分包工程设计向委托人承担连带责任。

允许分包的专业工程包括：＿＿＿＿＿＿＿＿＿＿＿＿＿。

其他关于分包的约定：＿＿＿＿＿＿＿＿＿＿＿＿＿。

5.1.3　设计分包管理

受托人应按照合同约定向委托人提交分包人的主要工程受托人员名单、注册执业资格及执业经历等。

受托人向委托人提交有关分包人资料包括：＿＿＿＿＿＿＿＿＿＿＿。

5.1.4　分包工程设计费

（1）除本项第（2）目约定的情况或合同条款另有约定外，分包工程设计费由受托人与分包人结算，未经受托人同意，委托人不得向分包人支付分包工程设计费；

（2）生效的法院判决书或仲裁裁决书要求委托人向分包人支付分包工程设计费的，委托人有权从应付受托人合同价款中扣除该部分费用。

5.2　工程设计要求

5.2.1　工程设计一般要求

5.2.1.1　对委托人的要求

（1）委托人应当遵守法律和技术标准，不得以任何理由要求受托人违反法律和工程质量、安全标准进行工程设计，降低工程质量。

（2）委托人要求进行主要技术指标控制的，钢材用量、混凝土用量等主要技术指标控制值应当符合有关工程设计标准的要求，且应当在工程设计开始前书面向受托人提出，经委托人与受托人协商一致后以书面形式确定作为本合同附件。

（3）委托人应当严格遵守主要技术指标控制的前提条件，由于委托人的原因导致工程设计文件超出主要技术指标控制值的，委托人承担相应责任。

5.2.1.2　对受托人的要求

（1）受托人应当按法律和技术标准的强制性规定及委托人要求进行工程设计。有关工程设计的特殊标准或要求：＿＿＿＿＿＿＿＿＿＿＿＿＿＿＿＿＿＿＿＿＿。

受托人发现委托人提供的工程设计资料有问题的，受托人应当及时通知委托人并经委托人确认。

（2）除合同另有约定外，受托人完成设计工作所应遵守的法律以及技术标准，均应视为在基准日期适用的版本。基准日期之后，前述版本发生重大变化，或者有新的法律以及技术标准实施的，受托人应就推荐性标准向委托人提出遵守新标准的建议，对强制性的规定或标准应当遵照执行。因委托人采纳受托人的建议或遵守基准日期后新的强制性的规定或标准，导致增加设计费用和（或）设计周期延长的，由委托人承担。

（3）受托人应当根据建筑工程的使用功能和专业技术协调要求，合理确定基础类型、结构体系、结构布置、使用荷载及综合管线等。

（4）受托人应当严格执行其双方书面确认的主要技术指标控制值，由于受托人的原因导致工程设计文件超出合同约定的主要技术指标控制值比例的，受托人应当承担相应的违约责任。

工程设计文件的主要技术指标控制值及比例：＿＿＿＿＿＿＿＿。

（5）受托人在工程设计中选用的材料、设备，应当注明其规格、型号、性能等技术指标及适应性，满足质量、安全、节能、环保等要求。

5.2.2 工程设计文件的要求

5.2.2.1 工程设计文件的编制应符合法律、技术标准的强制性规定及合同的要求。

5.2.2.2 工程设计依据应完整、准确、可靠，设计方案论证充分，计算成果可靠，并能够实施。

5.2.2.3 工程设计文件的深度应满足本合同相应设计阶段的规定要求，并符合国家和行业现行有效的相关规定。

工程设计文件深度规定：＿＿＿＿＿＿＿＿＿＿＿＿＿＿。

5.2.2.4 工程设计文件必须保证工程质量和施工安全等方面的要求，按照有关法律法规规定在工程设计文件中提出保障施工作业人员安全和预防生产安全事故的措施建议。

5.2.2.5 应根据法律、技术标准要求，保证房屋建筑工程的合理使用寿命年限，并应在工程设计文件中注明相应的合理使用寿命年限。

建筑物及其功能设施的合理使用寿命年限：＿＿＿＿＿＿＿＿＿＿＿。

5.2.3 不合格工程设计文件的处理

5.2.3.1 因受托人原因造成工程设计文件不合格的，委托人有权要求受托人采取补救措施，直至达到合同要求的质量标准，并承担相应责任：＿＿＿＿＿＿＿＿＿。

5.2.3.2 因委托人原因造成工程设计文件不合格的，受托人应当采取补救措施，直至达到合同要求的质量标准，由此增加的设计费用和（或）设计周期的延长由委托人承担。

5.3 工程设计文件交付

5.3.1 工程设计文件交付的内容

（1）工程设计图纸及设计说明。

（2）委托人要求受托人提交电子版设计文件的具体形式为：＿＿＿＿＿＿＿＿。

5.3.2 工程设计文件的交付方式

受托人交付工程设计文件给委托人，委托人应当出具书面签收单，内容包括图纸名称、图纸内容、图纸形式、份数、提交和签收日期、提交人与接收人的亲笔签名。

5.3.3 工程设计文件交付的时间和份数

工程设计文件交付的名称、时间和份数在附件 5 中约定。

5.4 工程设计文件审查

5.4.1 受托人的工程设计文件应报委托人审查同意。审查的具体标准应符合法律规定、技术标准要求和本合同约定。

自委托人收到受托人的工程设计文件以及受托人的通知之日起，委托人对受托人的工程设计文件审查期不超过15天。

委托人不同意工程设计文件的，应以书面形式通知受托人，并说明不符合合同要求的具体内容。受托人应根据委托人的书面说明，对工程设计文件进行修改后重新报送委托人审查，审查期重新起算。

合同约定的审查期满，委托人没有做出审查结论也没有提出异议的，视为受托人的工程设计文件已获委托人同意。

5.4.2 受托人的工程设计文件不需要政府有关部门审查或批准的，受托人应当严格按照经委托人审查意见进行修改，如果委托人的修改意见超出了合同范围，委托人应当向受托人另行支付费用。

5.4.3 工程设计文件需政府有关部门审查或批准的，对于政府有关部门的审查意见，受托人需按该审查意见修改工程设计文件。

5.4.4 委托人需要组织审查会议对工程设计文件进行审查的，委托人负责组织工程设计文件审查会议，并承担会议费用及委托人的上级单位、政府有关部门参加的审查会议的费用。

受托人有义务参加委托人组织的设计审查会议，向审查者介绍、解答、解释其工程设计文件，并提供有关补充资料。

委托人有义务向受托人提供设计审查会议的批准文件和纪要。受托人有义务按照相关设计审查会议批准的文件和纪要，并依据合同约定及相关技术标准，对工程设计文件进行修改、补充和完善。

5.4.5 工程设计文件的审查，不减轻或免除受托人依据法律应当承担的责任。

5.5 工程设计变更与索赔

5.5.1 委托人变更工程设计的内容、规模、功能、条件等，应当向受托人提供书面要求，受托人在不违反法律规定以及技术标准强制性规定的前提下应当按照委托人要求变更工程设计。

5.5.2 委托人变更工程设计的内容、规模、功能、条件或因提交的设计资料存在错误或作较大修改时，委托人应按受托人所耗工作量向受托人增付设计费，合同价格和/或完工时间的修改方法为：_____。

5.5.3 如果由于委托人要求更改而造成的项目复杂性的变更或性质的变更使得受托人的设计工作减少，对合同价格和/或完工时间的修改方法为：_____。

5.5.4 如果发生受托人认为有理由提出增加合同价款或延长设计周期的要求事项，受托人应于该事项发生后____天内书面通知委托人。在该事项发生后____天内，受托人应向委托人提供证明受托人要求的书面声明，其中包括受托人关于因该事项引起的合同价款和设计周期的变化的详细计算方法和依据。委托人应在接到受托人书面声明后的____天内，予以书面答复。逾期未答复的，视为委托人同意受托人关于增加合同价款和（或）延长设计周期的要求。

5.6 各阶段设计服务内容

5.6.1 方案设计阶段

（1）受托人应与委托人及委托人聘用的顾问充分沟通，深入研究项目基础资料，协助委托人提出本项目的发展规划和市场潜力；

（2）完成总体规划和方案设计，提供满足深度的方案设计图纸，并制作符合政府部门要求的规划意见书与设计方案报批文件，协助委托人进行报批工作；

（3）根据政府部门的审批意见在本合同约定的范围内对设计方案进行修改和必要的调

整，以通过政府部门审查批准；

（4）协调景观、交通、精装修等各专业顾问公司的技术工作，对其设计方案和技术经济指标进行审核，提供咨询意见。在保证与该项目总体方案设计相一致的情况下，接受经委托人确认的顾问公司的合理化建议并对方案进行调整；

（5）配合委托人进行人防、消防、交通、绿化及市政管网等方面的咨询工作；

（6）负责完成人防、消防等规划方案，协助委托人完成报批工作。

5.6.2 初步设计阶段

（1）负责编制并完成建筑、结构、给排水、暖通空调、电气、动力、室外管线综合等专业的初步设计文件，设计内容和深度应满足政府相关规定；

（2）编制初步设计概算；

（3）编制报政府相关部门进行初步设计审查的设计图纸，配合委托人进行交通、园林、人防、消防、供电、市政、气象等各部门的报审工作，提供相关的工程用量参数，并负责有关解释和修改。

5.6.3 施工图设计阶段

（1）负责编制并完成总图、建筑、结构、机电、室外管线综合等全部专业的施工图设计文件；

（2）对委托人的审核修改意见进行修改、完善，保证其设计意图的最终实现；

（3）根据项目开发进度要求及时提供各阶段报审图纸，协助委托人进行报审工作，根据审查结果在本合同约定的范围内进行修改调整，直至审查通过，并最终向委托人提交正式的施工图设计文件；

（4）协助委托人进行工程招标答疑。

5.6.4 施工配合阶段

（1）负责工程设计交底，解答施工过程中施工承包人有关施工图的问题，及时对施工中与设计有关的问题做出回应，保证设计满足施工要求；

（2）根据委托人要求，及时参加与设计有关的专题会，现场解决技术问题；

（3）协助委托人处理工程洽商和设计变更，负责有关设计修改，及时办理相关手续；

（4）参与与受托人相关的必要的验收以及项目竣工验收工作，并及时办理相关手续；

（5）提供产品选型、设备加工订货、建筑材料选择以及分包商考察等技术咨询工作；

（6）应委托人要求协助审核各分包商的设计文件是否满足接口条件并签署意见，以保证其与总体设计协调一致，并满足工程要求。

5.7 专业责任与保险

5.7.1 受托人应运用一切合理的专业技术和经验知识，按照公认的职业标准尽其全部职责和谨慎、勤勉地履行其在本合同项下的责任和义务。

5.7.2 受托人____（需/不需）有委托人认可的、履行本合同所需要的工程设计责任保险并使其于合同责任期内保持有效。

5.7.3 工程设计责任保险应承担由于受托人的疏忽或过失而引发的工程质量事故所造成的建设工程本身的物质损失以及第三者人身伤亡、财产损失或费用的赔偿责任。

附件 3 工程设计服务清单

工程设计服务清单

序号	服务范围	服 务 内 容	备注
B	工程设计	1. 按照总体进度计划完成合格的设计产品,内容包括:土建设计(建筑、结构)、机电设计(给排水、电气、暖通)、智能化设计、景观设计、内装设计、幕墙设计、变配电设计、人防设计、泛光照明; 根据项目需要的其他专项设计:交通评估、厨房设计、燃气设计、标识系统等。 2. 工程设计团队按照总体进度计划完成合格的设计产品,并在策划、报批、设计、施工、验收等工程建设的各个环节提供全过程、全方位的设计咨询服务,如:参与规划、提出策划、完成设计、辅助招标、监督施工、指导运维、辅助拆除。 3. 合同约定的其他服务内容	

附件 4 委托人向受托人提交有关工程设计资料及文件一览表

委托人向受托人提交有关工程设计资料及文件一览表

序号	资料及文件名称	份数	有关事宜
□	项目立项报告和审批文件	各 1	
□	场地内地下埋藏物(包括地下管线、地下构筑物等)的资料、图纸	1	
□	委托人要求即设计任务书(含对建筑、结构、给水排水、暖通空调、建筑电气、总图等专业的具体要求)	1	
□	建筑红线图	各 1	
□	规划部门的规划意见书	1	
□	工程勘察报告	2	
□	各阶段主管部门的审批意见	1	
□	方案设计确认单	1	
□	工程所在地地形图(1/500)电子版及区域位置图	1	
□	初步设计确认单	1	
□	施工图审查合格意见书	1	
□	市政条件(包括给排水、暖通、电力、道路、热力、通信等)	1	
□	其他设计资料	1	
□	竣工验收报告	1	

（上表内容仅供参考，委托人和受托人应当根据项目具体情况详细列举）

附件 5 受托人向委托人交付的工程设计文件目录

受托人向委托人交付的工程设计文件目录

序号	资料及文件名称	份数	提交日期	有关事宜
1	方案设计文件		___日历天	
2	初步设计文件		___日历天	
3	施工图设计文件		___日历天	

特别约定：

1. 在委托人所提供的设计资料（含设计确认单、规划部门批文、政府各部门批文等）能满足受托人进行各阶段设计的前提下开始计算各阶段的设计时间。

2. 上述设计时间不包括法定的节假日。

3. 图纸交付地点：受托人工作地（或委托人指定地）。委托人要求受托人提供电子版设计文件时，受托人有权对电子版设计文件采取加密、设置访问权限、限期使用等保护措施。

4. 如委托人要求提供超过合同约定份数的工程设计文件，则受托人仍应按委托人的要求提供，但委托人应向受托人支付工本费。

附件6 设计费明细及支付方式

设计费明细及支付方式

一、设计费总额： _____

二、设计费总额构成：

1. 工程设计基本服务费用：固定总价：_____

   固定单价（__元/平方米或费率__%）

2. 工程设计其他服务费用：_____

3. 合同签订前受托人已完成工作的费用：_____

4. 特别约定：_____

三、设计费明细计算表

序号	设计内容	费用	备注

本表格仅供参考，合同双方可根据实际需要自行拟定。

四、设计费支付方式

如果委托人委托受托人负责部分工程设计服务，则每个阶段的设计费比例，双方另行协商确定：

具体支付时间如下：

1. 本合同生效后 7 天内，委托人向受托人支付设计费总额的_____%作为定金（或预付款），计_____元，设计合同履行完毕后，定金（或预付款）抵作部分工程设计费。

2. 受托人向委托人提交方案设计文件后 7 天内，委托人向受托人支付设计费总额的 10%，计_____元。

3. 受托人向委托人提交初步设计文件后 7 天内，委托人向受托人支付设计费总额的 20%，计_____元。

4. 受托人向委托人提交施工图设计文件后 7 天内，委托人向受托人支付设计费总额的 30%，计_____元。

5. 施工图设计文件通过审查后 7 天内或施工图设计文件提交后 3 个月内，委托人向受托人支付设计费总额的 10%，计_____元。

6. 工程结构封顶后 7 天内，委托人向受托人支付设计费总额的 5%，计____元。

7. 工程竣工验收后 7 天内，委托人向受托人支付全部剩余设计费，共计____元。

注：上述支付方式供委托人、受托人参考使用。

专项约定 D：工 程 监 理

1. 受托人的义务

1.1 监理的范围和工作要求

1.1.1 监理范围包括：_____ 。（可参考附件 7：工程监理服务清单）

1.1.2 监理工作要求包括：_____

（1）收到工程设计文件后编制监理规划，并在第一次工地会议 7 天前报委托人。根据有关规定和监理工作需要，编制监理实施细则；

（2）熟悉工程设计文件，并参加由委托人主持的图纸会审和设计交底会议；

（3）参加由委托人主持的第一次工地会议；主持监理例会并根据工程需要主持或参加专题会议；

（4）审查施工其他参建方提交的施工组织设计，重点审查其中的质量安全技术措施、专项施工方案与工程建设强制性标准的符合性；

（5）检查施工其他参建方工程质量、安全生产管理制度及组织机构和人员资格；

（6）检查施工其他参建方专职安全生产管理人员的配备情况；

（7）审查施工其他参建方提交的施工进度计划，核查其他参建方对施工进度计划的调整；

（8）检查施工其他参建方的试验室；

（9）审核施工分包人资质条件；

（10）查验施工其他参建方的施工测量放线成果；

（11）审查工程开工条件，对条件具备的签发开工令；

（12）审查施工其他参建方报送的工程材料、构配件、设备质量证明文件的有效性和符合性，并按规定对用于工程的材料采取平行检验或见证取样方式进行抽检；

（13）审核施工其他参建方提交的工程款支付申请，签发或出具工程款支付证书，并报委托人审核、批准；

（14）在巡视、旁站和检验过程中，发现工程质量、施工安全存在事故隐患的，要求施工参建方整改并报委托人；

（15）经委托人同意，签发工程暂停令和复工令；

（16）审查施工其他参建方提交的采用新材料、新工艺、新技术、新设备的论证材料及相关验收标准；

（17）验收隐蔽工程、分部分项工程；

（18）审查施工其他参建方提交的工程变更申请，协调处理施工进度调整、费用索赔、合同争议等事项；

（19）审查施工其他参建方提交的竣工验收申请，编写工程质量评估报告；

（20）参加工程竣工验收，签署竣工验收意见；

（21）审查施工其他参建方提交的竣工结算申请并报委托人；

（22）及时、准确完整收集、整理、编制、传递及汇总监理文件资料，并按规定组卷成册，形成监理档案；

（23）监理工作内容还包括：＿＿＿＿＿＿＿＿＿＿＿＿＿＿＿＿。

1.2 履行职责

1.2.1 在全过程工程咨询范围内，委托人和其他参建方提出的意见和要求，受托人应及时提出处置意见。当委托人与其他参建方之间发生合同争议时，受托人应协助委托人协商解决。

1.2.2 当委托人与其他参建方之间的合同争议提交仲裁机构仲裁或人民法院审理时，受托人应提供必要的证明资料。

1.2.3 受托人应在专用条件约定的授权范围内，处理委托人与其他参建方所签订合同的变更事宜。如果变更超过授权范围，应以书面形式报委托人批准。

在紧急情况下，为了保护财产和人身安全，受托人所发出的指令未能事先报委托人批准时，应在发出指令后的 24 小时内以书面形式报委托人。

1.2.4 除专用条件另有约定外，受托人发现其他参建方的人员不能胜任本职工作的，有权要求其他参建方予以调换。

2. 委托人的义务

2.1 告知

委托人应在委托人与其他参建方签订的合同中明确受托人、全过程工程咨询项目总咨询工程师和授予全过程工程咨询机构的权限。如有变更，应及时通知其他参建方。

2.2 委托人意见或要求

在本合同约定的全过程工程咨询工作范围内，委托人对其他参建方的任何意见或要求应通知受托人，由受托人向其他参建方发出相应指令。

2.3 参与和监督

（1）委托人有权对工程质量和施工进度进行监督，参与项目建设过程中的阶段性验收和竣工验收。

（2）委托人有权依法对监理工作进行检查和监督，并对其违规行为予以纠正。

3. 工程监理服务费用支付

支付次数	支付时间	支付比例	支付金额（万元）

附件 7 工程监理服务清单

工程监理服务清单

序号	服务范围	服 务 内 容	备注
C	工程监理	1. 编制监理规划及监理实施细则 2. 工程监理实施过程中对工程质量、投资、进度控制 3. 工程监理实施过程中对工程变更、索赔及施工合同争议的处理 4. 监理文件资料和信息管理、合同管理 5. 设备采购与设备监造 6. 按建设工程监理规范要求服务范围执行 7. 履行建设工程安全生产管理法定职责、对工程建设相关方进行协调的相关工作内容 8. 合同约定的其他服务内容	

专项约定 E：招 标 采 购

1. 受托人的义务

1.1　招标采购的工作范围和工作事项

1.1.1　招标采购的工作范围：＿＿＿＿＿＿＿＿。（可参考附件 8：招标采购服务清单）

1.1.2　招标采购项目的范围（有委托的在□中打√，并说明具体内容，无委托的在□中打×）：

□ 勘察

□ 设计，具体包括：＿＿＿＿＿＿＿＿

□ 施工，具体包括：＿＿＿＿＿＿＿＿

□ 设备，具体包括：＿＿＿＿＿＿＿＿

□ 材料，具体包括：＿＿＿＿＿＿＿＿

□ 其他，具体包括：＿＿＿＿＿＿＿＿

1.1.3　招标采购工作事项（有委托的在□中打√，无委托的在□中打×）：

□ 代拟发包方案；

□ 发布招标公告（发出投标邀请书）；

□ 编制资格预审文件；

□ 组织接收投标申请人报名；

□ 审查潜在投标人资格，确定潜在投标人；

□ 编制招标文件；

□ 组织现场踏勘和答疑；

□ 组织开标、评标；

□ 草拟工程合同；

□ 编制招投标情况书面报告；

□ 与发包有关的其他事宜。

1.2　招标采购的权利和责任

1.2.1　有权拒绝违反国家法律、法规和规章以及建设行政主管部门有关规定的人为干预。

1.2.2　如委托人的某些条件和要求不符合现行的法律、法规或程序，受托人应建议委托人进行修改。拒不修改的，受托人有权单方面终止履行合同。

1.2.3　在委托授权范围内为委托人提供招标采购服务，不得将本合同所确定的招标采购服务转让给第三方。

1.2.4　有义务向委托人提供招标计划以及相关的招投标资料，做好相关法律、法规及规章的解释工作。

1.2.5 受托人工作人员如与本工程潜在投标人有任何利益关系应主动提出回避。

1.2.6 在招标采购活动中不得泄露依法应当保密的任何信息。

2. 委托人的义务

2.1 审核与答复

2.1.1 委托代理咨询项目中如内容、时间等有重大调整，委托人应当书面提前＿＿＿日通知受托人，以便调整相应的工作安排，如因此造成的时间延长由委托人负责。

2.2 配合、参与和监督

2.2.1 委托人有权参与招投标的有关活动。

2.2.2 如委托人或建设行政主管部门发现受托人在代理活动中违反有关的法律、法规或建设程序并经确认，委托人有权要求受托人纠正，直至终止合同。

2.2.3 委托人不得泄露依法应当保密的任何信息。

2.2.4 在法律规定的时限内签订工程合同。

2.2.5 委托人应当完成的其他工作：＿＿＿＿＿＿＿＿＿＿＿＿＿＿＿＿。

3. 招标采购服务费用支付

支付次数	支付时间	支付比例	支付金额(万元)

附件 8 招标采购服务清单

招标采购服务清单

序号	服务范围	服 务 内 容	备注
D	招标采购	1. 招标项目资料收集 2. 招标方案编制 3. 投标单位的资格预审 4. 招标文件的编制、招标文件发售、招标文件的澄清或者修改、组织现场踏勘、收取投标保证金 5. 接收投标文件、组织开标、组织评标相关评标工作 6. 履行中标公示、公布中标结果 7. 合同管理审核 8. 采购管理 9. 合同约定的其他服务内容	

专项约定 F：造 价 咨 询

1. 受托人的义务

1.1 造价咨询的范围和工作要求

1.1.1 造价咨询的范围：＿＿＿＿＿＿＿＿＿＿＿＿＿＿＿＿。（可参考附件9：造价咨询服务清单，或附件10：造价咨询服务范围及工作内容、酬金一览表）

1.1.2 造价咨询的工作要求

（1）受托人应当及时向委托人提供与工程造价咨询业务有关的资料，包括承担本合同业务的团队人员名单及执业（从业）资格证书、咨询工作大纲等，并按合同约定的服务范围和工作内容实施咨询业务。

（2）受托人应当按照附件11约定的时间、份数、组成向委托人提交咨询成果文件。

受托人提供造价咨询服务以及出具工程造价咨询成果文件应符合现行国家或行业有关规定、标准、规范的要求。委托人要求的工程造价咨询成果文件质量标准高于现行国家或行业标准的，应在本合同中约定具体的质量标准，并相应增加服务酬金。

（3）受托人提交的工程造价咨询成果文件，除加盖受托人单位公章、工程造价咨询企业执业印章外，还必须按要求加盖参加咨询工作人员的执业（从业）资格印章。

（4）受托人应在双方约定的时间内，对委托人以书面形式提出的建议或者异议给予书面答复。

（5）受托人从事工程造价咨询活动，应当遵循独立、客观、公正、诚实信用的原则，不得损害社会公共利益和他人的合法权益。

（6）受托人按照法律规定及合同约定，完成合同范围内的建设工程造价咨询服务，不转包承接的造价咨询服务业务。

1.2 造价咨询工作依据

1.2.1 依据包括：

受托人应与委托人协商明确履行本合同约定的咨询服务需要适用的技术标准、规范、定额等工作依据，但不得违反国家及工程所在地的强制性标准、规范。

受托人应自行配备本条所述的技术标准、规范、定额等相关资料。需要委托人协助才能获得的资料，委托人应予以协助。

2. 造价咨询服务费用支付

支付次数	支付时间	支付比例	支付金额(万元)

附件9 造价咨询服务清单

造价咨询服务清单

序号	服务范围	服 务 内 容	备注
E	造价咨询	1. 投资估算的编制与审核 2. 经济评价的编制与审核 3. 设计概算的审核与调整 4. 施工图预算的编制与审核 5. 工程量清单的编制与审核 6. 最高投标限价的编制与审核 7. 工程计量支付的确定，审核工程款支付申请，提出资金使用计划建议 8. 施工过程的工程变更、工程签证和工程索赔的处理 9. 工程结算的编制与审核 10. 工程竣工决算的编制与审核 11. 全过程工程造价管理咨询 12. 工程造价鉴定 13. 方案比选、限额设计、优化设计的造价咨询 14. 合同管理咨询 15. 建设项目后评价 16. 工程造价信息咨询服务 17. 合同约定的工程造价咨询其他工作	

附件 10　造价咨询服务范围及工作内容、酬金一览表

造价咨询服务范围及工作内容、酬金一览表

服务阶段	服务范围及工作内容		酬　金			备注
	服务范围	工作内容	收费基数	收费标准(比例)	酬金数额(单位:万元)	
项目策划阶段	投资估算	□编制□审核□调整				
	经济评价	□编制□审核□调整				
	其他					
工程设计阶段	设计概算	□审核□调整				
	施工图概算	□编制□审核□调整				
	其他					
发承包阶段	工程量清单	□编制□审核□调整				
	最高投标限价	□编制□审核□调整				
	投标报价分析	□编制□审核□调整				
	清标报告	□编制□审核□调整				
	其他					
实施阶段	资金使用计划	□编制				
	工程计量与工程款审核	□编制□审核□调整				
	合同价款调整	□编制□审核□调整				
	工程变更、索赔、签证	□审核				
	其他					
竣工阶段	竣工结算	□编制□审核□调整				
	竣工决算	□编制□审核□调整				
	其他					
其他服务	工程造价鉴定					

注：1. 附件 10 中服务范围及工作内容未涉及的可在"其他"项中列明。

　　2. 实行全过程造价咨询的工程，服务范围及工作内容按上表，酬金及计取方式为：_____。

附件 11　造价咨询提交成果文件一览表

造价咨询提交成果文件一览表

服务阶段	成果文件名称	成果文件组成	提交时间	份数	质量标准
决策阶段					
设计阶段					
招投标阶段					
实施阶段					
竣工阶段					
其他服务					

参 考 文 献

[1] 皮德江. 全过程工程咨询解读［J］. 中国工程咨询，2017，第 10 期.

[2] 皮德江. 全过程工程咨询组织模式研究［J］. 中国工程咨询，2018，第 10 期.

[3] 皮德江. 忽如一夜春风来，千树万树梨花开——谈 515 号文的几点感想和体会［J］. 中国工程咨询，2019，第 5 期.

[4] 皮德江. 全过程工程咨询委托模式研究［J］. 中国工程咨询，2019，第 7 期.

[5] 杨卫东，敖永杰，翁晓红，韩光耀. 全过程工程咨询实践指南［M］. 北京：中国建筑工业出版社，2018.

[6] 王宏海. 全过程工程咨询与建筑师负责制侧论［M］. 北京：中国建筑工业出版社，2019.

[7] 国务院办公厅关于促进建筑业持续健康发展的意见（国办发〔2017〕19 号）.

[8] 基本建设项目建设成本管理规定（财建〔2016〕504 号）.

[9] 中华人民共和国国家发展和改革委员会令（第 9 号）.

[10] 住建部关于开展全过程工程咨询试点工作的通知（建市〔2017〕101 号）.

[11] 国家发改委、住建部关于推进全过程工程咨询服务发展的指导意见（发改投资规〔2019〕515 号）.

[12] 关于征求推进全过程工程咨询服务发展的指导意见（征求意见稿）和建设工程咨询服务合同示范文本（征求意见稿）意见的函（建市监函〔2018〕9 号）.

[13] 国家发改委、住建部《关于推进全过程工程咨询服务发展的指导意见》（征求意见稿）意见的函.

[14] 广西壮族自治区房屋建筑和市政工程全过程工程咨询服务招标文件范本（试行）.

[15] 江苏省全过程工程咨询服务合同示范文本（试行）.

[16] PPP、BOT、BT、TOT、TBT：这下全明白了［J］，中国勘察设计，2019. 2.

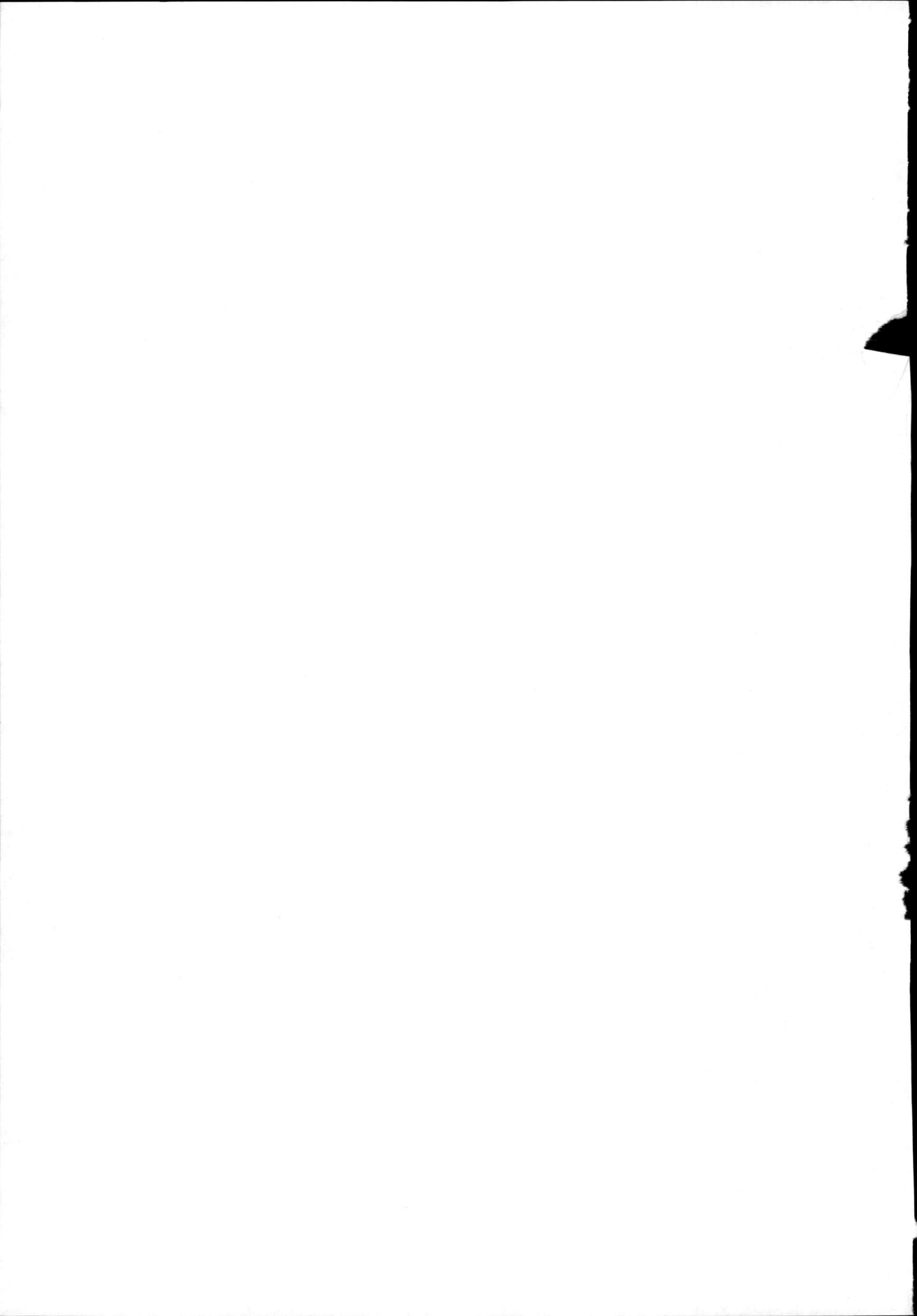